フランス分権化改革の政治社会学

岡村 茂 著 Okamura Shigeru

法律文化社

もくじ

プロローグ　分権化と国際化の時代に ……………………………… 1

第Ⅰ部　分権化改革の光と影

第1章　中央集権国家フランスと分権化への胎動 ……………… 17
1　中央集権国家フランス ……………………………………… 17
2　大革命と集権制 ……………………………………………… 20
3　第五共和制と弱体な議会制 ………………………………… 26
4　飼いならされたジャコビニスム …………………………… 30
5　名望家支配の硬直 …………………………………………… 34

第2章　ミッテラン=ドゥフェール分権化改革の流れと特徴 …… 39
1　ド・ゴールから『共に生きる』 Vivre ensemble まで ……… 39
2　左翼の共同政府綱領 ………………………………………… 40
3　1982年地方分権化法の公布と改革の内容 ………………… 46
4　改革の積極的側面 …………………………………………… 52
5　ドゥフェール分権化改革がはらむ諸問題 ………………… 55

第3章　分権化改革の「第二幕」………………………………… 63
1　1982年分権化改革のその後 ………………………………… 63
2　分権化改革「第二幕」という名のイデオロギー ………… 69
3　「地域の民主主義」という留保 …………………………… 73

第Ⅱ部　エリート支配と地域

第4章　地方政治エリートによる支配構造関係の諸断面　………………83
1　多段階構造の行政システム　……………………………83
2　公選委任職責兼任の量的な把握　………………………89
3　エリート達の猟官システム ── パントゥフラージュと兼任制　……96
4　ミッテラン期分権化改革への批判　……………………100
　　── 既得権益擁護の背景としての公選職責兼任
5　公選委任職責兼任の類型学と現代的展開　……………104
6　公選委任職責を兼任するということ　…………………113
　　── 民主的正統性の欠損と異議申立て

第5章　公選委任職責兼任への理論的批判
　　イヴ・メニイの議論を中心に　………………………………133
1　歴史的構造としての兼任現象の伝統　…………………133
2　政治の行政への追従　……………………………………138
3　満足を知らない過食症 ── 兼任への衝動　……………140
4　兼任制度の帰結　…………………………………………141

第6章　名望家支配の持続と変容　………………………………151
1　名望家とは何か　…………………………………………151
2　時代適応の能力　…………………………………………153
3　名望家支配の連続性と不連続面　………………………159
　　── 市町村間共同組織の一般化と地域民主主義の深化へ

もくじ

第Ⅲ部　市町村間共同組織の急激な普及と「地域の民主主義」

第7章　21世紀における市町村間共同組織の展開
　　　　　浮上する「地域の民主主義」……………………………165
　1　「分権化改革」——根本的な改革の回避とその帰結………165
　2　地方分権化改革と地域の民主主義……………………………166
　3　市町村間共同組織の法制的整備と普及………………………181
　4　市町村間共同組織の現代的な展開……………………………189
　5　市町村間共同組織の問題性……………………………………196
　6　地域の民主主義——より根源的な問いかけへの糸口………202

第8章　地域自治体のガヴァナンス
　　　　　「市町村間共同組織の民主主義」とコミューンの在り方……207
　1　サルコジ政権と地域の矛盾……………………………………207
　2　2008年市町村・県一斉地方選挙——地域民主主義の蹉跌……219
　3　市町村間共同組織の民主主義——隘路と可能性……………227
　4　ガヴァナンスの深化にむけて…………………………………242

エピローグ　サルコジ政権下の地方政治改革案……………………255
　1　金融経済危機から政治スタンスの動揺へ……………………255
　2　地方政治からの「異議申立て」と世論のゆらぎ……………256
　3　サルコジ政権の地方行政改革案………………………………267
　　　　——市町村間共同組織の将来像とは
　4　「効率性の追求」か「地域の民主主義」か……………………275

あ と が き
索　　引

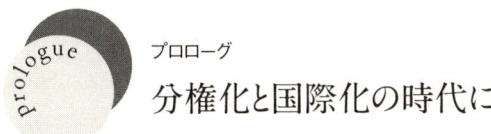

プロローグ
分権化と国際化の時代に

　一国の政治社会を把握するには多角的な作業が要求される。それは経験的に確認しうることであろう。フランスについて言えば，国政レベルでの世論——国会議員選挙・大統領選挙——国家組織の執行部たる政府の組織というラインに沿った「ナショナルな政治分析」と，世論—地方選挙—地方自治体の執行部の選出という今一つのラインを勘案した，言うならば「ローカルな政治分析」との二側面からの攻略が必然的に要請される。もちろん，政治の場面と社会そのものとは密接不可分とはいえ，一定のズレがあることも常識の内にあるだろう。それにEUの指導的大国となれば，国際的な枠組みも従来に増して重みを加えてくる。ローカルなまたナショナルな政治状況は，おのずからトランスナショナルなレベル，特に欧州レベルでの統合の進展と密接にかかわってくる。国政と地方政治とは，より広域のグローバリゼーションの影響を受けつつ運動しているのである。国際政治—国政—地方自治という階層をふまえた新たな時代の要請を担った研究が必要なことは我が国においても変わらない。本書は日本に生きる我々がフランスの地方分権化改革において何を見い出し，何を教訓として把握すべきかを論じたものである。

　日本人にとってフランスは地理的に遠くても精神的には近い国であろう。我が国の近代化においてフランスからもたらされた知的芸術的養分は少なからぬ働きをなした。日本人のフランスへの親近感は強い。フランス共和国は，西欧中心部に位置し，国際政治における最先進地域の地位にある国家である。国連安全保障理事会では拒否権を行使し得る五大国の一角を占めており，軍事的にはNATOに所属し，独自の核戦力を有する軍事強国でもある。この国はまた欧州連合EUの主要国の一つであり，事実上，ドイツ連邦共和国と並んでこの巨大な西欧から東欧にかけて27の国々からなる国家連合組織を一つにまとめ

I

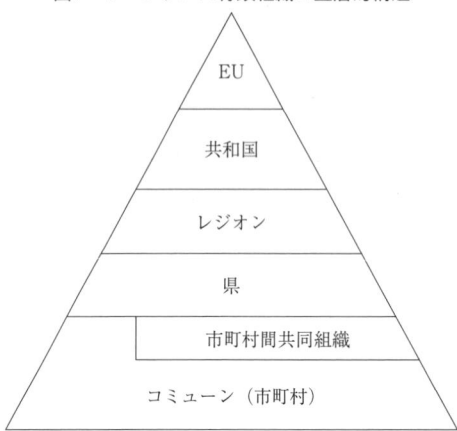

図P-1　フランス行政組織の重層的構造

注：EUからコミューン（市町村）までの階層構造を模式化した。
出典：作図にあたりWeb上のWikipediaフランス語版における"Département français"所載の図を参照。

て牽引する役割を担っている。合衆国の相対的な地位低下に伴って，EUや日本が果たすべき役割は重かつ大である。

　EUの総人口は4億6000万を超えるが，フランス共和国はその主要構成国の一つである。この国は国立統計経済研究所INSEEによれば，6400万の人口を有しており，我が国の約半分の規模であるが，領土は日本の約1.4倍であり，利用可能な国土は70％を超えるといわれている。潤沢な農牧地に恵まれ，食料を輸出する農業大国である。かつては人口衰退に悩まされていたが，社会政策の強化によって人口の低落はふせがれ，現在は人口増に転じている。人口構成の特徴は，若々しく活力に満ちている。

　フランスの政治行政構造は全体として多層構造をなしている（図P-1を参照）。

　最上部にEUが位置すると共に，加盟国としてのフランスの政治体制は，大統領を元首とする共和制をとっている。フランス共和国の下には，26（本土21）のレジオンが存在し，各レジオンには一般に複数の県が存在し，全国では100にのぼる（本土96）。県には大郡 arrondissement（全国で342，副知事が管轄）があり，また，その下位区分としての小郡 canton（本土3,883，海外領土で175）も存在する。いずれも行政的な区画であり，独自の自治権は有しない。しかし，小郡は伝統的に県議会議員の選出基盤である。人口差による再編や補正は一般になされておらず，都市部の小郡と農村部のそれとの人口差は大きく，県議会議員の都市部での過小代表，周辺部からの過剰代表が目立つ。レジオン，県と並

んで自治体の地位にあり，行政構造の最も下層に位置しているのがコミューンcommune（以下，「市町村」または「コミューン」と表記する）である。コミューンは自主的に連合して市町村組合や共同体を結成することができる。これらの構造が肥大化していることが最近の特徴である（内務省／地方自治体指導総局 DGCL の統計によれば，コミューンは，全国で36,793，そのうち本土は，36,570である[1]）。

フランスは共和政体の国である。この共和政体の下においては，公選の大統領と両院の議会によってその国家意思が審議され決定される。第五共和制下の共和国大統領は直接公選によって選出される。大統領へは権限が集中しており，政治学者のイヴ・メニイはフランス大統領権限の強大さについて比較政治学の著書の中で指摘している。「……こう述べたとしても不当ではなかろう。1958年から1986年（この年，右翼［フランスでは保守政党の総称］と社会党との間の"共存" cohabitation が始まり，それは1988年まで続いた）に至るまで，いかなる西欧の元首も首相も，また合衆国大統領さえもこのような広範な権限を有したことはなかった。[2]」大統領権限が強大であることは現在も変わらない。

フランスは別個に公選（間接ないし直接に）される元老院（上院・Sénat）と国民議会（下院・Assemblée Nationale）の二院制 bicamérisme をとっている。上院議員（2009年7月現在343議席，議席数は人口変動により補正される）は，間接選挙によりその1/3ずつが3年毎に改選される。選挙人は国民議会議員，県会議員，および市町村会議員の代表からなる。選挙は各県毎に行われ，イール・ド・フランスの各県とその他の一定の諸県（14県）は比例代表制により，その他85県においては候補者リストへの2回投票制である。問題はコミューンを代表する選挙人の配分で，大都市への選挙人の割当ては住民数に比例しておらず不十分である。全人口の2割を代表するにすぎない住民1,500人未満のコミューン代表

---

1) Direction générale des collectivités locales (DGCL), *Les Collectivités locales en chiffres 2009*, p. 15（引用は電子版による）.
2) Yves Mény, *Government and Politics in Western Europe: Britain, France, Italy, West Germany*, Oxford UP, 1990, p. 197. 本書の仏語版は *Politique comparée: Les democraties*, Monchrestien, 1987.

が，上院選挙人の4割を占め，地方住民たる小コミューン住民の過剰代表が当初から指摘されている。上院はしたがって「農業院」という異名を頂戴する破目になっていると，政治学者のモーリス・デュベルジェはかつて指摘していた。[3]

こうした事情は今日でもほとんど変わっていない。第五共和制はド・ゴールの背丈にあわせてつくられたとは，フランス政治史の決まり文句であるが，ド・ゴールがやり残したのは，上院と地域の改革であった。1968年の危機をしのいだド・ゴールは，反転攻勢に出て，1969年に元老院の抜本改革とレジオン région の創設を含む大部の改革法案を国民投票に付した。しかしこの地方政治改革と上院改革をセットとした野心的な国民投票提案は，上院議員たちや地方名望家などの強固な反対の前に潰え去ったのであった。

だが，地域の政治態勢を変革しようとするインセンティブは絶える事なく続き，遂に 1982/83 年の改革を皮切りに国家の手になる分権化改革が継続して行われることになる。

ミッテラン以降のシラク大統領政権下においても地方分権化改革は推し進められた。第五共和制は 1958 年以降成立した大統領権限優越の政治体制であるが，地方政治という問題関心からふり返ってみると，1980年代はじめまでの前半期と現在にまで至る後半期との大きな違いは，地方分権化改革が国民的に是認されたか否かにあるだろう。以後，分権化改革は保守と左翼の双方から肯定される政治的な定数項として肯定的に受け止められるに至る。[4]

1981年に政権の座に就いたミッテラン大統領は，82年から大規模な地方分権化改革にふみだした（ここではミッテラン＝ドゥフェール改革，ないし，簡単にドゥフェール改革などと表記する）。フランス地方行政の歴史における画期的な一歩

---

3) Maurice Duverger, *Le Système politique français*, 19e édition, 1985, p. 332 以下による。
4) 分権化改革の全体像については以下の文献を参照。中田晋自『フランス地域民主主義の政治論』お茶の水書房，2005年。久邇良子『フランスの地方制度改革：ミッテラン政権の試み』早稲田大学出版部，2004年。財団法人自治体国際化協会（パリ事務所）『フランスの地方分権施策における国・地方の政治的イニシアティブ：第四の地方自治体』同協会 CLAIR REPORT n° 300（30 mars 2007），同協会 Web データより。

であった。その後，保革共存などの複雑な政治状況をよそに，地方分権化改革は左右両勢力によってプラスのコンセプトとして捉えられ，諸改革が推し進められてきた。21世紀初頭の分権化改革「第二幕」，1990年代初頭から21世紀の現在にかけてまき起こった市町村間共同組織による事実上の市町村機能の再編（「静かな革命」といわれる）など，顕著な変化が指摘できる。総じて市民参加の契機を強化するという理念の押し出しや，大胆な制度改革とそれを支える多様で斬新なコンセプトの展開は，我が国において地方分権化を推進し地域の自律的な発展を模索する上でも，大いに参考になるものである。

　これらの「分権化改革の拡大」現象とは，あるいはそもそも「分権化」とは，「地域の民主主義」とどのような論理構造と実践の下に結びつくものなのか。また，逆に，「地域の民主主義」の観点から様々な「分権化改革」の「実態」を評価すれば，どのようなイメージが得られるのだろうか。本論を貫く問題関心はその点に収斂しているのである。

　我が国においても地方分権改革推進法に見られるように，「地方分権改革の推進は，国及び地方公共団体が共通の目的である国民福祉の増進に向かって相互に協力する関係にあることを踏まえ，それぞれが分担すべき役割を明確にし，地方公共団体の自主性及び自立性を高めることによって，地方公共団体が自らの判断と責任において行政を運営することを促進し，もって個性豊かで活力に満ちた地域社会の実現を図ることを基本として行われる」（第2条）との基本理念をはっきりと認め，実践する動きに対しては，これを肯定的に受け止め，前進させるべきであろう。しかし，2009年総選挙の前夜において分権化の実質化を要求する知事・首長らの動きは，政界の激震をさらに増幅させたことは記憶に新しい。法律の理念とは異なる現実に地方政治の指導者が悩まされており，中央政府の対応も法律の理念とは乖離していたことは，かれら個々の政治的思惑がからんだ行動の是非は別としても事実として指摘しうるであろう。普遍的な観点から見て，国民国家の富強を競った時代は終わりを告げ，いまや「国民がゆとりと豊かさを実感し，安心して暮らすことのできる社会を実現することの緊要性」（上記，第1条）についてはグローバルな合意とすべきフェーズに人類

が到達していると申しても間違いではあるまい。分権化改革はそうした意味でも，普遍性をもった人類的課題であり，「住民に身近な行政はできる限り地方公共団体にゆだねることを基本として」（第5条）行政の世界が構築されなければならないのである。

　フランスの分権化改革は大体20年の先行の歴史をもっている。我が国の分権化の実質化に関わる論議においても有力なリファレンスであると位置づけるべきであろう。

　もちろん，フランスの場合においても分権化の阻止要因には十分に目配りがなされるべきである。この国においては，たとえば，公選委任職責の兼任が原則として認められているために，下院議員にして同時に都市の市長である（député-maire）などという兼務が可能となっている。地方政治は中央政治に特殊な回路を通じて直結しており，ナショナルな政治空間は，他のEU諸国や我が国とは異なる様相と特色とを呈している。また，上院は地方政治当局の代表者による互選によって議員を選出しており，直接に地域政治の利害を代表する議院であるとしても過言ではない。レジオン改革にしても，県や市町村の在り方にはそれほどの見直しが行われず，県－市町村という従来の強固な2段階構造の上に弱い形のレジオンが載せられている。さらに，西欧諸国との対比を決定的にしているのは地方自治体の階層構造がコミューンを基底に置いているのだが，この基礎自治体の合併統合がなされておらず，その数が歴史的に膨大であり（36,000），かつまたその規模が極めて多様なことである。近隣の民主主義を保全しつつコミューンの整理と改革をいかに推進すべきかという課題についても難航している（もちろん，国家主導による「効率」efficacité 一点張りの統廃合を是とするものではない……）。この間に組織的な発展を見た市町村間共同組織 inter-communalité は，コミューンの困難を打開しつつあるのであろうか。我々は，そこに「拡張されたコミューンの問題」，あるいは，「民主主義の負債」という指摘を多く見い出す。

　ミッテラン以降の国家主導による分権化改革について言えば，フランスにおける研究者達の見解は必ずしも全面的に成果の面からだけで捉えているわけで

プロローグ：分権化と国際化の時代に

はない。一方での行政の側からの華やかな改革のキャンペーン，他方における知識人達のやや冷めた論評。この対照は，単に知的階級なるものは，常に体制に対して距離をもちたがるものだといった風な「一般論」では，到底説明がつかない。もちろん，フランス風の華麗なレトリックに幻惑され，建て前を綺麗に並べた改革法の大行進に目をくらまされると，実態は見失われる。地域の問題を検討すると，まことに当然ながら錯綜した性格の諸問題が背後に横たわっていることが分かる。そうした流れを踏まえて申せば，本書ではフランスの地方分権化改革の歩みをたどると共に，特に市町村間共同組織が一般化する中での最近の問題状況を視野に入れつつ，特に名望家 notables あるいは地域エリート élites locales の役割変化について検討を加えつつ，地域政治における民主主義の深化を阻む諸要因の検討を通じて，広くは地方政治という舞台におけるいわゆるガヴァナンス，すなわち多様なアクターの参加による最適な行政スタイルを探求しようとする試みである。

　フランスの政治変動は著しいものがあるが，厳しく申せば，政治危機の進行がこの国において著しい証左でもある。1981年5月に樹立されたミッテラン大統領政権によるその後の諸改革は，一面で，国有化に依拠する古い社会主義のイメージを前提にしており，経済危機はたちまち「ばら色」の革命を座礁させることになる。第一期ミッテラン体制の後半以降は特に腐敗現象が目立ちはじめ，二期目の勝利（1988年）はやや興ざめたものであった。ポスト・ミッテランの大統領選挙戦にあたって，世論はネオ・ゴーリストたるシラク氏に傾斜した（1995年）。二期14年続いたミッテラン大統領任期の後に，シラク大統領の時代が始まる。だが，シラク政権下でも腐敗現象は止まず，外国人労働者への強圧的な政策は険悪な様相を呈し，政治的な動脈硬化は顕著となる。共和国の制度的な行き詰まりがよりいっそう強く意識され，第五共和制の改革そのものが識者の関心を呼ぶ。一方での大統領任期の縮減（改憲により7年任期は5年任期制に），地方分権化の憲法上での容認，男女共同参画の実質化 parité（パリテ）などの憲政の根本にかかわる諸改革が実施される反面，政界有力者たちが行っている公選委任職責の兼任を禁止しようとする市民的要求のたかまりが一時的にも見ら

7

れたのが，1990年代末までの政治的特徴として指摘できよう（第4，5章参照）。
　第一期シラク大統領政権の後半期における有権者の選択は，左翼諸派が国民議会選挙において優位を占めるという結果を生んだ。1997年，保守シラク大統領の下に，左翼諸党派を代表する左翼政府が組織された（保革共存政権）。社会党のジョスパン首相は，国家の近代化（国家の民主的改革の温和な表現）を高らかに謳い，公選職の兼任を制限する法案を予告し（首相はまずもって閣僚達に地方被選出職務の兼任を辞退するように指示する＝後述第4章125頁以下参照），地域の民主主義を前進させるべく，参加と近隣の民主主義の概念に基づく改革を前進させようとした。こうした一連の努力は当然のことながら，2002年の大統領選挙における保守シラク氏の再選を阻む力の集約点としての社会党候補ジョスパンの政治的なアドバンテージとして一般に認識され，政治的な優位として跳ね返るものだと予想されたのであった。
　しかし，結果的には，1位がシラク，2位は極右の候補者（ル・ペン），3位がジョスパンという得票順であった。しかも得票パーセントはシラク＝19.88，ル・ペン＝16.86，ジョスパン＝16.18％といういずれも20％を超えない低支持率であり，とりわけ首相を出していた左翼主要政党としての社会党の大敗北を意味した。シラク氏の再選は，シラク対ル・ペンという保守対極右候補という「恥ずべき結果」への弥縫策としての有権者によるシラク氏選択であった。第二期のシラク大統領下では，保守勢力が下院議会においても勝利し，ラファラン氏に組閣の命が下った。
　ラファラン内閣の下に地方分権化の改革が大規模に展開されることになる。改憲を含む大規模な一連の改革に対して，人々は，「ラファラン・サイクル」と呼び，分権化は〈第二幕〉に達したと評価した。再び論壇でも「分権化改革」

---

5)　英国の代表的な週刊雑誌 *The Economist*（April 27th-May 3rd 2002）は，"France's shame" と題してル・ペン候補による演説の様子をカバー写真に用い，フランス大統領選挙戦の特集記事を掲載した（v. "After the cataclysm—Special report—The French elections", pp. 25-27).

décentralisation というタームがもてはやされた。

しかし，2004年末から翌年初頭にかけては高校生を含む教員労組の大規模なデモが組織され（フィヨン改革法に対する反対運動，同法は公務員雇用の削減と特に学校教育には欧州統合に対応する競争力・効率性を求める内容のものであり，激しい反対運動を巻き起こした），2005年5月には欧州憲法案の国民投票が大差で否決される（Nonへの大動員，皮肉にもかつてない高い投票率であった）。シラク大統領はラファラン首相を更迭し，次期大統領選をにらんでド・ヴィルパン氏が首相に任命される。しかし，同年秋には移民労働者が居住する郊外都市での暴動，2006年初頭にはCPE（初期雇用契約）法案に反対する大規模なデモと世論の反対運動への支持傾斜，その結果としての政府法案の撤回，さらに，首相・内相などを巻き込む大規模な秘密口座の疑惑事件（クリアストリーム事件：大統領選挙をにらんでの政治的な駆け引きの側面もあったのだろうか）など，EUの主導的な大国を自任するこの国の威信は大きく傷つくことになる。[7] その後，ド・ヴィルパン氏は大統領候補から降り，社会党＝ロワイヤル，保守＝サルコジ両氏の対決となり，ポピュリズム的な政治手法を用いるサルコジ大統領の時代となった。サルコジ政権下では，後述するように「分権化改革の終焉」が標榜され，効率性を目標にした地方行政組織のより大胆な合理化が大統領の意を受けた諮問委員会によって提起されるに至った。そしてフランスは今，100年に一度という世界金融危機の中に揺れている。

くり返すことになるが，地方分権化改革は一面では行政技術的な色合いも濃く，外見的には非政治的な印象を与えがちである。政争が相次ぐ中でも，どちらかというと傷を負わないプラス・イメージで語られることが多かった。しかし，フランス政治・行政の専門家達による論評は，論者によりトーンの差はあるものの，必ずしもこれまでの華やかな分権化改革の「大行進」に対しては手

---

6) この間の経緯に関しては，以下に簡略に記しておいた。拙論「フランスにおける分権化改革《第二幕》と公選職兼任現象：地域民主主義研究のために」愛媛大学地域創成研究センター編『地域創成研究年報』第1号（2005年）所収（なお，本書第3章を参照）。

放しでプラス点を付けているわけではなく，むしろ，覚めた批判的論調が目立つように思える。

　これらの知的世界における批判的なトーンは，上記のフランスにおける政治的世界での「曇り空」の下での一過性の心理的反応にすぎないとすることはできないのではなかろうか。むしろ，今日の局面は，地方自治，ないしは地域の民主主義にかかわる領域においても，前向きな政策目標を前進させ，その本来の理念を実現していく上での問題性を探り出し，制度に内在する諸問題への批判的分析の必要を示しているものであると受け取りたい。また，フランス社会の袋小路・政治的危機の様相を，地方政治もまた克明に反映している舞台だと見るべきであり，地域の民主主義，近隣の民主主義というタームの一般化は単なる流行現象だとも言えない面がある。だからこそ，フランスにおいても，ガヴァナンスについての問題意識が政治学系の研究者の中に強まっているし，また，代表制民主主義の危機を参加型の民主主義の強化によって克服すべきだとの論調や研究が支配的になりつつあり，民主主義の隘路の打開について結局のところ「地域」の問題が視野に入らざるをえないのであろう。[8]

---

[7]　政治情勢に関わるデータとして，差し当たり以下を参照。Luc Bronner, "Le projet Fillon oriente l'école vers l'Europe et l'entreprise", *Le Monde*, 12 janvier 2005.
　都市暴動に関する国際比較の視点等については以下。Didier Lapeyronne, "Les émeutes urbaines en France, en Grande-Bretagne et aux États-Unis"; Michel Kokoreff, "Comprendre le sens des émeutes de l'automne 2005", いずれも以下の特集に所収，«Comprendre les violences urbaines» in *Regards sur l'actualité*, n° 319/mars 2006, La documentation française.
　CPE 初期雇用契約に反対する学生等の運動に関しては，多くの記事があるが，特に以下を挙げておきたい。Frédéric Lebaron et Gérard Mauger, "Révoltes contre l'emploi au rabais—Illusionisme et opportunisme du gouvernement français", *Le Monde diplomatique*, avril 2006, p. 3. 邦語文献としては，優れたルポルタージュがある。山本三春『フランス ジュネスの反乱：主張し行動する若者たち』大月書店，2008 年。
　Clearstream 社を舞台にした政界闇資金事件の根は深く，かつ広範囲の要人達が本件に関係していると見られている。ル・モンド紙の調査を要約して示すものとして以下を参照。"Infographie: Le rouage de l'affaire Clearstream", 20 octobre 2006, "Chronologie: Les grandes dates de l'affaire Clearstream", 16 octobre 2006.

上からの「統治」概念である gouvernment の限界を越えようとする概念として，市民が直接かかわる行政統治の在り方を強く押しだす意味でガヴァナンス gouvernance の概念が注目され始めている。上からのガヴァメント government 概念の限界を乗り越えるという先端性を前面に出してはいるものの，現状ではかなり曖昧なままに一般用語として定着しつつある感がある。発展途上国の経済再建や英国や北欧等の行政改革において発展させられたこの概念のフランスへの浸透は遅く，一般に用いられているともいい難かったが，近年ではガヴァナンスの概念を正面から扱う文献も普及し始め，研究者の視野にも入りつつある。フランスの地方政治改革においても地方分権化改革が「参加」や地域の民主主義的管理の内奥にまで達する傾向を有しており（街区評議会や住民協議制度など），代表制民主主義の限界（選挙においてのみ市民有権者の意向が政治の現場に反映されるという制度固有の限界）を問題にし，それを乗り越えようとする営みが盛んになっていることは注目に値する[9]。

　フランス地方政治の改革動向は，公共性を基礎にした「良好なガヴァナンス」good gouvernance という政策手法の有効性を確認する絶好のフィールドである。ガヴァナンスを統合的概念として，行政アクターの多様化，公私セクターの棲み分けと協働，政策の策定における民間活用，行政全体の透明性の確保と説明責任の重視，客観的外部的な評価システムの定着と活用，評価のさらなる公的な行政オペレーションへのフィードバックなど，いわゆる New Public Management が掲げる個々の手法の効用に関する格好の検証の場ともなりえるし，この一連の概念装置そのものの価値（有効性と限界）を問う場ともなるであろう。ガヴァナンスの概念は多義的であるが，本稿では差し当たり，市民参

---

8) 「地域の再発見」に関する簡潔な記述は，以下を参照。Albert Mabileau "introduction", in A. Mabileau (dir.), *A la recherche du «local»*, L'Harmattan, 1993, pp. 9–13.
　民主主義論への実証的かつ理論的なアプローチの一つとして，Gérard Grunberg, Nonna Mayer, "Démocratie représentative, démocratie participative", in Pascal Perrineau (dir.), *Le désenchantement démocratique*, éditions de l'aube, 2003, pp. 215–230.

9) Antoine Bevort, *Pour une démocratie pariticipative*, Presses de sciences po, 2002.

加を含む多くのアクターを包括した現代的統治手法の展開を捉える概念として把握しつつ，フランス地方政治の動向を判断する手がかりの一つとして用いてゆく。[10]

　もちろん，この概念の限界をもあらかじめ理解しておくことが大切であろう。

　ギィ・エルメらは，ガヴァナンス gouvernance ないし，ボンヌ・グヴェルナンス bonne gouvernance［good governance：良好なガヴァナンス］の概念について，七つの特徴的な隘路を指摘している。[11]

　第一は，主要なアクターが水平的な平面に位置している複合的な事務管理（はやりの言い方では《複合的管理様式 mode de gestion de la complexité》）という図式を描く。第二には，国家をも含めて，公共事務と私的事務管理との区分をおかない（abolir la distinction public/privé）。この傾向は，国家は余計なことをせず市場経済に任せれば良いとの《グローバルな英語世界》での合意ができ上がっていたことを背景にしている。第三に，経済レベルでの市場の調整能力が全能だとの思い込み。第四に，それにもかかわらず決定過程にたずさわる主要なアクター達は国家によって有無を言わさず任命され，人民の主権概念など入り込む隙がないということ。第五に，ガヴァナンスは常に変更可能で臨時的な決定に照応している。第六に，ガヴァナンスの論理によれば，決定はもはや討論や問題提起によるものではなく，党派間の交渉だとか，あるいはむしろ，商談と取引の結果にすぎない。第七に，ガヴァナンスの協調的論理は，小さな利益集団が国家や自治体やその他の団体のヘゲモニーをにぎるセクショナリズムによる利益政治であり，ネオ・コーポラティズムの色彩をもっているのである，と。

　しかし，二人の論者が断っているように，ガヴァナンスは多義的で拡散的な概念である。したがって，多様なアクターの参入は不可避であるとの前提に立

---

10)　Jean-Pirre Gaudin, *Pourquoi la gouvernance ?*, Presses de sciences po, 2002, pp. 34-39., good gouvernance に関しては，p. 72 など。加えて以下を参照。Philipp Moreau Defarges, *La Governance*, «*Que sais-je ?*», PUF, 2006.

11)　Guy Hermet, Ali Kazancigil et Jean-François Prud'homme (dir.), *La Gouvernance: Un concept et ses applications*, éditions Karthala, 2005, pp. 8-10.

って，地域の民主主義を基盤にして，参加や諮問や決定への幅広い市民諸階層の関心の高まりや行動場面の拡張というヴェクトルでこの概念の前進面を手がかりとして用いること，すなわち，技術的なツールとしてこのコンセプトを用いることはなお可能であろう。行政過程や政治過程が従来もっていた，市民の良い意味での関与を拒む権威的で神秘的な外皮をはぎ取るという効果はこの概念の効用として指摘しえるのである。

　ガヴァナンス論の提供する理論的武器は実際は両刃の剣なのだろう。ガヴァナンス論は行政・政治過程をできるだけ客観的な技術的過程として意識し，描き出そうとする。そうであるだけに，旧来からの中央権力と癒着した地域有力者支配などは逆にその実体が隠しおおせなくなってくる（先進諸国も発展途上地域も共に）。中央権力と地方有力者との「共犯関係」は，不正常な補助金行政やトップ・ヘビィーの行政組織の肥大化をもたらし，国家資金の非公共的な散布を常態化してしまい，財源を枯渇させ，かくして市民生活をも破綻に追いこみかねない。だとするならば，寡頭支配は高い質の市民参加によって克服されなければならないであろう。民主主義の政治的《プロセス》は，上記の七つの否定的傾向への反対命題を理念としつつ，従来の組織運営の智恵を見直し，さらにそれを客観的な視点から鍛え直さなければならない。「地域の民主主義の深化」はその彼方にこそはっきりと姿を現すのであろう。

　本書は全体として，三部に分かれており，終章のエピローグを含めて，全体として九つの章からなっている。第Ⅰ部では，革命を経て第五共和制まで基調として継続した集権体制の問題性から，ミッテラン改革を経て，分権化改革第二幕にまで至る経緯が略説されている。続く第Ⅱ部では，地方政治の支配層，その政治的力量の源が公選委任職責の兼任にあることなどがある程度詳しく分析されている。第Ⅲ部では，市町村間共同組織の急激な普及がもたらした諸問題が，分権化改革の限界点を明らかにしつつ，その彼方に「地域の民主主義」という根本的な問題領域を指し示していることを，現代フランスの第一線にある研究者の見解やルポルタージュ記事の解読から明らかにしている。最後に，これらの問題性に対してポピュリズムの傾向を色濃くもつフランスの政府当局

は,新たな合理化への見通しを示しつつ地方行政改革への動きを示しつつある。政府報告書や内相の演説には我々は注目しておく必要があるであろう。エピローグは簡単ながらこうした動向を実際の資料において解明したものと考えている。

　分権化改革は豊富な地方政治にかかわる政治社会学・行政社会学のフィールドを提供する。それはまた，より大規模な国際比較の研究領域ともなっているのである。

第 I 部 分権化改革の光と影

第1章　中央集権国家フランスと分権化への胎動
第2章　ミッテラン=ドゥフェール分権化改革の流れと特徴
第3章　分権化改革の「第二幕」

第1章　中央集権国家フランスと分権化への胎動

1　中央集権国家フランス

　ミュンヘンでもどこでもよい，ドイツの都市にある程度滞在して列車で国境線を越え，フランスに入ってみよう。途端に都市と都市との間隔が大きくなり，田園地帯に降り注ぐ陽の光が増し，眼にしうる植物相からしていかにも豊かな印象を得ることができる。全速力で疾走しているはずの国際特急まで旅を楽しんでいるかのように感じられる。国境線からパリまでの道のりは遠い。長い汽車の旅を終え，この国の首都のたとえば東駅に到着すると，突然ある事実に気づくのである。精緻に発達した工業大国のドイツに対して，パリがその充実した大都市機能において，あるいは集中した国家権力を背負っている首都として，この東に位置する先祖伝来のライバルの前に敢然と立ちはだかっていること1)を。ドイツの都市はそれぞれに個性的で魅力的ではあっても，規模と歴史的な舞台としては所詮パリには太刀打ちできない。また，個々のラント（州）ではフランス一国に対抗することはできない。国際政治においてパリは依然として一個の「城郭都市」であり，工業と経済の中央ヨーロッパに対抗しうる最も頑強な西ヨーロッパの拠点なのだ。人はこのとき空間的移動を通して，集権国家というキータームを実感する。国内政治と国際政治，とりわけ経済的金融的に見て相対的に弱小なフランスがいかに政治大国たりえているかという謎を解く鍵

---

1)　Michel Winock, *Nationalisme, antisémitisme et fascisme en France,* Seuil, Points-Histoire, 1982, p. 50（ミシェル・ヴィノック著，川上勉・中谷猛監訳『ナショナリズム・反ユダヤ主義・ファシズム』藤原書店，1995年，69頁）．

は，意外に平凡な事実の集積の中に潜んでいるのかも知れない。中央集権体制こそ，「ポスト・冷戦」とそれに伴う拡大 EU によるヨーロッパ大規模統合に揺れ，いままた世界規模の金融危機の荒波にきしみをたてる大欧州において，その政治的イニシアティブを常に保持したいとの願いをもつフランスにとって，変わることのない力の源泉なのである。[2]

　フランスは先進資本主義国の中でも典型的な中央集権体制の国家である。ドイツの場合は，諸侯国の統一が遅れ，19 世紀後半の普仏戦争の勝利を契機にようやくドイツ帝国の成立を見るが，侯国を基盤としたラントによる連邦的な性格は消えることなく残った。冷戦を乗り越えて西ドイツを基盤に統一された新生ドイツも依然として，連邦制の上に立つ共和国である。またイギリスが，イングランドを基盤に外征を歴史的に繰り返し，本質的に「連合王国」であり，諸地方＝諸王国の寄せ集めであることは良く知られている。アングロ・サクソン的な伝統はこうした本来的に地方分権化した近隣の行政のあり方において「地方政府」Local government の概念を発展させ，それを受け継いだ合衆国においても地方自治の概念が発達した（トクヴィルの観察を見よ）。

　もちろん，フランスにおける中央集権化の弊害は誰の目にも明らかだった。グラヴィエは早くも 1950 年代初頭に『パリと地方砂漠』と題する著書を上梓し，このキャッチコピーはこの国の集権制の弊害を象徴する時の言葉ともなった。70 年代にリメイクされた同じ表題の文献の中で，グラヴィエは熱のこもった論述を次のようなクウルツィウスの引用から始めている。

　　「イギリスでは，国民的精神伝統の中心地はロンドンではなく，オックスフォードとケンブリッジである。また，我が国では『地方分権』の現象がさらに顕著で，ベルリーンしか知らぬ人はドイツを知ることきわめて少ないと言わねばならない。しかしパリを知る人はフランスの大方を知るものと言い得る。……『地方（ラ・プロヴァーンス）』という言葉がこのような一般的な意味で（それに多くの場合，何か『時勢おくれ』とか『野暮』という

---

2) Stanley Hoffmann, "La France dans la nouvel ordre européen", *Politique étrangère*, n° 3, Institut français des relations internationales, automne 1990, p. 509.

第1章　中央集権国家フランスと分権化への胎動

ような意味合いをこめて），用いられるようになったのは，由来の古い且つ複雑な歴史的事情の結果である。」[3]

フランスの中央集権体制はどのような事情によるものであろうか。地政学的に見て，フランスは西欧の最も中枢な大地をその手にしている。広大な領土において（日本の1.4倍），人口は我が国の半分であり，国土は一般に平坦であり，肥沃であり，中欧や東欧に比べて陽光に恵まれている。そして政治的にこの広大な領土のたずなをしめることが，政治権力の変わらぬ関心事であった。特に第五共和制の下でこの国の政治体制は極度に権限を集中させた大統領制を成立させた。第五共和制において，共和国大統領は国民の直接選挙によって選出される。そのことによって，共和国大統領は全国民を政治的に代表する正統性を確保しているのである。大統領は首相を任命し，首相は政府を組織する。首相は大統領に対して責任を負い，議会に対しては直接の責任を負わない。立法行為の主体は議会，すなわち国民議会と元老院であるが，議会の主力をなす国民議会の解散権を大統領は掌握し，この権限は実際に行使されている。大統領は，行政権（軍の統帥権および，核兵器の使用権限を含む）の総体を首相の補佐の下に把握している。[4]

行政機構は巨大であり，[5] 高級官僚組織はENA（国立行政学院）を頂点とする高

---

3)　初版は，Jean-François Gravier, *Paris et le Désert français: Décentralisation - Équipement - Population*, avec le préface de Raqul Dautry, Édition Le portulan, 1947. 本文引用は，Jean-François Gravier, *Paris et le Désert français en 1972*, Flammarion, 1972, p. 5によった。なお，クウルツィウスの引用訳文は，E. R. クウルツィウス著，大野俊一訳『フランス文化論』みすず書房，56-57頁による。

4)　メニイはフランス大統領権限の強大さについて比較政治学の著書の中で述べている。「……こう述べたとしても不当ではなかろう。1958年から1986年（この年，右翼と社会党との間の"共存"（cohabitation）が始まり，それは1988年まで続いた）に至るまで，いかなる西欧の元首も首相も，また合衆国大統領さえもこのような広範な権限を有したことはなかった。」Yves Mény, *Government and Politics in Western Europe: Britain, France, Italy, West Germany*, Oxford UP., 1990, p. 197. 本書のオリジナル［仏語］版は *Politique comparée: Les democraties*, Monchrestien, 1987.

第Ⅰ部　分権化改革の光と影

級官僚養成校たる相対的に少数のグラン・ゼコールの卒業生によって事実上独占されている。フランスの官僚機構を支えるこの基盤は，同時に，ブリュッセル EU 機構におけるヨーロッパ官僚の主要な供給源となっている。第五共和制の中央集権的側面は後ほどさらに詳しく触れる。

2　大革命と集権制

　実際，フランスの集権制は中央 = 地方の関係において補強され，完璧なものになってさえいる。フランス語には英国におけるような local government［le gouvernement locale］というコンセプトは見い出せない[6]。フランスで地方自治ないし「地域の民主主義」la democratie locale という考え方が強く意識され始めたのは他の諸国に比べて遅い。大革命はなによりも国民国家の構築と一般原理に基づく法治国家の秩序を模索した。世界史的に見ても政治変革の経験が蓄積されていなかったこと，周辺大国の絶対主義体制が断固たる革命抑圧策をとったこと，国内における反革命勢力の強固な残存と革命勢力の不安定性などが，強硬な集権論に一定の政治的なレゾンデートルを与えたのである。もちろん啓蒙期の機械的な合理主義思想の流れも大革命の背景にはあった。

　国民国家の自立こそが急務とされ，したがって国家の意思力を一元化した集権的国家は"合理的な統治"の化身であり，政治意思の唯一の担い手でなけれ

---

5)　フランス内務省/DGCL の *Les Collectivités locales en chiffres 2008*（p. 110）によれば，2005年12月末の現勢で，フランスの国家公務員は 254 万人，地方公務員は 164 万 8000 人となっている。地方公務員のうち 32 万 5000 人が非常勤職員からなっている。そのほか，看護医療関係の 102 万人を加え，公務員は，521 万 5000 人である。
　地方公務員実数についてさらに詳しくみれば，そのうち，レジオン関係職員 1 万 5000，県関係職員 29 万 6000，市町村間組織に 20 万 7000，市町村組織に 121 万 5000 名となっている（算定方式の差から総計が微妙に食い違っている）。

6)　Jacques Lagroye, Vincent Wright (dir.), *Local Government in Britain and France: Problems and Prospects*, George Allen and Unwin, 1979. 仏語版は，*Les structures locales en Grande-Bretagne et en France*, in *Notes et études documentaires* n° 4687-4689, 1982.

ばならなかった。中央政府，ないし，行政府というべきところを，現代のフランス人も「国家」l'État と言いたがる。大革命はアンシャン・レジームの専制を打ち砕いたが，その同じ手でブルボン王朝の仕残した集権制を仕上げるという歴史的な任務を引き受けたからである。旧支配層の必死の抵抗とこれに呼応した外国の干渉はそのための正当な根拠を提供した。トゥーレをはじめとする革命家達は県制度を生み，国土は人工的にほぼ同じ面積に分割される。県・郡・市町村（コミューン）は，合議的な執行機関により統括され革命の拠点化する。こうして革命は内務省→地方行政機関という一本の系列によって地方の割拠状態と行政的混乱を克服する道筋を発見した。地方行政機関は，非常時の国家執行機関である公安委員会の地方における基盤であり，大革命を行政組織上において担保するものであった。読み書きを知っている市民の数は局限され，いわんや一般市民にとって行政職の経験は皆無に等しかったが，指導的立場に立つことになった中上層市民は，地方事務の処理の中で急速にその能力を発揮していった。最後にナポレオン独裁が，地方機関を集権化の用具として仕上げる。選挙制度は，翼賛的なシステムに置き換えられ，特に官選知事制度がローマ帝国の地方長官の故事に倣って設置される。官選知事制度は，一面において地方への中央政府からの啓蒙的な役割を担わされるが，主要には，中央の意志を地方において，特にコミューン段階の抵抗を破砕しつつこれを貫徹し（治安），軍事的（徴兵・徴発）かつ経済的に統轄（徴税）することにより国力を強化・伸張せしめ，それをして外征に総動員するためのものだった。官選知事こそは地方における政府の代理人（「小さな皇帝」）であり，国家意思の担い手であった。官選知事制度はじつに本章が対象にする 1980 年代初頭のミッテラン＝ドゥフェー

---

7) 県制度の創出に関して，羽貝正美「フランス革命と地方制度の形成：『地方』の克服と『県』の創出を中心に」，特集「18 世紀の革命と近代国家の形成」，『年報・政治学』日本政治学会編，岩波書店，1991 年。県制度の展開については併せて以下を参照。Association pour l'étude du fait départemental, *Le département: Deux siècles d'affirmation*, Textes présentés par Agnès Guellec, Presses universitaires de Renne 2, 1989; Jean-François Auby, Jean-Marie Pontier, *Le département*, Economica, 1988.

ル改革に至るまで，連綿として二百年あまりの間，地方行政システムの要として維持され続ける。[8]

　しかし，市民への政治参加の可能性を与えるという大革命の政治的スローガンと，それに一見，相反する中央集権化の流れとはいかに交錯したのであろうか。そうした観点からフランスにおける近代的な地方行政システムの誕生時におけるジグザクの行程を要点において把握しておくことが必要であろう。

　そもそもフランス大革命では一般性の原理に特殊的，個人的，利己的，ないしは地方的な利害が対置され，合理的普遍的な理性を実体化する上で克服すべきものとされたのであった。革命期の大政治家トゥーレの憲法制定議会での演説（報告の概要が議会議事録として残っている）は，地方行政制度と立憲制との接点を物語る明晰なものである。憲政は県制度そのほかの地方制度の確立によってこそ実現する。もちろん，地方に根をもつ憲法制定議会議員への説得も実はしっかりと行われている。心配することはない。あなた方の地方での日常はいささかもこの改革によって変わることはない……（地方から選出されてきた議員達とその背後にいる名望家層を意識してのことである）。それではジャコバン主義の革命家は一般原理の放棄を敢えて行ったのか。否，むしろ，洪水のような言説のなかに原理はよりいっそう強固に維持され貫かれる。一にして不可分のナシオン＝憲法体制（当初は立憲君主制が構想されていた）こそが出口であり，特殊利益と，地方的な偏差は克服され，そうあってこそ至福のフランスが実現するのである，と。

　「絶望してはならない。ナショナルな精神が形成され，単一の法と単一の統治形態のみを有する唯一の家族のもとに統合されたフランス人達が，個別的かつ地方的な団体精神のあらゆる偏見をかなぐり捨てる時がやって来るであろう。大憲法典 la Constitu-

---

8) さしあたり以下を参照。Paul Bernard, *L'Etat et la Décentralisation: Du préfet au commissaire de la République*, in *Notes et Etudes documentaires*, n°s 4711-4712, mars 1983. より詳細なリファレンスについては，以下の「研究のためのノート」を参照されたい。岡村茂「フランス地方分権化政策と公選職兼任：ミッテラン政権の評価をめぐって」『社会科学研究年報』龍谷大学社会科学研究所，第21号，1991年3月。

第 1 章　中央集権国家フランスと分権化への胎動

tion は，この良き流れを規定し，励まし，容易ならしめなければならない。この流れこそが，フランス人によるナシオン la nation française［フランス人の政治的共同体たる国家］を世界に冠たる至福に彩られたナシオンとするのである。」[9]（[　] 内引用者，以下引用の箇所において同じ）

しかしフランス政治当局は細分化された旧体制の遺物たる地方区画に悩まされ続ける。行政学的ないし地政学的な観点から見ると，極めて興味深い現象がここにある。内務省に直結する県 département や大郡 arrondissement や小郡 canton さらに，市町村 commune などという特徴的な地方行政組織は，フランスの国土の一体化を実現してゆく。しかし，改革はこの基底部における行政組織の標準化にあたってにわかに激しい抵抗に遭遇したのであった。大革命の直前にコンドルセとシェースが望んでいた 720 のコミューンに代わって，フランスでははじめて 42,000 の基礎選挙区 circonscriptions électorales de base が設置される。1789 年の県／郡／市町村など基礎行政区画の創設にかかわる大論争の中で，ミラボーが主張していた 44,000 のコミューン commune が組織されたのである。[10] 革命家達は何よりも旧制度のパロワス paroisses やミュニシパリテ municipalités やドワイヨネ doyennés などの混乱し錯綜した諸制度をコミューン制度の下に一元化することに腐心する (loi du 15 janvier 1790)。コミューン間の連携は禁止され，旧来のパロワスが基本的なコミューン組織のもととな

---

9)　地方名望家への説得は，特に旧来の province の区画への行政的かつ人為的な新しい県や郡の区分が事実上の生活慣習の変更を意味するものではないという点に向けられていた。*Archives Parlementaires de 1787 à 1860*, Tome IX, 1877, pp. 656-658（引用は，Kraus Reprint 版（1969）によった）。併せて以下の大著を参照。Jacques Godechot, *Les institutions de la France sous la Révolution et l'Empire*, PUF, 1968.
10)　この改革は以下の二つの法令によって実現していった。Le décret du 14 décembre 1789 «relatif à la constitution des municipalités» および，loi du 22 décembre 1789 の二つである。なお，簡略に，「1789 年 12 月 14 日および 22 日法」と言われる。この 12 月 22 日法は，県／ディストリクト／カントン／コミューンという公選議会を付した地方組織をはじめて法定したものである（Jean-Marc Ohnet, *Histoire de la décentralisation française*, Livre de poche, 1996, pp. 49-56）。

23

り，都市の優越的な地位（パリを除く）は制限され，「新しい哲学的な諸原理」すなわち合理的な領域の行政区画への準拠が強調される。しかしながら，小コミューンの問題がたちまちにして明らかになる。1790年以来，中央の議会は県に住民300名未満のコミューンのとりまとめと，「簡素化および経済効率性」la simplicité et l'économie を目指して村庁の再統合を許可する。トゥーレ=シェイエス法案 le projet Thouret-Syeyès は，大コミューンを奨励し，革命暦III年憲法は小郡の枠内においてコミューンの統合を認めるが，ことは簡単にはいかない。コミューン行政 administration municipale の当事者達，すなわちコミューンの執行部に当たった人々は，許容されたささやかではあるが独自の予算と権限に満足し，「細分化された小天地」に安住し，これを守ろうとする（エミエットマン émiettement と呼ばれる）。統領政府 le Consulat はさらに高いレベル，すなわち大郡の中に統合の基盤を見い出そうと努める。底辺のコミューンの抵抗を打ち破ろうとしたのは第一帝政であった。最終的に，コミューン統合整理の政策は帝政 Empire の下で強行され，革命期以降，当時42,000あったコミューンは38,000に縮減される。パロワスに基礎を置いていたコミューンはこの統合政策に猛烈に反発する。いわゆる排他性と独立性をないまぜた「郷村意識」esprit de clocher の発現である。これ以後，中央政府は統合政策よりも，むしろ市町村レベルでの選挙民集団の力を削ぎ，市町村長権限を限定し弱めることに注力したのであった。因みに，第二帝政下において37,500あったコミューンは，2009年には36,793（本土は36,570）を数えるわけであるから，その歴史的な根強さは驚くほどである。[11]

　もちろん，地方の領域への名望家の立てこもりはそのまま「地域の民主主義」の健全な定着をもたらしたとは言えない。この場合，「健全なる」とは，住民による政治参加の日常化と普遍化を意味する。

　絶対主義フランスの官僚達が，村々の祭りにまで規制と指導の網をかけ，民衆が政府に完全に依存する生活をトクヴィルの著作（『アメリカにおける民主主義』

---

11) DGCL, *Les collectivités locales en chiffres 2009*.

第1章　中央集権国家フランスと分権化への胎動

や『旧体制と大革命』）は活写している。この事態を理念の上から根本的に覆したのは大革命である。先に挙げた「1789年12月14日市町村法」などの革命期の法令は，はじめて，分権化 décentralisation と地方民主主義 démocratie locale の制度的な姿を人々に指し示したのだが，政治情勢の緊迫は，こうした地方政治の民主主義を実質的に定着させるいとまをフランスに与えなかった。ナポレオンの改革によって県庁制がしかれ，官選知事に県と郡との行政をゆだね，中央政府から任命された市町村長は，これまた信任リストから選ばれ，事実上官選である市町村会の上に君臨した。

　7月王政は納税額による制限選挙制に立脚した市町村選挙制を1831年に，県会の選挙制を33年に導入する。第二共和制は，男子普通選挙制をもってそれに代えたが（1843年），第二帝政は流れを逆転させ，市長と助役を再び国家の任命とし，かれらは必ずしも市町村会の中から選出されるものとはされなかった。第三共和制になって，はじめて，市町村長は公選となり（1882年3月28日法），パリのみその例外とされた。パリが自治権を獲得するのは，実に1975年に至ってからである。1884年の「市町村法」は最終的にフランス市町村制度の基礎をうち固めることになる。ヴィシー政権の一時的な断絶はあるものの基本的に今日の分権化されたフランスのコミューンを主体とするいわゆる市町村民主主義の連続的な基底をなすものであった。

　なお，1871年法は既に県会と県会議長の選挙を規定していたが，県の執行権力たる県知事のみは，1982年まで国家の任命と派遣によっていた。

　このように，フランスにおいて公選制による近代的な地方自治が定着し始め，制度から見たとき地方分権化，市民の側から見たとき，すぐれて，「地域の民主主義」la démocratie locale として捉えられる自治の原理が一般的に認められたのは，アメリカなどに比べて，かなり遅いと言わざるをえない。

　ナポレオン以来の官選知事制度は延々と第五共和制にまで引き継がれた。県の指導こそが，市町村行政の背骨となっていた。内務省の知事職員団に属する高級官僚は，国家（内務省）の手によって各県に知事として派遣され，市町村（一般に特別な地位を付与されていたパリ市を除いて，大都市も，その他の群小の市町村も

第I部　分権化改革の光と影

一括してコミューンと総称され扱われる）は知事の指揮下にある県の後見監督下におかれていた。換言すれば，市町村は全て，「未成年」の扱いを受けていたのであり，国にそれこそ一挙手一投足にわたり指示と許可をあおがねばならない状況におかれていた。

　総じて《コミューン＝県》というコンビネーションこそは，フランス行政システムの安定性と，あえて厳しく申せば「停滞性」の象徴である。1970年代におけるレジオン（州）改革［ただし，不徹底なものであった］など小幅なシフトはあったものの，大筋においてフランス地方政治の主役は一貫して，諮問的議会たる県会を伴った官選の県知事 préfet と市町村議会の上にたつ市町村長 maire であった。県知事はこれらコミューンに対して後見監督権 tutelle を行使し，中央政府の意思力はこうして地方において実現される。知事の権限の具体的な態様については，選挙制度の拡大によってしだいに純粋に行政的助言に移行変化していったと言われてはいる。がしかし，それに代わって他の様々な国家機関の出先によるコミューンの行動への事細かな指導・統制は強まっていったのであり，集権化は全体として一定の妥協を必然的な構造的随伴物としてもちながらも，緩和するどころか強化されていった。[12]

3　第五共和制と弱体な議会制

　以上述べた如く，集権化はフランス近代政治制度という枠組みにおける一貫した基調であったが，その反面，基底部のコミューンによる自治への志向（「仕切り」cloisonnement への志向＝『フランス病』）はこの集権化傾向との微妙な対照をなしている。フランスは18世紀の大革命以来，集権主義と分権主義との間で揺れ動いてきた。ジロンド主義とジャコバン的集権主義との対立は20世紀の

---

12)　J. E. S. Hayward, *Governing France: The One and Indivisible Republic,* W. W. Norton and Company, 2 nd ed. 1983 p. 23 *et. seq.*（川崎信文他訳『フランス政治百科』上下，勁草書房，1986・1987年，上巻（1986），39頁以下を特に参照）。

第 1 章　中央集権国家フランスと分権化への胎動

半ば過ぎにまで及んだ。[13)] 大革命の地方行政制度改革は選挙制度の区割りと上からの威令の速やかな貫徹（徴兵，徴税，治安）を意図したものであり，住民自治のインセンティブは弱かった。近代に至っても，第三共和制，およびそれを引き写した第四共和制の下における大統領は，象徴的な議会による任命大統領制であり，共和政体の帽子に付けられた羽飾りと揶揄されたが，国家による地方行政は一貫して官選知事の強い統制下におかれていた。二つの共和制の議院内閣制度は政情の不安定を特徴としていたが，だからといって地方が自治権を享受していたわけではなかった。強い度合いの集権制と脆弱なガバナビリティしか発揮できなかった議会制との背理的な共存が見られたのである。

　戦後まもなく制定された第四共和制憲法は，社会権的基本権を大幅に認め，さらに地方自治に関しても踏み込んだ規定を行った。すなわち，地方公共団体を市町村 commune，県 département，海外領土と規定し，それら地方公共団体が，「普通選挙により選ばれる議会 conseil により自由に運営される」のであり，各級議会の決定の執行は，「市町村長，県または海外領土の長により保障される」として，自治的な分権化が実現するかのごとく規定した。しかし，戦後期の混乱の処理，特に海外植民地の独立化への対処に失敗し，政争に明け暮れた第四共和制下の政治家たちはこの規定を棚上げした。地方自治制度の定着はその理念を具体化する事なく終わった。[14)]

　アルジェリア問題を直接の契機とする第四共和制の事実上の体制破綻をうけて構築された第五共和制憲法体制は，強大な大統領権限を背景に，大統領職を政治主体としての執行責任者にし，合衆国を超える権限をこれに付与する。当初の地方議員達による間接的な選挙制度の誤りに気付いたドゴールは，超憲法的な国民投票に依拠する政治手法を用いて，大統領制を直接公選制の上に据え

---

13)　もちろん，分権化改革に関する重大な誤解を伴いつつ二つの政治的な傾向は対立し続ける。v. Alain Peyrefitte, "Pour un pouvoir provincial", *Le Monde*, 22 octobre 1975. なお同論説は，引き続き 10 月 23 日，25 日付けと 3 回にわたって連載された。
14)　第四共和制憲法については，中村義孝編訳『フランス憲法史集成』法律文化社，2003 年，および Maurice Duverger, *Constitutions et documents politiques*, (PUF, 1987) 等を参照。

27

直し，正統性の鎧で固めたのであった。公選制によって，フランスの政治制度は国政議会 Parlement ［二院制でありアングロサクソンの伝統とは異なるが本章では「国会」と略称する］と共和国大統領 Président という二重の正統性を有する機構となり，民主的な代表委任は輻輳する。

　第五共和制においては，両院の議員は大臣に任命されたとき，兼職禁止規定に従い，議員辞職をしなければならず，議院内閣制の支配的な影響は掘り崩された。会期の制約も付けられ，国民議会（下院）と元老院（上院），特に前者はその権限を削減される。上院は地方の名望家の代議院である。ゴーリストの地方における政権支持基盤は，地方名望家への一定の議会的地位の賦与によって妥協的に強化される。因みに，議員と閣僚の兼任が禁じられていることから，その場合に備えて，代理人が選挙の際には議員たるべき個々の候補者と抱き合わせで選出されている。公務により辞任した議員に代わって，代理議員がその任に就く。代理議員は大政治家の影にすぎない。大統領与党会派と特に下院である国民議会の多数会派との乖離は，一方の大統領任期が7年であり（現在は改憲により5年任期に改正された），他方国民議会が解散のない場合は5年間であったことにより，相互の任期のズレが客観的に世論の時々の変化を反映し，その結果頻繁に乖離が起こり得る。その妥協策としてのいわゆる保革共存政権は大統領統治の維持の為にも必須のこととなる。[15]

　上述の如く，国会議員の選挙に当たっては，候補者と共に「補充議員」suppléant の候補者名が記されている。当該議員が死亡した場合や，政府または憲法院の構成員として指名された場合などにそれを補充するものとされている。この補充議員の状況について，地方政治権力の構造に密接にかかわるだけに一定の目配りが必要だろう。メニイはその著書において次のように事態を描きだしている。

---

15)　フランス政治制度の概観は，以下の文献による。Maurice Duverger, *Institutions politiques et droit constitutionnel: 2-Le système politique français*, PUF, 14e éd. 1976, 第五共和制については特に91頁以下を参照。

第 1 章　中央集権国家フランスと分権化への胎動

「……［第五共和制の大臣―代議士兼任禁止措置を円滑に施行するために］すべての大臣に指名された代議士には自らの議席と政府閣僚職とのどちらかの選択のために一ヵ月の期間が与えられるという，簡潔なアイデアが生じる。このシステムは，古典的な議会主義的哲学よりも，アメリカ風の権力分立による大統領制的概念に近く，大選挙区を基盤に実施される比例代表制の枠内において恐らくは機能することができるものと想定されていた。そこでは，議員はまずもって当該の人物を推す政党に依存する。そして，有権者に直接依拠する度合いは少ない。反対に，多数決単一指名選挙［小選挙区制］の枠組みにおいて選挙された下院議員は，大臣にたとえ選ばれたとしても，下院選挙の際に同時に選ばれる［身代わり要員としての］補充議員 suppléant に一切を任せ切ってしまうことによって，自らの選挙区を休耕地にしてしまい，選挙区において確保してきた政治的な人気を衰えさせたりすることなどはできない。この現実的かつ戦略的な概念のもとにおいて，補充議員たち［身代わり議員］は，控えめで，忠実な［選挙区をひたすら守る］「現地領地監視人」，［大政治家に仕える］執事以外のなにものでもなく，自らの指導者の昇進や失脚のままに，現れたり，消えたりする存在である。『大臣に就任可能な』議員が一般的に政治のプロであるのに反して，代理人はしばしば政治のアマチュアであり，腹心にすぎないのであり，政治によって，あるいは政治のために人生を送れるほど十分な重みとスケールとをもたない（あるいは未だもっていない）。そうしたことから，70 年代にこれらの無名の人々，無冠の人々の反乱が起こった。彼らはやむなく数ヵ月，あるいは数年の間，投票の際に，棄権したり，その職に当然の責務をネグったりせざるを得なかったのである（いつまで続くという見通しもなく。というのは，彼らが『おまえもか，息子よ！』 *Tu quoque, fili !* という事態を回避することを目的とする『規定』のおかげで，補充議員に任命された選挙区からは［ご主人を差し置いて］立候補することが禁じられているからである）。」[16)]

一般的に言って，1870 年から 1958 年に至るフランスの政党制度は地域に深く根を張っておらず，多党制であり，同じ政党内におけるフラクションの簇生が見られた。したがって，個々の政党や政治的会派は強大な加盟党員を擁することが無かったし，同時に，議会投票の統制（党議拘束）面での規律の弱さが伝統的に指摘されてきた。旧来の「幹部政党 les partis de cadres は，道徳的，金

---

16)　Yves Mény, *La Corruption de la République*, in Série *L'espace du politique*, Fayard, 1992, pp. 52-53（岡村茂訳『フランス共和制の政治腐敗』有信堂，2006 年，44-45 頁）．

融的な影響力が多数の人々より重きをなしている名望家の地方委員会によって形成されている。これらの委員会は，一般的には国会議員達 parlementaires［主として下院議員と解すべきであろう：引用者］によって支配された中央組織の廻りに極めてゆるい形で連盟する。多数の下院議員達を擁する大型政党であっても，こうして，数千の，あるいはむしろ数百の，この政党を形成している複数の委員会の参加メンバーを有しているに過ぎない。急進党と右翼政党はこのモデルに沿ってこの国では形成され，その市民に対する働きかけは限定的なままにとどまった」。他方において，労働運動に基盤をおく大衆政党 partis de masses は周知のとおりこの国ではドイツや英国とは異なり，未発達なままに終わっている。政党組織における地方基盤の脆弱さという現象は，［その後の］第五共和制においても継続する。ゴーリスト政党さえも地方の有力者に依存する戦術をとらざるを得なかった。したがって，フランスにおける政党組織の地方における弱体ぶりは，地域名望家，特に，都市市長や県議会の大物政治家すなわち大名望家の政治的介入と社会的な仲介によって代替されることになる[17]。

4 飼いならされたジャコビニスム

ペイルフィットの『フランス病[18]』やクロジエ『閉ざされた社会[19]』などによる鋭い指摘は，我が国の識者にも強い印象を与えた。地方の貧血とパリの鬱血状態は慢性化し，ド・ゴールの改革推進政策をもってしても最終的な克服には至らなかったものであり，かえって，将軍の政治的な命運を尽きさせる原因とも

---

17) フランスの政党組織の伝統的な弱さについては以下を参照。Maurice Duverger, *Système politique français: Droi constitutionnel et systèmes politiques*, PUF, 19e éd. mise à jour et augmentée, 1986 (p. 115); Yves Mény, "La faiblesse des partis politiques français: une persistante exceptionalité", in François d'Archy et Luc Bouban (dir.), *De la Ve République à l'Europe: Hommage à Jean-Louis Quelmonne*, Presses de la Fondation National des sciences politiques, 1996, pp. 77-94.
18) Alein Peyrefitte, *Le Mal français*, Plon, 1976（アラン・ペイルフィット著，根元長兵衛・天野恒雄訳『フランス病』実業之日本社，1979 年）．

第1章　中央集権国家フランスと分権化への胎動

なった。

　すべての地方事務が国家の代理人である県知事および国家の外局によって仕切られ，地方の小さな橋を架けるのにも，パリの中央省庁のお伺いをたてなければならない。中央省庁に向かう地方行政当局者で空の国内便は満員だったなど，彼らが指摘するこっけいな，したがって一般の人々の眼には奇妙に映る例示には事欠かない。

　しかし，工業化すなわち，都市化により，とりわけいくつかの大都市の行政が，独自の領域として自立する傾向を見せ始めた。都市の大規模化はその頂点に立つ市長の立場を強化せざるを得なかった。ここから，知事にとって地方の有力議員の協力がそのガバナビリティーの維持のために不可欠となる。ジャコビニスムはコミューン（市町村）の不羈の自治精神を基礎にしつつ（直接民主制への志向），他方で中央政治権力の内務省→県知事という執行経路の明確化と確立への意思力（ジャコビニスムは直接民主制への強い衝動，したがって，それは代表民主制の内実の空洞化への警戒心と，革命の危機に対応しようとする集権的志向との矛盾の中に位置している）を特徴とする。がしかし，実際の知事の権限行使の態様(モダリテ)は市町村との協調を前提としており，市町村長も知事との合作のもとにおいてはじめてその「非政治的な」一般的利益，普遍的権力の保持者として管轄領域においてふるまえたのである。地方名望家（安定的な政治支配を一般に享受してきた）と官選知事との協調は，中央権力と地域の利益をすり合わせる上で，地方名望家やコミューン（市町村）の立場を有利にする。「飼いならされたジャコビニスム」un jacobinisme apprivoisé（グレミオン）[20]との評価を生んだ所以であった。こ

---

19)　「…実践上の成果と費用を検討してみると，フランスの行政システムがますます時代遅れになりつつあることは明白だ。ここまで事態の悪化を放置したのは，システムを彩る独特な性格のせいである。第一に，コミュニケーションと参加の可能性がないため，人的及び物質的資源の有効利用はとてもむずかしい。第二に，変革に対して緩慢かつ面倒な適応しかなしえない。最後に，知的貧困化を起こしがちであって，イノヴェーションや刷新の能力を失いやすい。」ミシェル・クロジエ著，影山喜一訳『閉ざされた社会』日本経済新聞社，1981年，109頁より。原著は以下，Michel Crozier, *La Société bloquée*, Seuil, 1970.

の両者のいわば共犯関係は，ウォルムスによって構造的な「相補的関係」として，詳細に分析されたのであった。[21]

もちろん，地方当局と中央官庁とは複雑な権力的な関係にあったのであり，特定の領域に関する権限はしばしば輻輳していた。その場合は，「交叉的調整」régulation croisée の手法が動員される。

因みに，このレギュラシオン régulation というターム は，「交叉的規制」の意味をも有している。それは，一方での法規則による正規の権限に基づく統制権限の輻輳・衝突を一定の仕切りと棲み分けによって調整し，かつ，規制の部分的な持ち合いによってしのぐという二重の意味合いをもつ。もちろん日本語の「規制」は，往々にして一方的で硬直した制限とうけとられるが，実際は，法制的制限＋官僚的調整との二重性を本来の概念が含意していると考えるべきである。メニイはパリ政治学院 Institut d'études politiques de Paris (IEP) での留学生の登録を巡るトラブルに着目して，こうした権限の輻輳と棲み分け，行政部門間での相互の調整局面を活写している。[22]

だが，なお組織社会学の成果を評価しつつも，その限界について，メニイは次のように明快に批判している点に留意しておきたい。やや長くなるが今後の検討に必要なので引用しておこう。

「しかしながら，言説やシンボルや法律などによって，常に再活性化された普遍的価値の純化の過程は，日々の具体的な流れの中で，つまづきの石にぶつかる。粗野な体験と学問的な省察とが，こうしたシステムの困難性を確認するために，組み合わせて

---

20) Pierre Grémion, *Le pouvoir périphérique: Bureaucrates et notables dans le système politique français*, Seuil, 1976, p. 462 などでの言葉。jacobinisme rénové「革新されたジャコビニスム」との反対概念を構成し，décadance jacobine「ジャコバン主義的頽廃」（グレミオンは現代行政の断片化，細片化による国民的な意思の不明瞭化を表現）とほぼ同じ系列の表現。

21) Jean-Pierre Worms, 'Le préfet et ses notable', in «Administration face aux problèmes du changement», *Sociologie du Travail*, n° 3, juillet-septembre 1966, pp. 249-275.

22) Yves Mény, *La Corruption de la République*, Fayard, 1992, pp. 176-177（邦訳『フランス共和制の政治腐敗』138 頁以下）.

第 1 章　中央集権国家フランスと分権化への胎動

用いられる。閉塞，無能，不適応，背徳的結果などが，次から次へと検討され，批判され，あばかれた。19世紀のトクヴィル，20世紀のクロジエ，テニック，グレミオンは，そうした点について分析し，あらゆる毛色の風刺作家達がその結果を流用した。

　結論は，単純にしてかつ根源的である。一般性，抽象性，普遍性によって，一般法規則（権力行使のもっとも合理的な形態であると想定されている）は，特殊な状況の複合や，例外的な事例の複合に対してはほとんど適応不能だということである。……第一のオプションがもつ明白な危険性は，閉塞性である。というのは，指導者，執行権者，納税者が互いに強く求めていることは，自由裁量権による危険性と不確実性に対して自らの身を守ることであるからだ。……もっと刺激的なのは，機能不全と，それに対処するために採用された戦略及び方法論との双方において行われた分析である。ミシェル・クロジエとジャン＝クロード・テニックは，一つの分析枠組みを提起している。この枠組みを通して，彼らは打開の様式ともっとも厄介な機能不全の除去とを，読み解いている。政界と行政との間の『交叉的調整』régulation croisée のメカニズムは，ある程度の効率性と職務遂行と合理性の最低限度をこの一つのマシーンに再び付加することを可能にする。……ピエール・グレミオンもまた，『周辺の権力』（すなわち名望家の権力）とそのインパクト（いわゆる『飼いならされたジャコビニスム』jacobinisume appriboisé）を分析することによって，政治─行政システムの内奥における，共犯関係と勢力配置に光を当てた。このような分析枠組みは，種々の点において我々の目を開かせるものである。……しかしながら，ここで我々が興味をもっているいくつかの側面は，依然として雲の中にとどまる。彼らの分析は，打開策に強くアクセントを置いているが，ブロックされた地点にまで門を開けさせることを可能にする複数のアクセス・キーの問題については，沈黙のうちにやりすごされている。換言すれば，納税者ならば誰でも門の差し錠を解錠し，障害を迂回することが可能な用具を手にしているといえるのか？　更に，交叉的調整手段は，システムを機能させることを可能にはするが，システムそのものを『修復』しはしない。……交叉的調整手段は，問題に真摯に没頭し，効果的な諸手段や，あるいは，必要とあらば苦痛をともなう諸手段を講じ，その次元における問題の全体に対決することを避けている。[23]」

　欧州統合の波の高まりは，同時にフランスの工業水準の問題，あるいは先進大国としてのステイタスの維持を可能にする活力ある地域経済のいかんが問われることになる。開発行政機構 DATAR の設立や試行的な複数の県の上に立

23）　*Ibid.*, pp. 173-176（邦訳 136-137 頁）.

第Ⅰ部 分権化改革の光と影

つレジオン（州）の設置である。この動きの中には，フランスとても西欧の統合化の動きの中で，グローバリズムの強烈な圧力を受け，ドイツ，北欧，南欧など他の西欧諸国の地域構造への関心の深まっていることを見てとることができる。分権化改革が本格化する段階で欧州レベルの比較研究が数次にわたって展開され，現在もなお進行中である所以である[24]。分権化改革の背景には欧州統合の圧力があることは常に念頭に置いておかなければならない。

5　名望家支配の硬直

　フランス政治の特色は第四共和制下の 1950 年代半ばに早くも改革的な展望を含みつつミシェル・ドゥブレ（のち第五共和制憲法起草者）によって批判的に検討されていた。ドゥブレは，議会における委員会の権限が錯綜し立法府が機能不全をおこしているという問題，国会議員が不在のまま他の議員に議場における採決の委任が可能な点（したがって議員の欠席が国会において恒常化する absentéisme），そして，最後に，公選職責の兼任をフランス議会が有している三つの奇妙な特性として指摘した。要するに，こうした奇妙な慣行は，権限・任務のジャンルの混同を生み，地方の自立と自治を阻害し，集権化を強める要因となっているのだとして，その改革を強く主張していたのである。

　ドゥブレは言う。公選委任職責の兼任はフランス近代史の中から生じた。市町村議会，県会の議員職は，中央での議員職が政変によってうつろになる可能

---

[24] 欧州段階の比較研究は多くの業績がある。差し当たり，80 年代初頭と現代の作品の一部を以下に例示しておこう。Yves Mény (dir.), *Dix ans de régionalisation en Europe: Bilan et perspectives 1970-1980, Belgique-Espagne-France-Grand-Bretagne-Italie*, Editions Cujas, 1982; Yves Mény (dir.), *La Réforme des collectivités locales en Europe: Stratégie et résultats*, in *Notes et Etudes Documentaires*, n° 4755, La docmentation française, 1984; Alain Delcamp et Johon Loughlin (dir.), *La Décentralisation dans les Etats de l'Union européenne*, in *Notes et Etudes Documentaires*, n°s 5162-63, La docmentation française, 2002（なお同じ内容のものが *Les études de la Documentation Française* の Institution シリーズの一冊としても刊行されている）。

第1章　中央集権国家フランスと分権化への胎動

性があるなかで，名望家の権力的な安定性を担保する上で自然にして，不可欠な手段であった。だが，19世紀を経過して，解放後の第四共和制の当時に至るも国会議員や大臣等が地方の公選職責を兼任する制度は維持され，「我が国において，地域の自由 libertés locales が輝きをもったことは，かつて一度もなかった」。「地域の自由」は中央権力によって人的なファクターからも直接制約され，その結果，地方自治機関への後見監督の強化が行われ，地方議会の不要な「政治化」politisation が進行する。その政治的な帰結は行政面に影響を与えると共に，地方名望家 notables の支配とその長期的な権限掌握に結びつく。議員はもっぱら自らのローカルな問題に専念し，国政レベルの問題には関心を向けようとしない。なぜなら地方の課題解決こそが自らの中央における議員職を保全するから……。「かくして，公選委任職責の兼任 le cumul des mandats はフランス中央集権制の統治技法の一をなしている」。議員は地方への税負担増加の法案投票の前に，これに備えて地方への補助金の増額の手配をする。「国家は偉大なる慈善家と化す」。こうして，「わが地方をお忘れなく！」という下院議員，上院議員，大臣（第四共和制は議院内閣制）への地域からの厳しい要求と掣肘は，かれら中央の政策当事者・立法者に，国家が課する職務の遂行をしり込みさせる結果となる（ウォルムスのいう「知事／地方名望家の共犯関係」の「地域／国会議員バージョン」ともいえる）。議会の機能不全を防ぎ，国会議員がその職務に専念するためにも，兼任制度はきっぱりと清算されなければならない……，と。

　後の第五共和制憲法の起草を予感させる先駆的なインスピレーションに満ちた論文であり，それを超えて90年代から新しい世紀の初頭における問題状況につながる論点をくっきりと浮き上がらせている[25]。

　さらに，第五共和制の成立に伴い議院内閣制が強力な大統領制に取って代わられたことにより，また，特に大臣と上下両院の議員兼任が禁止されたことにより，国民議会議員の国政レベルでの威信低下が著しいものとなる。このことは，国政レベルでの議員達と地方公選機関，すなわち，県会議員や市町村長などとの兼任が第五共和制の下においてさらに一般化するという結果を生む。地方に根を張る名望家は集権的な共和政体との妥協と集権制の補完的な機能を果

たすことによって自身の地方支配の強化を図ろうとする。名望家は弱い政党組織の代替物として逆に強力な社会的機能を発揮する。特に戦後フランスの社会構造の変化は、都市領域への人口集中をもたらし、大都市や中規模の都市市長の国家のエージェント（知事および国家の外局）への協調は国政遂行上も不可欠のファクターとなってくる。たとえば、国民議会議員職責と市長職との兼任、すなわち député-maire のコンビネーションなどである。

　名望家は地域に根を張ると共に、中央政治の場面においても活躍する。公選職責の兼任はフランスの中央集権制の不可欠の連接項となる。名望家が中央の議員職を求めるのは知事に対する対抗的な地位を求めてのことであり、第五共和制下での国会議員の権限の相対的低下と会期の制限による時間的余裕は逆に彼らが地方の議員職務や特に市長職、県議会議長職などを兼任することを可能とする。また、ドゥブレが非難した国会での代理投票制の弊害としての absentéisme ［欠席の制度的な常態化］は、議会制の権限縮小と代表制民主主義の疲弊した姿そのものである。

　国民的な係争事項であった2006年初頭の初期雇用契約 CPE 法案の審議に際してさえも、閑散とした半円形の議場において閣僚と一部の党幹部だけの議論が繰り返されていた。その様が世界に向かってテレビ放映されていたが、列国の国政議会に比して、極めて特異な光景である。

　メニイはドゥブレを引きつつ、次のように述べて、議会の欠席制度を批判している。

　「国政議会での欠席の制度的容認 absentéisme は、フランス政治生活の一種の傷であり、他の欧州諸国におけるそれとは桁違いの規模である。もちろん、他の国々では欠

---

25) Michel Debré "Trois carastéristiques du système parlementaire français", vol. V, n° 1, 1955, pp. 21-48. この問題を具体的に解明した先駆的な業績としては、以下の文献が挙げられる。Michel Reydellet, "Le cumul des mandats", *Revue du droit Public et de la Science Politique*, n° 3 mai-juin 1979, pp. 693-768; Jeanne Becquart-Lecrercq, "Cumul des mandats et culture politique", in Albert Mabileau, (dir.), *Les Pouvoirs locaux à l'épreuve de la décentralisation*, Série *Vie Locale* n° 9, Pedone, 1983.

席が全く見られないというわけではない。しかし、どこの国でも、両院が、このようなカラの半円形議場の荒涼たる風景を外に晒したりはしていない。概説書は、まじめ腐って、法律は『一般意思の表明である』などと解釈しているが、実は法案は、たった一握りの国会議員達によってこの議場で採択されているわけなのだ。それは既に第四共和制の初期に立派に制度化されていた。この情けないし、古臭くもある事実を説明するのに、人びとは多様な理由を挙げた。たとえば夜の審議は地方や海外領土の国会議員には大変に困難であり、勤勉な参加を阻む障害となっている、と。しかし、この種の議論は何の有効性ももたない。こうした事情はすべての国々に共通しているからだ。反対に、フランスは──そして、フランスだけが──、公選委任職責の兼任という奇妙なシステムを経験しており、[議員は、兼任により超多忙状態に陥り]正にそこにこそ恒常的・制度的な欠席状態の主要な源があるのである。」[26]

中央権力も大名望家の調整能力と地域における政治的な重みを利用する。知事や中央政府の外局（特に土木局など）はそのことによって自らの事務を円滑に遂行してゆく。特に、地域に根を持たない知事は都市部の市長達の協調が何よりも欠かせない。市町村長は二重の職責を伝統的に有している。地方から公選された政治代表の側面をもつと共に（市町村長は公選された市町村議会によって選出される）、当該地域における国家の代理人である。かくして集権的な国家の一元的支配と共に、市町村の独立的な自治権を強調するジャコビニスムは国家と名望家の合作により「飼いならされ」、市町村長の職責が非政治的な普遍性・一般性を備えているがゆえに地域の行政の要として国の代理人たる役割を円滑に果たしてゆく。国はかれらとの利益共有によって、地方行政を全うしてゆこうとする。同一の事務内容に対して異なる管轄領域と権限を有する行政機関が棲み分けつつ協調してゆく、いわゆる「交叉的調整」はその際の主要な武器である。中央権力の威令の貫徹といっても実は地方名望家との妥協的な行政過程を媒介にせざるを得ない。ジャコビニスムの内的な変質である。中央集権化のメダルの裏側では、市町村長に代表される名望家の地方支配が継続する。

　以上述べたように、フランスの有力者達による中央―地方選挙役職の兼任す

---

26) Mény *op. cit.*, pp. 84-85（邦訳 77-78 頁）: Debré, *ibid.*.

なわち，公選委任職責の兼任現象は，一方における，議会制の弱体とそれに相応する政党制度の弱体ぶり，他方での，中央集権制の変質と地方名望家の役割増大による実質的な強化というメダルの裏表を兼ね備えている。それはまた，フランス的な特色をもつ政治現象のメカニズムを原理的に解く重要な鍵概念となっている。したがって，名望家の現代的変容と兼任現象に関してはさらに多様な角度から検討することにする。

第2章　ミッテラン=ドゥフェール分権化改革の流れと特徴

1　ド・ゴールから『共に生きる』Vivre ensemble まで

　1968年の学生・労働者の反乱を契機とする経済的危機は，ゴーリスムの第五共和制を揺るがし，雇用事情を悪化させ，危機の克服を焦眉の課題とする。ド・ゴールその人も元老院 Sénat の改革とリンクする形でレジオン制度改革を提起し国民投票に訴えた。権威主義的体制に飽きた民衆と既得権益を手放そうとしない地方名望家の反感の前に老いた将軍は敗北を喫する[1]。強力な集権制への抗議，エスニックなアイデンティティーの主張を内容とするミクロ・ナショナリズムはそれまでは周辺に押しやられているか，無視されてきたが，言語的・人種的少数グループによって強く意識され，運動化される[2]。地方自治の強化の要求は，フランスの政治風土においては分権化やレジオナリザシオンとして意識され，左右の政策課題として追求される[3]。地方政治改革は当然ながら政治的ヘゲモニーを争奪する場の一つとなる。そうした意味では，ミッテラン政権のドゥフェール改革は分権化改革の歴史において画期をなすものではあったが，「地方分権化改革」への本来的な端緒だったとは言えない。既に，分権化はミッテラン大統領の任期が始まる以前から言われており，特に，ド・ゴール終期のレフェレンダムでの挫折はあるものの，州設置への段階的措置（極めて微温的な措置ではあったが，特に64年の州知事の制度化や，72年には州評議会を伴う公共施設法人化へのとりくみが既に行われていた）などは分権化への重大な一歩であった。また

1）　ド・ゴール以下歴代政権の分権化に対する基本的な見解は，さしあたり "La Décentralisation", *Cahiers Français*, n° 204. janvier-février, 1982, pp. 20-46.

第Ⅰ部　分権化改革の光と影

そこに1974年のペイルフィット報告，76年のギィシャール報告，78年の地方責任制を拡張する法案 le projet de loi pour le développement des responsabilités locales の議会提出など，81年以前の改革の胎動を指摘しうる。[4]

2　左翼の共同政府綱領

　1970年代初頭に再組織されたフランス社会党PSFは，地方分権化改革の要求を政治綱領の一つの支柱にする。共同政府綱領を策定する交渉はフランス共産党とフランス社会党との間で1971〜72年にかけて具体的に行われた。共同政府綱領案の締結と大衆キャンペーンによる政権政略という戦略的見通しに立った路線提起はフランス共産党PCFが先んじていた。しかし，「分権化」を政策上の柱の一つとして押し出すという点では，社会党の提案が先を行っていた。人民戦線型の戦線統一を目指していたコミュニストも政策的課題に「地方分権化改革」をとりいれることに同調する。[5]曲折はあったにせよ，フランス左翼は

---

2) ただし，ミクロ・ナショナリズムについて言えば，具体的なフランス社会へのインパクトの度合いについてはなお検討の余地があると言えないか。マイノリティーの運動が興隆していくこと自体は注目に値するとしても，そうしたファクターがミッテラン期の分権化の動きに顕著な形で拍車をかけたとまでは言い切れないのではなかろうか。なお検討すべき課題である。さしあたり以下を参照。宮島喬，梶田孝道，伊藤るり『先進社会のジレンマ：現代フランス社会の実像をもとめて』有斐閣選書，1985年，29-92頁。宮島喬『ひとつのヨーロッパ，いくつものヨーロッパ：周辺の視点から』東京大学出版会，1992年，79-116頁。アンリ・ジオルダン編，原聖訳『虐げられた言語の復権：フランスにおける少数言語の教育運動』批評社，1987年。原聖『〈民族起源〉の精神史：ブルターニュとフランス近代』岩波書店，2003年。オクシタン運動研究の最近の動向について，福留邦浩「『オクシタン運動』の再検討に向けて：オック語復興に対するトゥレーヌの考察を中心に」立命館国際関係論集第5号，2005年。

　Michael Keating, Paul Hainsworth, *Decentralization and Change in Contemporary France*, Gower, 1986. pp. 34-52; Keating, M., *State and Regional Nationalism: Territorial Politics and the European State*, Harvester/Wheatsheaf, 1988, pp. 200-211.

3) Christian Gras, Georges Livet (dir.), *Région et régionalisme en France du XVIIIᵉ siècle à nos jours*, PUF, 1977.

第2章　ミッテラン=ドゥフェール分権化改革の流れと特徴

分権化改革を政策的な切り札にしつつ政権掌握のための政治的活動を展開したのである。

ここでは，フランス左翼の共同政府綱領の策定や社会党の政策上の推移の全体像に関して詳細に立ち入ることはしないが，分権化に関連する要点を挙げるとつぎのとおりである。

まず，もっとも早い段階で政府綱領の提案を行ったフランス共産党 PCF の文書を見ると，「分権化改革」décentralisation の独自項目は見い出されず，第IV章の「地域自治体」les collectivités territoriales における，「コミューン」の項目にその表現が見い出される。

---

4) *Décentraliser les responsabilités, pourquoi? comment?, rapports d'enquêtes:* de Michel Croizier et Jean-Claude Thoenig, d'Octave Gélinier et d'Elie Sutan; présentés par Alain Peyrefitte, La documentation française, 1976.

　同じく同報告に関しては，以下の記事を参照，Alein Peyrefitte, "Pour un pouvoir provincial", *Le Monde* des 22, 23 et 25 novembre 1975.

　Vivre ensemble, rapport de la commission de développement des responsabilité locales 1-2, La documentation française, 1976. Olivier Guichard によって主宰された，いわゆる「ギィシャール報告」である。

　Voir aussi, Albert Mabileau, "Les Génies invisibles du local: foux-semblants et dynamiques de la décentralisation", *Revue française de science politique*, vol. 47, n^{es} 3-4, juin-aôut 1997, p. 341. 地方政治分析の分野における研究史の総括を読み取れる。

5) Michel Phlipponneau, "La gauche et le régionalisme (1945-1974)", in *Régions et régionalisme en France du XVIIIe siècle à nos jours*, pp. 540-541.

　PCF, *Changer de cap: Programme pour un gouvernement democratique d'union populaire*, éditions sociales, 1971.

　PSF, *Changer la vie: Programme de gouvernement du parti socialiste*, Flammarion, 1972.

　PC-PS, *Programme commun de gouvernement du parti communiste et du parti socialiste* (27 juin 1972), éditions sociales, 1972. (『統一戦線と政府綱領』新日本出版社, 1974年所収)。

6)　社共両党は，70年代後半にかけて政府綱領の改訂に着手するが妥協が成立しなかった。しかし分権化に関して言えば両党の政策上の違いは少なかったと言える。政府綱領改訂案は，以下。PCF, *Programme Commun de gouvernement actualisé*, éditions sociales, 1978; PSF, *Le Programme Commun de Gouvernement de la gauche, propositions socialistes pour l'actualisation*, Flammarion, 1978.

「コミューンは市民達にもっとも近い地域［行政］区画である。コミューンを構成する［行政］レベルや複数の街区においてこそ,利害関係者の参加の下に,数多くの要求が,最良の形において感じられ,定義され,満足を勝ち得るのである。……諸権力は分権化され,レジオン,県,コミューンというレベルでの経済的・社会的・政治的な諸活動は調整される。分権化改革と政策の調整作業 décentralisation et coordination とは,訓練された［自治体］職員の協力のもとに,また,現代的な技術の恩恵により,近代化した国家における生活の任務とリズムにコミューンの役務を適合させることができるであろう。」([7])（［　］内引用者,以下引用箇所において同じ）

やや遅れて発表されたフランス社会党の政府綱領案はその後のフランス政治史の流れを予感させるものである。

第二部「市民の権力」の中で,「分権化改革 décentralisation によって,市民の権力を引き寄せる」との小項目が立てられ,次のように書き出している。

「フランスは未だにナポレオンの足下で暮らしている。あらゆる［行政社会］構造にわたっている極端な集権化は,責任あるイニシアティブや精神を窒息させている。もっとも辺鄙な地域の役務にいたるまで,もっとも遠隔の公設市場に至るまで,行政の中には無数の小ナポレオンが棲息している。……［市民の不満は極限にまで達している。］……分権化改革は必要性を有している。なぜなら,市民は公共的な事柄にかかわっているとの実感をもたねばならない。／主要な問題は,民主主義を拡張せしめ,集権国家や高級官僚の支配を打破することである。あらゆるレベルにまで拡張された分権化改革は,この要求に応えるであろう。」

こうして,国家の"権限の地方分散化"«déconcentration»との対比において,"分権化改革"«décentralisation»とは,「被選出者による［地方］議会の決定権限と統制権限とを発展させることを意図するものである」との規定が見られる。

また,「国家の後見監督は,特に知事の役割の移譲によって,廃止される。知事は,最早,県やレジオンの執行機関ではなくなる。"事後の"会計監査のみが維持されよう」という記述は,1982年以降における改革そのものを予見させる

---

7) PCF, *Changer de cap, op. cit.*, pp. 139-140.
8) PSF, *Changer la vie, op. cit.*, pp. 103-104.

ものであった。

　共和国の"権力の長征"に乗り出した新生社会党の雰囲気が伝わってくる。

　1972年に社会党，共産党，急進社会運動左派の諸党派の間で締結された『共同政府綱領』によれば，地方行政機関の改革プログラムは，「第二部　諸制度の民主化，自由の保障と発展」の「第三章　地方公共団体と分権化」の中に見い出される。そこでは，改革について冒頭，次のように簡潔な構造化がなされている。

　第一に，分権化改革 décentralisation の目的として，次のような定式化が行われている。

> 「全ての人々にかかわる諸決定において［市民］全員の真の参加 une participation réelle de tous aux décisions を確保するためには，更なる分権化への前進がなされなければならない。／このことは，地方自治体への国家の研究・決定・管理・財政上の重要な諸手段の移管による地方自治体の自治権を強化することが前提とされる。／それは，地域の民主主義の発展，すなわち，これら自治体の将来に向かって市民参加の可能性を発展させることを意味する（…la démocratie locale, c'est à dire des possibilités de participation des citoyens au devenir de ces collectivités)。」[9]

　より先進的な分権化の措置がとられるべきだとして，分権化＝住民参加の視点を鮮明にしている。さらに原則として，地方公共団体の自治の強化のために，権限・資金などの行政上の諸手段を保障し，地方公共団体の運営への市民の関与を保障し，県および市町村議会の選挙制度の改正により，市民代表制の実質的確保をうたっている。以下，市町村については，県・国による事前の統制の撤廃と事後の監査による置き換えに始まり，財源の新たな保障，地方税制の改革，補助金行政の改善，市町村被選出者・職員らの研修の実施と身分規定の整備，市民団体への諮問による市民参加の保障，パリ市の地方自治体化，住民の合意に基づく市町村統合化の推進，市町村間協力の促進，地方自治体による都市政策の推進などが述べられている。

---

9) PSF-PCF, *Programme commun de gouvernement du parti communiste et du parti socialiste* (27 juin 1972), éditions sociales, 1972, p. 155.

次に県については,「県議会の議長と事務局とが県議会の決定の執行を保障する」とし,さらに,「政府の代表は,決定の適法性に関して事後の監督権を確保する」と規定している。これは間接的な言い方ながら,フランス行政機構上の一つの特徴となっていた県の執行権者である知事を国が任命するという官選知事制度を廃止し,国の後見監督権を否定する点にまで踏み込んだ大胆な提言だった。

最後にレジオン(région,「地域圏」または簡便に「州」と訳される)に関しては,補助的な行政区画であることをやめ,レジオン段階の計画の作成とその執行に責任を負う地方自治体への格上げが計られ,特にレジオン議会は,比例代表制によって確立され,独自の執行部がそのうえに組織されるとしている。レジオン制度の面からも知事制度(レジオン知事も従来は官選)の改革が提起されたわけである。[10]

1974年の大統領選では実に僅少差でミッテラン氏は,ジスカール・デスタン氏に破れる。その後,社共両政党の関係は冷え込み,78年,国民議会選と来たるべき大統領選を控えた段階で政府綱領の改訂交渉は挫折する[11]。ミッテラン氏の率いるフランス社会党は81年大統領選挙に向けて総合的な政策綱領『プロジェ・ソシアリスト』[12]を練り挙げ,81年1月のクレテイユでの臨時党大会では選挙綱領『フランスの為の110の提案』を採択・発表した。この『提案』は,具

---

10) PSF-PCF, *Programme commun de gouvernement du parti communiste et du parti socialiste (27 juin 1972)*, éditions sociales, 1972, pp. 155-159〔『統一戦線と政府綱領』新日本出版社,1974年,284-288頁〕。ただし,訳文は引用者。以下,特に断りなきものはすべて同じ。

11) PCF, *Programme Commun de gouvernement actualisé*, éditions sociales, 1978. PSF, *Le Programme Commun de Gouvernement de la gauche. propositions socialistes pour l'actualisation*, Flammarion, 1978.

12) 81年大統領選挙におけるPSFの基本的な政策綱領として以下の文献を挙げることができる。PSF, *110 Propositions pour la France: Congrès extraordinaire du Parti Socialiste réuni à Creteil le 24 janvier 1981*; PSF, *Projet socialiste: pour la France des annees 80.*, club socialiste du livre, 1980(大津真作訳『社会主義プロジェクト』合同出版社,1982年)。

体的に大統領候補者の国民に対する政策マニフェストの形をとっており，有権者もこうした政策に対する信任を表明したものと考えられるので極めて重要である。

地方分権化はその54項から59項にまたがっており，目新しい点を拾えば，まず第一に「国家の分権化は緊要である」として，前記『共同政府綱領』よりいっそう強い調子で分権化改革を訴えていることであり，第二に，「レジオン議会は普通選挙によって選任され，執行は，レジオン議会議長と事務局によって確保される」として，レジオン改革 résionalisation が前面に打ち出され，第三に，コルシカの特別措置とバスク県の設置をうたった後，「県知事によって地方公共団体の上にふるわれている職務権限は廃止される。県の執行権は，県議会の議長と事務局に付託される」と，県知事制度の抜本的改革をより鮮明に打ち出したのであった。また第四に，この間の地方における言語的―人種的マイノリティーの運動を反映して，地域的アイデンティティーの確立が奨励されるべきだという従来の主張に加えて，少数者の言語と文化の尊重，その教育の権利がこれまた前面に押し出されたのだった。[13]

この『110の提案』は，『プロジェ・ソシアリスト』の簡略版であるが，我々は，社会党政府綱領そのものの記述のブレにも注目しておきたい。なぜなら，分権化＝地域の民主主義という素朴な定式が，微妙な形でズレをもってきているからである。因みに，ミッテラン政権の基本政治綱領である80年代初頭の社会党の政綱『プロジェ・ソシアリスト』では，分権化の意義と理念は以下の如く述べられている。

> 「社会党員にとって，分権化とは，資本主義との決別のための最も強力なテコのひとつを実施することであり，市民に社会的な変化の膨大な企ての最も直接的な部分を獲得させるものであり，この企ては，左翼によって国家権力が獲得されるや否や，実施に移されてゆくであろう。」[14]

---

13) PSF, *110 Propositions pour la France, ibid.*.
14) PSF, *Projet socialiste, op. cit.*, pp. 252-253（邦訳215頁以下）.

自主管理型社会主義の理想が強くうち出されていることに気付く。また，社会党の綱領がどちらかというと，分権化，地方自治機関の自律的な運営に，したがって，市民の利益の実現という方向［我が国の行政学でいえば《団体自治》］に叙述の力点を置いているのに対して，1970年代はじめの社共の『共同政府綱領』の方が「参加」と「地域の民主主義」の契機を前面に出していることは興味深い。

共同政府綱領の方が時間的には古いはずなのに，より現代的な表現を用いているというパラドクスも読み取れる。この二つの政治綱領の時間的な逆転現象は興味深い。この場合，重要なポイントは分権化は地域の民主主義の発展と分かちがたく結びついているが，分権化改革は直ちには地域の民主主義に結びつくものではないという論点が，早くもきざしていることである。

いずれにせよ以上のように，分権化政策は次第に姿を整え，ミッテラン氏の政権攻略のなかでも枢要なスローガンとなり，国有化と並んで左翼政権の政策上の支柱としての位置を占めていったことが理解される。

3　1982年地方分権化法の公布と改革の内容

ド・ゴールからジスカール・デスタンに至る，第五共和制歴代の大統領の努力にもかかわらず地方政治改革はそれほど大きな前進を見せることができなかった。それまでの歴代政権の改革への歩みは，大統領任期をにらんだ政権の運営上からは遅すぎたり，あるいは唐突であった。1981年におけるミッテランの大統領選での勝利はこうした状況に終止符を打つ良い機会と捉えられていた。

第一に，集権制のフランスは，動脈硬化による四肢の貧血と頭頂部の鬱血という合併症に襲われた人体のごとく，抜本的な治療を必要としていた。パリへの人材と施設と資源の集中は，地方の活性化と自律的な発展に置き換えられなければならなかった。他方でそれは，フランス経済の脆弱性への唯一の治療薬とも考えられていたのである。

第二に，欧州の政治経済社会統合のなかで，指導的国家としてのステイタス

を保つ上で本格的な分権化改革が促迫されていたということができる。周知のとおり、欧州連合（それ以前の欧州共同体も）は、地域的な開発と発展を唱えており、加盟諸国の地域発展の施策は国民国家単位、すなわち、国境線による区割りを原則とするものではなく、大づかみにいって、フランスのレジオンやドイツのラントの規模における「地域」において把握されている。欧州統合は、単純に国民国家がひたすら解体してゆくという直線の経路としては捉えがたい。そのパラドックスとして、指導国家としてのフランスの高い威信をかえって必要としており、1970年代のミクロ・ナショナリズム国民国家の相対化の流れは、地方改革によって強固なフランスの政治経済社会体制の建て直しを促すものと逆に捉えられたのである。

第三に、権力把握の長征に従事した歴戦の社会党幹部達の政治的な出自あるいは履歴に注目しなければならない。まず、ドゥフェールらの古参のソシアリスト。しかし、彼らがミッテランを押し上げた主役とは言い難い。社会党を再編成し、権力の再征服への困難な歩みを成し遂げた主力の多くは、高等教育機関の教員たち（この場合、教員組合の幹部でもある場合もあるが、大学レベルの教授たちである場合もある）や典型的にはENA出身の保守政権に批判的な立場に拠る高級官僚達であった。

かれらは、地方選において勝利を占め、大都市の市長職や県議会などの場で政治的な力量を蓄え、しかも、上院や、多くの場合、下院（国民議会）における議席を獲得し始めていた。新しい指導的幹部達にとって、分権化改革は、自らの領地のいっそう強い形での確保と映ったであろうことは想像に難くない。

地方分権化は保守政治の推進者達の政策課題から、速やかにフランス社会党、そして後には左翼全体の政策的なキーワードに変わったのである。もちろん、後述するように、当初ためらいを見せていたフランスの保守層＝右翼も左翼政権の分権化を引き継ぎ、さらに発展させる姿勢さえ見せている。逆に申せば、ド・ゴール以来の保守的改革の課題と、左翼の課題とは、フランスの活性化という意味での地域行政機構の改革、別言すれば、先進諸国の一角を占める欧州の指導的大国にふさわしい地方自治の確立が不可欠であるという共通認識にお

いて通底していたともいえるであろう。

　ミッテラン大統領政権下において内相に就任した古参の社会党指導者ガストン・ドゥフェール Gaston Deffere（1910-1986）の指導下に，1982年3月2日法「コミューン，県，レジオンの権利と自由」«Droits et libertés des communes, des départements et des régions»において分権化改革は最初の結実を見る[15]。その骨子は，三つの地域行政レベル（市町村，県，レジオン）が地方自治体として確立し，各級議会によって首長が選出され，被選出者［各級議員および首長］の責任の下での自主権限に基づく統治［監査はレジオン毎に設置される会計院が行う］，知事や自治体相互における後見監督 tutelle の禁止，権限の委譲に伴う国による財政的補償措置の実施などである。

　ミッテラン政権は成立後間もない1981年6月，ただちに地方分権化法案を議会に提出した。法案は議会において約4,500カ所の修正を受けた後，正式に公布された。この1982年3月2日の「市町村，県及び州の権利と自由に関する法律」はその後展開された地方分権化政策の基本法としての地位を占めているものであり，「自主管理社会主義」を唱えていたミッテラン社会党の『共同政府綱領案』から『フランスの為の110の提案』にまで至る野党としての地方政策の具体的な到達点でもあり，新たに与党として政策的に推進実現すべき分権化改革の始点を画する重要な位置を占めるものであった。その後，法制面でも分権化に伴う整備が大規模に推進された。1982年から85年の間にこの件にかかわるものとして33の法律，219のデクレ，それに伴う無数の通達が公布された。これらすべては数冊の大部の文献に相当する量にのぼり，今日では簡単に「ドゥフェール改革」ないし分権化改革「第一幕」などと呼ばれている[16]。

---

15)　政策的経緯の要約は，経済社会評議会に提出された以下の報告書（2006年5月16日）が明晰に示している。Avis et Rapports du Conseil Economique et Social, *Fiscalité et finances publiques locales: À la recherche d'une nouvelle donne*, 2006, Raport présenté par M. Philippe Veletoux, Les éditions des Journaux Officiels, 2006, pp. 11-18.

16)　Yves Mény, "La décentralisation socialiste", in Hoffmann et al. (dir.), *L'Experience Mitterrand: Continuité et changement dans la France comtemporaine*, PUF, 1988, p. 316.

1982年法を基本法とするミッテラン政権下の地方分権改革の論点につき確認しておこう。

まず第一に，これまで国の代理人として県知事に与えられてきた市町村（コミューン）へのすべての後見監督権が否定され，事後の監督に置き換えられたことである。事後の統制はしかも地方行政裁判所，レジオン会計院などによる市町村事務の事後における審査・監査に限定され，かつ軽減された。このことは，基本的な地方団体である市町村が地方自治体として自律的に判断し，行動する可能性を客観的に見て大きく広げたものである。そのこと自体の意義はもちろん小さくない。しかしPSという政府与党の政策的文脈によっても，こうした機構的な手直しの域を越えて評価の射程は地域社会の実際の市民生活の上にまで広げられなければなるまい。基本自治体を通して住民がそれ自身の責任と判断によって自主的に判断し，自らの生活空間を管理する，そのための一つのもっとも基本的な枠組みとしてのコミューンの自立を計るという「自主管理」論の考えが，受け皿としての行政組織上の原則的な枠組みをともかくも備えたものと考えられるであろう。[17]

　　＊フランスでは市町村はその規模に関わりなくコミューン commune と呼ばれる。コミューンの総数はフランス地方政治の「安定性」を象徴している。1789年には約44,000を数えたが，それは一旦は減少するものの近年ではむしろ増加する傾向すら見せ，ほとんど整理されることなく現在に至っている。すなわち，1977年36,034から82年36,433に上り，1989年1月1日付けで36,757に，1990年国勢調査時点では36,763（うち，本土は36,551，さらに本土については92年1月1日付けで36,560と増加したことが報告されている）を数える。この数的な膨大さは，90年代初頭における欧州共同体EC加盟11カ国（主要西欧各国）の市町村総数を総計したものよりも1万も多いことで了解されよう。なお，2009年初頭の集計によれば，コミューン数は全国で36,793（本土36,570）となっている。

　　コミューンの議決・審議機関は市町村議会 le conseil municipal であり，市町村長［maire, 本論では，市町村首長とも言う］は，市町村会議員により互選され，任期は6年である。議員の定数は法律により人口数にしたがって定められている。1982年11月19日法による選挙法改正により，住民3,500人以下の市町村においては，リストによる複数連記制（複数リストにまたがった投票を排除しない）で，有効投票数の過半数を超えたものが当選し，当選者が定員に満たないときは第二回投票に同様にして付される。3,500人を超える市町村では，リストに基づく比例代表制を加味した多数決二回投票制が新たに導入された。第一回投票で投票数の過半数を得た

第Ⅰ部　分権化改革の光と影

　　　党派リストへまず全議席の過半数が配分され，残りが第1位のリストを含めた全リストに比例
　　配分される。いずれの党派リストも過半数を得なかったときは第2回投票に付され，その場合
　　は相対多数を占めたリストが第1回投票の際の第一位リストと同じ扱いを受け，残り議席が相
　　対第1位リストを含んで比例配分される。いずれにせよ，相対的に多数を占める党派が手厚く
　　保護されて，安定的な与党の地位に就けるように制度設計されている。

　第二の点は，県やレジオンといった中間的な地方団体の自主的な決定権限が強化されると共に，執行権限がこうした地方組織に任され，したがってこれら団体も地方自治体としての態様を整えたということである。すなわち，市町村長 maire は，この百年来執行権者として当該の市町村において責任を負ってきたのに対して，[18]1982年法に至るまでは，知事は政府が高級官僚団体たる知事職

---

17)　PSF (1980), p. 251（邦訳 (1982), 214 頁）．分権化法案の邦訳は，磯部力訳「市町村 (commune), 県 (département) 及び州 (région) の権利と自由に関する法律案」，『自治研究』57 巻 11 号による．原文は，Projet de loi n° 105 relatif aux droits des communes, des départements et des régions (présenté à l'Assemblée Nationale par le Ministère d'État, Ministère de l'Intérieur et de la décentralisation, G. Defferre, le 16 juillet 1981).

　なお，分権化法のリファレンスは，以下のとおり．まず，公布された分権化基本法は，Loi n° 82-213 du mars 1982 relative aux droits et liberté des communes, des departments et des régions, *J. O.* du 3 mars 1982. 邦訳は，磯部力「フランスの新地方分権法」（上，下），『自治研究』58 巻 5 号，7 号．

　権限配分に関する基本法の翻訳・原文は，次のとおり．磯部力，大山礼子訳「市町村，県，州及び国の権限配分に関する 1983 年 1 月 7 日の法律 83-8 号」『自治研究』60 巻，第 3・5 号．(Loi n° 83-8 du 7 janvier 1983.)

　新法へのコメントは以下を参照．

　磯部力「地方分権化のためのフランス社会党の提案」『法律時報』54 巻第 7 号，1982 年 8 月号．同「フランスの新権限配分法：国と地方の事務再配分の試み」『自治研究』60 巻，第 3 号．同「静かなフランス革命：地方制度改革」『地方自治』第 438 号，1984 年．大山礼子「フランス地方制度改革の現状と新権限配分法」，同上誌．小早川光郎「フランス地方制度改革とその背景」『自治研究』57 巻，第 11 号．パトリス・ジェラール，亘理格訳「フランスにおける分権化」『立命館法学』第 183・184 号（1985 年第 5・6 号）．川崎信文「フランス左翼政権下の地方分権化政策」『日本の科学者』17 巻 14 号，1984 年 4 月号．野地孝一「フランス地域政治の危機と分権改革：レジオンを中心に」『年報政治学』特集「現代国家の位相と理論」所収，1981 年．滝沢正『フランス行政法の理論』特に第 3 部，上智大学法学叢書第 9 巻，有斐閣，1984 年．

団 corps préfectoral メンバーの中から選任していた。いわゆる官選知事制度である。改革により，県知事，レジオン知事は廃止され，県議会・レジオン議会（県議会と並んでレジオン議会も公選議会とされた）は，それぞれ県会議長，レジオン議会議長を選任し，それぞれの議長が，当該の県・レジオンの執行権者（首長）となった。大統領タイプではなく，議院内閣型の地方執行機関［首長選任制度］がここに生まれたのである。各級議員選挙における制度上の違いはあるものの，コミューンのスタイルにならって，県や州の執行機関が確立されたことがここでは注目される。国の行政的後見監督の制約は，レジオン・県においても取り払われ，地方自治体としての姿が整えられた。

　　＊フランスにおける県 départment は，レジオン région の構成単位であり，市町村の上に位置する地方行政組織である。1790 年，革命下の憲法制定議会によって県の境界が定められた。現在全土で 100 の県（本土 96，海外領土では 4 県）が設置されている。県の議決機関は県議会 conseil générale である。県会議員の選挙は小郡 canton ごとに行われ，多数決 2 回投票制によって直接公選される。任期は 6 年で 3 年ごとに半数が改選。またレジオンは，複数の県を含んだ大規模な地方行政機関であり，フランスでは今日，全国で 26（本土 21）を数える。戦後一貫して国土の開発整備の必要性からレジオン自治体の確立が企図されてきたが（69 年のド・ゴールの国民投票での敗北），ミッテラン改革によってようやく自治体化が実現する。1986 年 3 月 16 日，はじめての州会議員選挙が国民議会の選挙と同時に行われた。州会議員は県ごとのリストによる比例代表選挙で選ばれる。任期は 6 年で，定数は人口比による。改革によって各レジオンにおいて 41 名から 197 名の議員が選出された。[19]

---

18) "Les Collectivites territoriales", *Cahiers Français*, n° 239, janvier-février 1989; DGCL (Directtion générale des collectivités locales: Ministère de l'intérieur et de la sécurité publique), *Les Collectivites locales en chiffres, édition 1992*, La documentation française, 1992 をはじめ，2009 年度版など各年度版を参照。

　Yves Mény, "La Décentralisation", *Admirdstration 82*., Institut International d'Administration Publique, 1983, pp. 37-38; Mény, Yves., "La décentralisation socialiste", Hoffmann et al. (dir.), *L'Experience Mlitterrand: Contimuité et changement dans la France comtemporaine*, PUF, 1988.

19) 第 1 回レジオン議会選挙の分析は以下を参照。Pascal Perrineau (dir.), *Régions: Le baptême des urnes*, Institut d'études politiques de Bordeaux, CERVL, série *Vie Locale*, n° 10, Pedone, 1987. 自治体数は，DGCL, *Collectivités locales en chiffres 2009* などによった。

第三は，こうした執行権限の住民サイドへの移行に伴って，コミューン，県，レジオンを主体とする，地域への経済的・社会的・あるいは文化的な関与・介入が大幅に自由化されたことである。たとえば，地方公共団体は，地域の経済活動に積極的に介入しうることが法認された結果，特に地域雇用の確保のためにコミューン・県・レジオンは，具体的な行財政措置をとりうることとなった。また，こうした改革諸原則に則って，これまでは国の手に一元的に集中されていた諸事務（職業訓練，都市計画，社会保障の為の措置，学校施設の建設，生徒の輸送業務等々）は，これら自治体に財政措置を伴いつつ移管された。

　第四に，こうした住民サービスの拡張に伴い，その具体的な担い手である地方公務員の身分規定がはじめて確立され，地方自治体の側から人材を自由にリクルートする枠組みが保障されると共に，国家公務員との間での相互のモビリティーが可能となったのである。こうした自治体の拡張と強化の施策はその後の諸改革においても継続されている。

4　改革の積極的側面

　以上のような改革にあたって我々の問題意識からなんと言っても注目に値するのは，ナポレオン帝政以来フランス地方政治機構の要とされ，共和制の支柱とみなされてきた官選知事の権限が大幅に縮減されたことである（知事 préfet の名称も，県やレジオンにおける特命政府代表 commissaire となったが，1998年に知事の呼び名は元に復した[20]）。国家の代理人として知事がふるっていたコミューンに対する県知事による後見監督権限は，ここに廃止された。そのことの方が名称の問題よりも本質的である。政策的に自治体に対する国家の統制力の軽減を訴えていたミッテラン政権は，このようにしてコミューンを保護・監督下におき，

---

20)　川崎信文「フランスにおける地方制度改革と知事団」(1,2)，『広島法学』12 (4)，1988〜89年。Olivier Duhamel, Yves Mény (dir.), *Dictionnaire Constitutionnel* (PUF，1992) の "préfet" の項を参照（pp.793-794）。

その自主的な判断行為を制約し，独り立ちすることを阻害していた行政組織上の制度的原理にかかわる問題点を切断した[21]。かくして，コミューン・県・レジオンという三段階にわたる基本構造を備えた新しい地方行政機構が1980年代初頭に出現したのである。これら地方行政機構が，地方自治体（collectivité locale, collectivité territoriale〔後者は，厳密には「地域自治体」となるが，二つのタームは実際上区別されていない〕）として，審議機関と執行機関とを設け，自主的に住民意思の実現をはかりうる制度的枠組みとして確立されたことは，まずもって画期的なことであると評価しうる。

本論の直接の課題とは異なる問題領域をはらんでいるのでここでは詳しく展開することはしないが，レジオンの地方自治体化（レジオナリザシオン）[22]とも絡んで，県＝コミューン関係が時代の要請によって大きく様変わりしたことも，やはり強調するに足ることだと言えよう。改革に至るまでの県＝市町村を骨格とする地方行政組織は，多少の手直しはあったものの第三共和制初期の1871年および1884年の二つの法律によっていたものであり，ドゥフェール改革はそれ以来の大規模なものである[23]。

---

21) 分権化法案「提案理由」には，次のように書かれている。「フランスはコルベールとナポレオン以来，中央集権的な体制の下に置かれてきた。そして，この中央集権体制は，ここ数十年の間にも一層加重され続けてきた。地方公共団体 Collectivités territoriales 及びその代表者達は，あたかも未成年者 mineurs のように扱われ，地方の事務を管理するにあたって国の後見的監督 tutelle の下に置かれてきた。（中略）政府は……市町村，県，及びレジオンに真の自治と自らの将来の決定権を認めようとしている。」，引用は磯部訳を参照した。磯部力「フランスの新地方分権法」『自治研究』58巻5・7号（分権化基本法の邦訳である。法律原文は Loi n° 82-213 du mars 1982 relative aux droits et liberté des communes, des départements et des régions, *JO* du 3 mars 1982）。
22) レジオン化に関わる論点を歴史的に整理したものとして，滝沢正『フランス行政法の理論』上智大学法学叢書第9巻，有斐閣，1984年。野地孝一「フランス地域政治の危機と分権改革：レジオンを中心に」『年報・政治学』特集「現代国家の位相と理論」岩波書店，1981年。早い時期に刊行された以下の報告論集は，レジオナリスムの問題領域の深さを知るうえで参考になった。*Régions et régionalisme en France du XVIIIe siècle à nos jours*, Actes publiés par Christian Gras et Georges Livet, PUF, 1977.

改革は単に機構的なものにとどまらなかった。地方分権化改革は行政に関わる人々のメンタリティー，行動様式の微妙な変化を生んだのであった。地方自治の担い手である上記の地方被選出者たち élus［議員および議員によって選任される地方自治体の首長］は，彼らにとって考えていたよりも大きな自治権が与えられることを感じ取った。彼らは，「自信をもち，イニシアティブ」をとり始める。システムの効果が誘導されたものと言えよう。分権化改革10周年を記念する特集記事の中で，その間の状況を地方行政システムの政治社会学的研究者であるテニックは，次のように素描している。

　第一に，県や州といった中間的な大規模な地方公共機関による強力な行政的・技術的サーヴィス（役務）が確立され，そのためにもこうした地方自治機関は，人材のリクルートを積極的に推進したことである[24]。また第二に，「地方的政治スタイルの変化」が挙げられる。これまでは，「農村出身の名望家が地方自治体を，家族のなかの良き父親の様に運営してきたのだが」，こうした田園的・伝統的，したがって家父長的な名望家は，時代の役割を終え，「都市出身の起業家，即ち公共的なマネジメント・攻勢的なコミュニケーションの推進者に席を譲った」こと。第三に地方レベルの議会制度が整えられたことによって，地方的諸問題が急速に政治化すると共に（それは必ずしも全面的にプラス・イメージでは捉えられないにしても），問題がより鮮明な形で住民達の前に明らかにされ始めたことである。日常的に具体的な諸問題が，地方議会の中で具体的に議論され決済されることにより，地方レベルでの公共的な諸問題の処理・決定過程の透明性が増したことは否定できない。第四に，国家によって移管された権限をはるかに越える形で，地方機関による各種の分野への関与が増大し，文化・スポーツ・経済的援助・コミュニケーションなどに公的給付枠の増大が要求され，

---

23) Yves Mény, "La décentralisation socialiste", in Hoffmann et al. (dir.), *L'Expérience Mitterrand: Contimuité et changement dans la France comtemporaine*, PUF, 1988, p. 316.

24) この流れは今日も続いており，地方公務員のリクルートと研修のシステムは整備されている。玉井亮子「フランスにおける地方公務員制度とその展開過程：市町村公務員を中心として」関西学院大学法政学会『法と政治』58巻，第3・4号，2008年1月。

公的資金が散布された。地方公共団体主導という限界はあるものの，地方社会の活性化という観点からするならば，これも明らかに分権化のプラス面での誘導効果と見ることができよう。第五に，特に農村部でのコミューンや市町村組合など，「農村共同体」les communautés rurales［ただし，テニックの言うような組織は厳密には農村部に設置されてはいない，ここでは，農村部の市町村による「行政組合」を象徴的に言い表したものである］をはじめとする財政基盤の脆弱な地方公共団体，またはその連合形態に対して，これを援助するための一種の競争状態が[25]一定規模のコミューンである都市と県，レジオンの間でまきおこった。これらは，補助金，技術的役務，交叉的資金調達 financements croisés［同一の分野に異なるレベルの自治体が資金援助を行うこと］等の形態をとっている。第五に，国家の種々の役務の上に前向きの圧力となり，整備開発事業装備 équipement のごとく，それ自体技術的に熟練し，かつより多くのものを求める自治体に対して，国家の側は勢い給付の質を改善することを強いられたことである（しかしこのことは同時に中等教育，高等教育，大学教育，技術教育の近代化と充実のために国が重点的に振り向けるべき財源を窮迫化させるという問題を生んだのだが…）[26]。

5　ドゥフェール分権化改革がはらむ諸問題

以上いわば改革の陽のあたる側面について主として述べてきたが，改革基本法十年を経た1990年代初頭より，その他の種々の問題性が多くの論者によって指摘されるようになった。ここでは，まずミッテラン改革の全体を見渡した

---

25)　1990年代初頭におけるコミューンの協同組織の形態は市町村組合（syndicats de commune），地域圏（districts, 91年では214），広域都市圏（communautés urbaines, 91年においては9）などがあり，地域公共施設法人（établissement public territorial）の地位を既にもっていた。その後の展開については，本書第7章を参照。当時の状況は，"Les Collectivités territoriales" Cahiers français（n° 239, janvier-février 1989）所載の，'Notice3' の項および DGCL (1992), p.9 などを参照した。

26)　Thoenig, J.-C., "La décentralisalion, dix ans après", Pouvoirs, n° 60, 1992, janvier. p. 8 et. seq..

上での問題点を明らかにしておこう（行論の関係上，数値は基本的に2009年現在におけるものに補正した）。

改革内容を一見してわかるとおり，フランスはコミューン・県・レジオンという三段階の基本構造を有する地方行政機構を手にすることとなった。この基本的な構図は今日でもなお変化していない。改革当初においては，分権化をレジオン［州］の完全な地方自治体化により経済危機の主要な突破口とするとの論調が一般的だった。しかし，レジオン改革が言われていたほどの神通力を発揮したとは考えられない。むしろ地方行政機構改革は，三段階化に伴う混乱と重い負担とをもたらしたのではないか。このことは，都市・県・レジオンの三者が入り乱れてコミューンやその連合組織が行おうとする特定の事業に対して資金提供をする交叉的資金調達方式に典型的に現われる。異なる行政レベルの間での協力が実現するのはよいとしても，そこには，過剰投資と，小さな自治体への他のより力のある自治機関による後見監督が復活する可能性も否定できないし，何よりも権限の錯綜，混乱といった事態が懸念を呼んだ。レジオンが地方自治機関として加重され，しかも県や市町村がはっきりとした規範的なクライテリアを欠いたまま恣意的に行動するとき，公的な事務が無政府的に混乱し，特に投資効率が無視され，結局のところ公的資金＝税は無駄づかいされるわけである。そこでかえって国の手による介入が叫ばれるに至ったのは，皮肉な結果だと言えよう。[27]

ほぼ同じレベルで西欧の4カ国を比較してみると（地方自治体のレベル分けは引用の資料集が用いているEurostatの基準に依拠）次のとおりである（表2-1）。

列国との比較により明らかなようにフランスのコミューンの合理的な整理が[28]ひどく遅れており，そのためにコミューン間のアンバランスは極限にまで達し

---

[27] Charles Millon, "L'imbrication des pouvoirs, limite pour la démocratie", *Pouvoirs*, n° 60, 1992, pp. 41-53.
[28] とはいえ，それは官僚主導の市町村合併をここでは意味しない。既得権の擁護の論理に基づく現状維持への固執 immobilisme は非難されるとしても，だからといって住民の生活圏，生活構造を無視，軽視した合併論は，分権化改革にはなじまないだろう。

第2章　ミッテラン＝ドゥフェール分権化改革の流れと特徴

表2-1　EU主要国における地方行政体制

国　名	フランス	ドイツ	イタリア	スペイン
総人口（単位百万）	64.1	82.1	60.1	45.9
州（州相当）	26	39(ラントは16)	21	19
市町村数	36,683	12,379	8,102	8,111

出典：DGCL/Ministère de l'Intérieur et de l'Aménagement du territoire, *Les Collectivités locales en chiffres 2009*, La Documentation française, 2009, p.119 より作成。

ている。

　一方で工業的大都市があり，これらは豊富な資金，人的資源に恵まれている。他方では，フランス本土についていえば2,000人に満たないコミューン数が31,612，本土全体（36,570）の86.4％余りを占める。また，本土人口6282万人弱に比して，15,674,070人で人口比24.6％である。この国がいかにコミューンについての合理的な再整理に乗り遅れているかは，フランス以外のかつてのEC加盟11カ国全体の市町村総数がフランスのそれよりも1万も少ないといった点に典型的に現われている。また，そうした地方自治機関の「インフレーション」状態は，これら機関の意思決定機関に携わる議員やその上にたつ市長村長の過剰状態を来たし，こうしたコミューンの規模の格差は，そのまま執行権者の政治的・財政的・したがって社会的な影響力の落差を生み，フランス的な恩顧主義＝クライエンティリズムの土壌となっている。地方分権化の諸措置は，見かけの上での画一性（コミューン，県，レジオンといった自治体レヴェルが，相互に従来のコミューンに倣って任命執行権者に代わる被選出執行権者をもち，形態上の類似性を兼ね備えると共に，地方ごとの特質が画一的措置のもとに捨象されている）に反して，実際は地方的格差を拡大している。1980年代末のイヴ・メニイの指

---

29) DGCL, *Les Collectivites locales en chiffres 2009*, La documentation française, 2009, p.31（引用はネット版によった）。
30) *Ibid.*, p.119.
31) Yves Mény, "La décentralisation socialiste", in Hoffmann et al. (dir.), *L'Experience Mitterrand: Continuité et changement dans la France comtemporaine*, PUF, 1988, p.319.

第 I 部　分権化改革の光と影

摘は，21世紀の今日においてはなお大規模に顕在化している。

　第三にこうしたいわば与件的事実，行政的な枠組みの問題に加えて，地方自治機関を支配するアクター達の在り方が大きく問題となる。その際，地方政界の主役達が中央政界においても議席や大臣職を兼務して，大きな権限を自身の上に集積・集中していることは，とりわけ重要である。この公選官職兼任と呼ばれる現象は，フランスにおいて無視しえない社会的効果をもっている。現代における地方分権化の基本的性格にも関わり，その社会的評価に関わる重要な問題なのでこの点は後にある程度詳しく解明することにしたい（第4，5章参照）。

　最後に，改革全体を通してこの点はもっとも重要であると思われるのだが，住民参加による改革の実施という観点が極めて希薄であった。基本法の全体を通して，またその後の諸法令を見ても，機構上の改革が先行はしても，肝心の「自主管理」すなわち住民の自治管理（もっともこの「自主管理」autogestionという看板そのものは，ミッテラン大統領政権によってやがて破棄されてゆくが……）を地方で根付かせようという踏みこんだ措置はほとんど見当たらない。また地方税制などについても大胆さの欠如が言われている[32]。地方行政改革には，一方での機構上の地方行政改革＝分権化が必要であるが，それだけでは不十分で，他方において当該地域住民の行政への参加が不可欠であると断じた『プロジェ・ソシアリスト[33]』などの政策文書からは，実態は大きく後退しているとの感は否めない。膨大な量の法令は，あたかも法律によって社会が変えられると政策当事者が考えているのではないかとの印象さえ与える。改革は，実際のところ「法

---

32) 地方財政の問題についてはフランス分権化改革は，別個に大きな問題をはらんでいる。本書「エピローグ」を参照されたい。

33) PSF, *Projet socialiste: pour la France des annees 80.*, club socialiste du livre, 1980, p. 251（大津真作訳『社会主義プロジェクト』合同出版社，1982年，215頁）。
　　市民生活に関係するすべての決定における住民自身の影響力を強化するためには，まず第一に権力の分散化（la décentralisation du pouvoir）が必要であると述べつつ，「しかし地方公共団体の権限を強化するだけでは不十分である。市民の日常生活に関わるすべての活動領域に市民自身の直接的介入がしかも可能とされなければならない」としている点に注意。

律革命」に終わる可能性すらはらんでいたのである[34]。この問題は現在まで持ち越している。

　分権化改革は一面では行政技術的な色合いも濃く，外見的には非政治的な印象を与えがちである。政争が相次ぐ中でも，どちらかというと手つかずのプラス・イメージで語られることが多かった。しかし，ミッテラン改革以降におけるフランス政治・行政の専門家達の論評は必ずしもこうした華やかな分権化改革の「大行進」に対してはトーンの差はあるものの手放しではプラス点を付けてはおらず，むしろ，冷めた批判的な論調が目立つように思える[35]。

　これらの論評の批判的なトーンは，フランスにおける政治的世界での「曇り空」の下での一過性の心理的反応にすぎないとすることはできないであろう。むしろ，今日の局面は，地方自治，ないしは地域の民主主義にかかわる領域においても，前向きな政策目標を前進させ，その本来の理念を実現していく上での問題性を探り出し，制度に内在する諸問題を批判的に分析することの必要性を示しているものであると受け取りたい。また，当然ながらフランス社会の袋小路・政治的危機の様相を，地方政治もまた克明に反映している舞台だと見るべきであり，「地域の民主主義」，「近隣の民主主義」というタームの一般化は単

---

[34]　一般にミッテラン改革の立案・遂行のプロセス全体においても，勤労階級の「参加」の契機が欠如しているのではないか。こうした論点に関わるものとして以下を参照。Mark Kesselman, "Lyrical illusion or a Socialism of Governance: Whither French Socialism ?", in *Socialist Register 1985*, 1986; Kesselman, M., "Socialism without workers: The Case of France", in *Kapitalistate*, 10/11, 1983. 大和田敢太「フランスにおける労働組合の今日的課題（上下）」『労働法律旬報』no. 1201, 1988年10月10日号, no. 1202, 同10月25日号。同「現代フランスの労使関係と法」，『労働法律旬報』no. 1223・4, 1989年9月25日号。

[35]　メニイが進行役をうけもっているディスカッションは，その後の地域の民主主義に関する議論を先取りするものとして注目に値する。学会人の討論ではなく，政界人を主とした発言者に対して，容赦のない批判が議長役のイヴ・メニイから発せられる。Yves Mény et al., "Première table ronde «vers un nouvel élan de la décentralilation, questions pour la deuxième décennie»" in Guy Gilbert et Alain Delcamp (dir.), *La décentralisation dix ans après*, LGDJ, 1993. 本書は，CNRSその他の主宰によって行われた分権化改革10周年記念討論集会の大部の記録である（92年2月5‐6日，元老院ブルボン宮にて開催）。

なる流行現象だとも言えない面がある。だからこそ，フランスにおいても，ガヴァナンス［複数のアクターの参入による最適な行政スタイルの探求］についての問題意識が政治学系の研究者の中に強まっているし，また，代表制民主主義の危機を参加型の民主主義の強化によって克服すべきだとの論調や研究が支配的になりつつあり，民主主義の隘路の打開について結局のところは「地域」の問題が視野に入らざるを得ないのであろう。[36]

ミッテラン政権下における1982年以降の改革は画期的ではあったが，実際にはコミューン組織の合理的な再編については手を付けないままに進行してきた。大胆な行政改革の宣言と，極めて「温和な」，したがって既得権益を注意深く侵害することを避ける，場合によっては臆病だと言えるほど用心深い実行過程とは，フランス地方行政改革の変わらぬ構図であった。そこからして，行政技術的にも「第二幕」の改革をも含めて，分権化政策は失敗しているという厳しい批判が生じ得るのである。[37]

19世紀の直接選挙による県議会議員，1848年の市町村議員選出や，82年における市町村長の公選制などの実施は，それ自体，地方自治の歴史的な前進で

---

36) 「地域の再発見」に関する簡潔な記述は，以下を参照。Albert Mabileau "introduction", in A. Mabileau (dir.), *A la recherche du «local»*, L'Harmattan, 1993, pp. 9-13.

　民主主義論への実証的かつ理論的なアプローチの一つとして，Gérard Grunberg, Nonna Mayer, 'Démocratie représentative, démocratie participative', in Pascal Perrineau (dir.), *Le désenchantement démocratique*, éditions de l'aube, 2003, pp. 215-230; Nonna Mayer, "Le sondage délibératif au secours de la démocratie", *Le Débat*, n° 96, 1997, pp.67-72.

37) 市町村行政の歴史的経過の概略は，Jean-Pirre Gaudin, *Technopolis: Crises urbaines et innovations municipales*, Collection en liberté, PUF, 1989, pp. 108-110. および，歴史的な市町村改革の根拠法令の簡単なガイドは，Bruno Rémond, *La fin de l'État jadobin?*, LGDJ, 1998, p108. Christophe Demazière, "Les structures de coopération intercommunale", in *Les Notices: Les collectivités territoriales en France*, La documentation française, 2005. p. 86 に掲げられた数字をあわせて参照した。

　現状の数字は，*Les Collectivités locales en chiffres 2009*, DGCL/La documentation française, 2009, p. 9 より。

　現在の分権化改革への懐疑的な評価の一例として，Bruno Rémond の上掲書と共に，同氏へのインタビュー記事を参照。"En panne !" in *Pouvoirs Locaux*, n° 59 IV/2003, pp. 24-29.

第 2 章　ミッテラン=ドゥフェール分権化改革の流れと特徴

はあったが，地域開発の充実は国の専管事項とされ，ナポレオン型の官選知事による国の後見監督や国家の外局の地方支配（特に土木局）の存続を 1982 年改革の時点まで持ち越させた原因であった。[38]

　フランスの市町村改革について言えば，多くのコミューン改革のプロジェクトを見るが，野心的な多くの再編成案は挫折してゆく。フランスの行政構造は県制度のもとに基本的にこうした多数のコミューンの共存状態を維持し，規模の不ぞろいな状態を克服しないまま今日に至ったといっても良い。1982 年の改革によって県の上にレジオンがのせられ，他の欧州連合諸国とのバランスがとられるが，実質上は県とレジオンとは折り合いがつかない競争状態におかれており，政策当事者の演説にも遠慮がちに両者の協調が勧告されている。[39]

　換言すれば，他の西側欧州連合加盟諸国に比して，レジオンは弱すぎ，県は既得権を手離そうとしていないし，コミューンは規模不ぞろいなまま放置されているのである。

　短期間の調査ではあったが，ブルゴーニュ大学法学部の支援を得て，2006 年の早春にディジョンにあるブルゴーニュ・レジオン庁舎（レジオン議会議事堂を兼ねている）を訪問し，国際関係部長と意見交換することができた。近代的なレジオン庁舎の巨大なガラス越しに瀟洒な庭園を望めた。この庭園を中心に，レジオン庁舎，県知事の公舎，県庁という三つの拮抗する大建造物が文字どおり向かい合っている様は，そうした文脈から見るとまことに興味深い光景だった。

　また，市町村の合理的な再編成の放棄状態は現代的な行政の広域化と合理化の課題に応えられないことになる。小村落から大都市に至るまで，コミューンとしての法制的な標準化は，そのまま地方の政治的な指導者たる名望家が，安定的に支配的な地位に就き続けることを意味した。コミューンこそ地方名望家

---

38) Albert Mabileau, *Le système local en France*, 2ᵉ édition, Montchrestien, 1994, p. 10.
39) たとえば，"Dicours lors de la synthèse des Assises des libertés locales à Rouen"（28 fevrier 2003）in *Archives du site du gouvernement de Jean-Pierre Raffarin*, http://www.archives.premier-ministre.gouv.fr/raffarin_version1/fr/ie4/contenu/38536.htm.

のための小宇宙である。現代的な地方行政への負荷の増大は，コミューン間の協調の諸形態を必要とした。新型の市町村間の共同組織 intercommunalité が例を見ないほどフランスでは発達した所以である。

第3章 分権化改革の「第二幕」

1　1982年分権化改革のその後

　1981年に政権に就いたミッテラン大統領は，重要産業や銀行の国有化や分権化改革などの華やかな改革案を次々に実施したのであったが，ミッテラン政権によるケインズ主義的な諸改革は需要の急増を生み，生産基盤の弱いフランス経済はたちまち変調を来たした。急激な景気後退とフランの切り下げを余儀なくされた政府は，緊縮政策を打ち出さざるを得なくなる。さらに社会党政権が打ち出した私立校への統制強化は伝統的に初等，中等教育のかなりの部分をうけもってきたカトリック教会を中心とする上層中間層の強い反発を生む。社会主義を早期に実現するという元気は良いがやや無謀な掛け声は，「近代化」（実体的には市場経済の自由な機能と工業生産の先端化を含意していた），そのアレゴリーとしての「効率性」の重視，場合によっては日本経済（サムライ資本主義）の理想化へと変質する。この時期は世界的にもソ連経済が停滞の兆候をはっきり見せ始めたころであり，「社会主義」はいささかふるめかしい印象を人々に抱かせ，日本経済のハイテク製品を中心にした洪水的な輸出攻勢が上り坂にあった。[1)]

　こうして，ミッテラン大統領政権の迷走が始まった。政治的には，保革共存政権が生まれては消える時代の幕開けである。国有化はたちまち民営化によっ

---

1)　Stanley Hoffmann et George Ross (dir.), *L'Expérience Mitterrand: continuité et changement dans la France contemporaine*, PUF, 1988. 検討は仏語版によった。英語版は以下。George Ross et al., (eds.), *The Mitterrand Experiment: Continuity and Change in Modern France*, Polity Press, 1987.

第 I 部　分権化改革の光と影

て置き換えられる。また，市民生活の向上と安定という政策指針は真剣に省みられないものとなった。

　分権化改革は着実に進んでいたかに見えたが，地方での汚職の問題が次第に新聞をにぎわすようになり，その他の不正事件と共に「政治腐敗」が人々の意識にのぼるようになる。まずはじめに大規模な不正帳簿事件がマルセイユで発覚し[2]。地方を舞台にした政治腐敗は，地方公選職責を中央政界の大臣や国民議会議員・元老院議員［以下，それぞれ，下院議員，上院議員と称する，また，両議院の総称として「国会」という語を差し当たりあてておく］と直結しており，問題は直ちに国政レベルの問題となってゆく。虹の戦士号事件，開発の十字路事件，そして，社会党の大規模な秘密党財政の暴露，有力政治家の自殺など「事件」がめじろ押しに並んだ。

　特徴的なことは，そのすべてではないにしても，多くの腐敗，不正事件が地方政治を舞台に展開されたことである。また，フランス特有のエリート構造が国際的なスタンダードからして，やや特殊な色合いを強くもっていること。狭小性，同質性，養成過程の閉鎖性など，民主国家としての透明性，法規の実施に当たっての中立性・客観性，公共的な説明責任の欠如などが大きく問題となったのであった。[3]

　ややもとに戻ることになるが，分権化改革の大きな流れと上記の政治的機能

---

2)　マルセイユでの偽帳簿事件などの内容は，単にミッテラン政権の政策ミスとは片づけられない歴史的に根が深い問題である。もちろん，地方分権化政策が名望家層による地方支配の実態を改善する施策には手を付けなかったという有力な傍証とはなる。
　　マルセイユ，ボルドーなどの歴史的事例研究としては，第一の論文を，80年代に至るマルセイユの市政腐敗問題については同じ著者による第二の論文を参照。Michel Bergès, "Clientélisme et corruption politiques: le cas de deux municipalités françaises des années trente", in *Amiras, Repères occitans*, n° 8, Aix-en-Province, juillet 1984; "Peut-on sortir de la corruption ?", in *Pouvoirs*, n° 31, 1984, pp. 65-76.
3)　フランス政治学の記念碑的な作品としてメニイ［パリ政治学院教授，その後 EU の大学院大学である European University Institut 学長］の以下の文献を挙げておきたい。Yves Mény, *La Corruption de la République*, Fayard, 1992（邦訳『フランス共和制の政治腐敗』有信堂，2006年）．

不全との関連について改めて確認しておこう。

　1972年に締結された社共両党の共同政府綱領では，地方行政機関の大幅な分権化改革がうたわれていた。もともとフランスは，共和制と中央集権制という相矛盾した二つの相貌を兼ね備えている国である。ある時は前者の人民自治の側面が協調され，外の世界に強く印象づけられる。そして，ある場合には，強固な地方行政機構を通しての官僚支配，集権的な社会管理のあり方が強く押し出され，意識される。

　我が国でも新しい近代化のモデルを先進諸国における社会システムのそれこそモザイク的な切り取りと導入によって短期間に近代化を成就しようとしていた明治の指導的な政治家や官僚たちが，いち早くフランスの諸制度を内務省と官選知事，市町村・郡・県という地方行政制度などとして取り入れたことは良く知られている。第三共和制下の初等義務教育やリセの制度確立と普及も実は集権的な官僚機構と縦割りの地方行政機構の機能や役割をかりて，はじめて可能になったのであり，明治の日本が上からの近代化のモデルとしてフランスにならった面が多いことは良く知られている。民主的な社会は必然的に集権制にむかうとは著名なトクヴィルの命題だが，このやや冷ややかな観察はフランス史の中で文字どおり実証されているかのごとくである。

　民主的な諸制度，あるいは，近代国家に枢要な機能が，内実においては権威的な支配におけるいわば総体的な指導と動員と強制のメカニズムの下に実現していったことは，フランスの地方政治を理解する上でも欠かすことができない。英米の先端的な資本主義大国を後追いする諸国においても，実は似たような状

---

4) PSF-PCF, *Programme commun de gouvernement du parti communiste français et du parti socialiste* (27 juin 1972), édition sociales, 1972. 分権化の項目は，chapitre III Les collectivité territoriales et la décentralisation, pp. 155-159。

　大統領選が迫った81年1月24日，社会党はクレテイユ（パリ南東の郊外）で臨時党大会を開催した。マニフェストとともに『110の提案』«*110 Propoditions pour la France*»を発表する。その第54項以下59項目までが，«Des contre-pouvoirs organisés; un état décentralisé»と題されて，分権化等に言及している。忘れられた言葉と改革精神の「保管庫」として，記憶するに値するであろう。

況があったことは，いまや常識であるが，一般にフランスについては政治的な先端性に眼を奪われて，こうした，官僚的・中央集権的・権威的な側面が限定的にしか理解されていなかったことは，注意を要する点ではなかろうか。

　絶対主義フランスの官僚達が，村々の祭りにまで規制と指導の網を掛け，民衆が政府に完全に依存する生活をトクヴィルの著作(『アメリカにおける民主主義』や『旧体制と大革命』)は活写している。この事態を根底から覆したのは大革命である。1789年12月14日市町村法は，はじめて，分権化 décentralisation と地方民主主義 démocratie locale の制度的な姿（まだ幼い姿ではあったが）を人々に指し示した。しかし，政治情勢の緊迫は，こうした地方政治の民主主義を深く地域に定着させるいとまをフランスに与えなかった。ナポレオンの改革により県庁制が施行され，官選知事に県と郡との行政がゆだねられた。また，中央政府から任命された市町村長が，これも信任リストから選ばれた（すなわち事実上官選の）市町村会の上に君臨したのであった。

　7月王政は納税額による制限選挙制に立脚した市町村選挙制を1831年に，県会の選挙制を33年に導入する。第二共和制は，男子普通選挙制をもってそれに代えたが（1843年），第二帝政は流れを逆転させ，市長と助役を再び国家の任命とし，かれらは必ずしも市町村会の中から選出されるものとはされなかった。第三共和制になって，はじめて，市町村長は公選となり（1882年3月28日法），パリのみその例外とされた。パリが自治権を獲得するのは，1975年に至ってからである。1884年の市町村法は最終的にフランス市町村制度の基礎を打ち固めることになる。ヴィシー政権の一時的な断絶はあるものの基本的に今日の分権化されたフランスの市町村民主主義の連続的な基底をなすものであった。なお，1871年法は既に県会と県会議長の選挙を規定していたが，県の執行権力を担う県知事のみは，1982年まで国家によって知事職団 corps préfectoral に属する高級官僚が任命され，各県に派遣されていたのである。

　このように，フランスにおいて公選制による近代的な地方自治が定着し始め，制度から見たとき地方分権化 décentralisation，市民の側から見たとき地域の民主主義 démocratie locale として捉えられる自治の原理が一般的に認められ

第3章　分権化改革の「第二幕」

たのは、アメリカなどに比べて、かなり遅い。

　ナポレオン以来の官選知事制度は延々と第五共和制にまで引き継がれた。問題は県の指導こそが、市町村行政統制の背骨となっていたことである。内務省の知事職員団に属する高級官僚は、国家（内務省）の手によって各県に知事として派遣され、コミューン（一般に特別な地位を付与されていたパリ市をのぞいて、大都市も、その他の群小の町村も一括してコミューンと総称され扱われる）は知事の指揮下にある県の後見監督下におかれていた。見方をかえれば、コミューンは全て、「未成年」の扱いを受けていたのであり、また、国にそれこそ一挙手一投足にわたりお伺いを立てなければならない状況におかれていた。ミッテラン氏の当選はこうした状況に終止符を打つ良い機会と捉えられていた。

　ミッテラン政権の誕生は、1982年以降の地方自治組織の改革をもたらし、コミューン、県、レジオンをそれぞれ地域の自治体として確立し、分権化の実質化を図ろうとしたのであった。

　第一に、集権制のフランスは、抜本的な分権化改革によって再生されるべきだとの認識があったこと、第二に、欧州の政治経済社会統合のなかでの指導的国家としてのステイタスを保つ上で地方自治体制、特に地域的な開発と発展を統括するレジオン制の必要性が増していたこと、第三に、権力把握の長征に従事した歴戦の社会党幹部達の政治的な出自あるいは履歴の特徴（高等教育機関の教員たちや典型的にはENA出身の保守政権に批判的な立場による高級官僚であり、地方での地歩を築きかつ国会議員職に進出しつつあった）によるバイアスに注目しなければならないという点は、既に述べた。新しい社会党の指導的幹部達にとって、分権化改革は、自らの領地のいっそう強固な確保と映ったであろうことは想像に難くない（もちろん、後述するように、当初ためらいを見せていたフランスの保守層＝右翼も左翼政権の分権化政策を引き継ぎ、更に発展させる姿勢さえ見せてゆく）。地方分権化は当初の保守政治の推進者達の政策課題から、速やかにフランス社会党、そして後には左翼全体の政策的なキーワードに変わり、さらにシラク大統領政権の下では保守政権の中心的政策課題にまで押し上げられたのであった。逆に申せば、ド・ゴール以来の保守的改革の課題と左翼の課題とは、フランスの活

67

性化という意味での地域行政機構の改革,べつの角度から申せば,先進諸国の一角を占める欧州の指導的大国にふさわしい地方自治の確立をもたらす改革が不可欠であるという共通認識においてまさしく通底していたとも言えるであろう。

地方行政に関する政治分析の分野での権威であるアルベール・マビローは,フランスにおける地方自治の進展と定着を,地域自治行政への住民の関心の高まりと参加・地域アイデンティティーの定着という二つの側面を手がかりに説得的な論述を展開している。地域は,組織社会学者達が確認したように,国家の支配が貫徹する特権的な場であり,したがって,社会変動はすぐれて地域の変動として把握される。研究の対象としても地域はいまや特別な重要性をもちつつある。地域の民主主義こそは新しい時代のキー・コンセプトである……。[5]

マビローの評価は,地方分権化改革の将来に期待を込めた内容であると考えられる。なぜなら,一方で,参加と地域アイデンティティーの高まり,したがって住民の自覚という(いわば評価を客観的に把握しがたい感覚的,概括的な)価値基準によって,プラスの側面を押さえた上で,しかし,氏は,他方において,地域民主主義の阻害要因をリアルに分析し続けたからである。

なお直接マビローの言説とのかかわりで,外国地域研究におけるスタンスの困難さを想起させられたのは一人筆者ばかりではあるまい。一般的に外国政治情勢ないしは行政の実態を検討する際には対象を解明するための粘り強い取り組み(「対象をわが物にする……」マルクス)の中に,分析対象への愛着が混入し(人間的に自然なことではある),それ自体は知的活動の「副作用」として否定しがたいものとしても,実際上,現象への甘い評価ないし,客観的な姿をとった肯定的記述に陥ることがままあるのではないか。我々が文字どおりフランスの地域行政改革を「分権化」というプラスの表看板=建て前でのみ評価することは,見落としてはならない論点を見過ごすことにもなろう。かつて *La corruption*

---

5) Albert Mabileau "Intorduction", in Albert Mabileau (dir.), *A la recherche du «local»*, L'Harmattan, 1993, pp. 9-18.

de la République（邦訳『フランス共和国の政治腐敗』）で「政治的・制度的な腐敗現象」を正面から扱ったメニイが指摘しているとおり，建て前論の背景に，地方エリートの在り方，地方＝中央を貫徹する名望家の支配（地方公選職責の過度の政治化と中央・地方を含む公選職責の兼任の弊害）というプリズムを通したとき，分権化の阻害要因として立ちはだかる大きな偏りを検出することができるのである[6]。

2 分権化改革「第二幕」という名のイデオロギー

おおかたの予想に反して，2002年の大統領選は混迷した。保守陣営のシラク大統領の下において1997年以来首相の座にあり［保革共存政権（1977〜2002年）］，社会党の大統領候補であったジョスパン氏は，決選投票の本命として一般に問題にされていなかったル・ペン国民戦線党首の票に及ぶことなく，政治の一線から退くことになった。後知恵的な評論になるが，一方でのジョスパン政府の改革が民心を深く把握できていたのか，あるいは，他方において，欧州統合によるエリート支配の強化，市場原理の貫徹などは，影の部分に置かれた人々の政治不信を深めさせたのかもしれない。また，いうほどの近代化，民主的改革をジョスパン社会党が成し遂げたのかという覚めた評価が一般に行き渡っていたのではと想像される[7]。

もちろん，二期目の大統領選当選をもくろんでいた保守の領袖たるシラク氏

---

6) さしあたり以下を参照。マテイ・ドガン，ドミニク・ペラッシー著，桜井陽二訳『比較政治社会学：いかに諸国を比較するか』芦書房，1983年。河合秀和ほか《座談会》「比較政治学の現状と将来」上〜下，『書斎の窓』no. 541-542, 2005年1〜4月号。外国政治研究はつまるところ比較研究だという論点には賛成したい。ただし，河合氏がおおづかみに例示されるフランスに関する見解については首肯しがたい面が多い。

7) もちろん，多様な左翼勢力を糾合したジョスパン政権が，多くのことを成し遂げたことも事実である。その点を客観的に評価しようとしている作品として，John P. Willerton and Martin Carrier, "Jospin, Political Cohabitation and Left Governance", in *French Politics, Culture & Society*, vol. 23, n° 2, Summer 2005.

は，不正事件によって窮地に立っていたのであり，大統領一期目の成果を誇り，その威信をもって他を寄せ付けない迫力を発揮しえなかったという事実も指摘できよう。保革二大政党の相対的な弱化の中身は，かれらの政党活動の底の浅さをも垣間見せたのである[8]。

シラク氏は，FN候補との一騎打ちの末に大統領に再選された。社会党，共産党，緑の党などの政治階級と左翼勢力支持者は，本来は打倒対象とすべきであったシラク氏を大統領の座に押し上げる役割の一端を担わされた。引き続き行われた国民議会選挙では，シラク勝利の流れをうけて，保守の圧勝となり，ジャン゠ピエール・ラファラン Jean-Pierre Raffarin が，ジョスパンにかわって首相に任命された（2002年5月7日）。ラファラン政府は，特に2003年以来，矢継ぎ早に地方分権化関係の法制度整備を行った。

第一に，2003年3月28日，憲法的法律によって「分権化された組織」としての憲法上の位置づけを明確にした。

憲法典そのものに《共和国の組織は分権化される》旨，明記されたこと，地方自治体による実験的な試みの法制化（対象と期間的な制約の下で）が認められたこと，地域自治体の組織にかかわる法案は元老院に先議権を与えたこと，地域自治体の憲法上の地位が確定されたこと（第72条〜第74条まで）などである。また，憲法第72-2条においては，権限委譲に伴う財源の保証が国家によりなされており，各国に比して珍しい，完全な自治的組織への財政的な保証となっている[9]。

---

[8] なお，メニイはフランス的特殊性として政党の足腰の弱さを指摘し，兼職によって政治的な重みを付けた地方名望家によって政党機能が代位されていることを詳述している。Yves Mény, "La faiblesse des partis politiques français: une persistance exceptionnaliste", F. d'Arcy et L. Rouban (dir.), *De la Ve République à l'Europe: Hommage à Jean-Louis Quelmonne*, Presses de science po, 1996, pp. 77-94. 併せて，前掲書 *La corruption de la République* を参照。

[9] この点については，自治体国際化協会HP掲載の講演録：青木宗明『フランスの地方財政調整：財源保証と財政調整』に詳しい（240頁）。併せて以下を参照。Observatoire des Finances Locales, *Les finances des collectivités locales en 2007: État des lieux*, 2007 (La documentation française HPにおける公文書閲覧サービスによる)。

第 3 章　分権化改革の「第二幕」

　第二に，関係法令が整備され，地方自治体がその権限を実施する際において，実験的な資格において，法令規則を踏み越える要請に応える措置を定めた法律 loi organique du 1er août 2003 や，地方自治体に自らの権限の遂行のために地方レフェレンダムの実施権限を付与する法律 loi organique relative au référendum du 1er août 2003，さらには，財政的な自治権限を強化する法律 loi organique sur l'autonomie financière du 21 juillet 2003，国家の市町村・県・レジオンへの権限の委譲に対応する改正 loi sur les libertés et responsabilités locales 等が施された。

　地方分権化の言説に絡んで，あるいは，そのチェック項目としての「地域の民主主義」が論壇をにぎわし始めたのも，この間の大きな変化であったと指摘できる。ここで，住民参加や住民の互助という契機がはっきりと改革の地平に姿を現わしてきたことは大きな評価を受けるべきであろう。

　1982～83 年のガストン・ドゥフェール内相の下における分権化への大改革は，いわばドゥフェール・サイクル Cycle Defferre と呼ばれるが，ここに，ラファラン・サイクル Cycle Raffaran というべき段階としてはっきりと識別しうる区切りが生じたと一般には言われている。また，徐々に分権化改革はフランス国民の常識になりつつあり，このコンセンサスを前提に左右両翼が地方行政改革に建て前上は前向きであったこともここ 20 年ほどの特徴として指摘しうる。

　しかし，この第二の改革の一段落状態をして，最終的な，あるいはいわゆる「第二幕」acte II の開幕だとすることには，問題がないわけではない。ピエール・サドランの見解を引きつつ考えてみる。

　分権化も分権化を阻むものも，共に，長いフランスの政治制度や行政システムの産物であって，したがって，そのいずれの面においても，多様な政治階級が毀誉褒貶を共有している側面が強い。保革両陣営にとっても分権化がサルコジ政権に至るまでは政策的な目玉扱いされてきており，一定のニュアンスの差を伴う不連続面と，さらに一定の強い線における連続性が指摘されよう。

　1990 年代の初頭から末にかけて，市町村間共同組織の拡大によってフランスの地方政治の風景は大きく変貌する。この点については第 7 章で詳しく述べ

る。

　分権化改革の「第二幕」の核心部分に触れる二つの組織法すなわち，2003年8月1日法や2004年8月13日法など（一般規定として『地方自治体一般法典』に統合）は，改憲条項と並んで重要である。すなわち，地方レフェレンダムの制度化，有権者への世論調査方式による諮問制度，街区評議会 les conseils de quartier などを市町村が設置し得るものとして，「地域の民主主義」la démocratie locale を政策的な内容として実体化し，参加型の民主主義を政権が積極的に取り入れようとしたことにおいて注目に値する。同時に，「近隣の民主主義」la démocratie de proximité が政権によって強調されたことも改めて指摘しておきたい。[10]

　もちろん，これらの施策においては，個別の措置に強い制約がかけられており，実体的に「地域の民主主義」がさらに深化し，レフェレンダム［住民投票制］，住民諮問制度，街区評議会などの取り組みの隆盛をもたらしたと見ることはできないであろう。その政治的な意味合いについては，サドランが早くから指摘している。保革共存政権を経て極右の進出のまえに極右支持者以外の国民的な支持によって再選されるという経緯を経て，第2期のシラク大統領政権は成立した。その実態からすると政治的正統性の弱化に悩んでいた第2期のシラク大統領＝ラファラン首相政権による，コミューンの力，地方首長への住民の支持力の掘り起こしによって，政権の強化を図ろうとする政治戦略にほかならなかったのであり，地方有力者の機嫌を損ねるような実質的な市民参加についてはその課題を掲げつつも実施過程においては厳しく制約を設けて，政治的な広告塔として利用したものである，と。[11]

10）　この点を簡潔に説明しているものとして，*Portail Internet DGCL* がある。http://www.dgcl.interieur.gouv.fr/所収。

第3章 分権化改革の「第二幕」

3 「地域の民主主義」という留保

　分権化は地域の民主主義の発展と分かちがたく結びついているが，分権化は直ちには地域の民主主義に直結するものではないという点についても基本的なポイントとして留保しておかなければならない[12]。政策当事者達にとってこれらの論点はもちろん意識されてはいた。

　1982年以降の改革，特に92年の「共和国の地域行政に関する法律」la loi relative à l'administration territoriale de la Répblique (A. T. R.) du 6 février 1992 は，地方自治機関の住民参加の契機を強める方向性の改革を意図したものであった。また，当然ながら，地域の民主主義は参加の概念によって実質化する。自治的な参加は民主主義の要諦である[13]。こうした地域の民主主義に関する論点は，本書の後半において詳しく扱うことにして，差し当たり，第一期，第二期におけるシラク大統領治政下における流れを追っておこう。

　1992年法は第二期ミッテラン大統領の下における改革であったが，分権化の諸改革はシラク大統領の下においても進められ，特に保革共存政権であったジョスパン内閣（1997年6月2日～2002年5月6日）の下で，近隣の民主主義，地域の民主主義，住民の参加という契機が重視されることになる。さらに，シラク

---

11) サドランは精力的に地域改革について論じている。以下の論文はその一例。Pierre Sadran, 'La mise en débat de la démocratie locale', in *Pouvoirs Locaux*, n° 62 III/2004, pp. 30-39.「第二幕」について邦語文献として以下を参照。山下茂『フランスの選挙：その制度的特色と動態の分析』第一法規，2007年。山崎栄一『フランスの憲法改正と地方分権：ジロンダンの復権』日本評論社，2006年。大山礼子『フランスの政治制度』東信堂，2006年。中田晋自『フランス地域民主主義の政治論：分権・参加・アソシアシオン』お茶の水書房，2005年。自治・文献ジャーナリストの会編『フランスの地方分権改革』日本評論社，2005年。
12) Patricia Demaye, "La recherche de la démocratie intercommunale", in CURAPP/CRAPS, *La démocratie locale. Représentation, participation et espace public*, PUF, 1999, pp. 237-238. ドゥマイユの議論について，詳しくは本書第8章を参照。
13) Antoine Bevort, *Pour une démocratie participative*, Presses de sciences po, 2002.

氏の第二期大統領選の混乱ぶりは、政治的な波紋を生み、この、2002年大統領選挙における例をみない極右ポピュリズム進出の衝撃は政府に新たな国民的な統合シンボルの提示を余儀なくされる。その結果、ラファラン改革の中身は革新的な言辞で彩られることになったのであった。あたかも、分権化改革が1982年以来、「第二幕」に達して、一応の完成状態に到達したかの如き政治的な言説がふりまかれる。いうまでもない、この「ラファラン改革」にあっては、市民の行政参加と近隣の民主主義が華やかに強調された。

しかし、その政治性をサドランは強調する。特に政権側が持ち出してきた「参加」participationという政治的シンボルに注目しつつ、この流れを批判的に捉えるサドランの論点をさらに追ってみることにしよう。

まず第一にラファラン期の改革を分権化の完成への最終コースと捉えることへの批判である。もともと、この第二の改革の一段落状態をして、最終的な、あるいは分権化「第二幕」の開幕だとすることには、問題がないわけではない。まず何よりも、第一幕とみなされている1982年ドゥフェール改革による分権化改革そのものが、一定の画期をなす大改革ではあったが、本来的な端緒だったとはいえないということである。「分権化改革」は1981年5月にミッテラン大統領任期が始まる以前からいわれていたことであり、特に、レジオン制度設置への段階的措置（極めて微温的な措置ではあったが、特に1964年の州知事の制度化や、ド・ゴールを結局は退陣に追い込んだレフェレンダム（1969年[14]）での挫折はあるものの、72年には州参事会を伴う公共施設法人化のとりくみなどが既に行われていた）などは、分権化への重大な一歩であった。そこにさらに、74年のペイルフィット報告[15]、76年のギィシャール報告[16]、78年の地方責任制の発展法案 Le projet de loi pour le développement des responsabilités locales の議会提出（両院での採択に至

[14) 1969年のドゴールが提案した国民投票案については、以下を参照した。"Projet de loi constitutionnelle rejeté par le référéndum du 27 avril 1969" in Maurice Duverger, *Constitutions et Documents Politiques*, Presses Universitaires de France, 11e édition mise à jour, 1987, pp. 381-406.

らなかった）など，81年以前の改革の胎動を指摘しうる。したがって，ラファラン改革は分権化改革の「新しい出発点」nouveau départ と呼ぶべきであって，二つの主要なサイクルがあるにせよ，無条件的に独立した改革コースをそれぞれが構成しているわけではなく，また，二つのサイクルが切れ目のない一つの過程を表すのでもない。事実二つの改革の間には，シラク政権下の保革共存政権たるジョスパン首相当時の市町村間共同組織 intercommunauté の整備や公選委任職責の制限 limitation du cumul des mandats への試み（ただし，不徹底ではあったが），政治的な男女共同参画を企図したパリテ parité en politique の法制化，近隣の民主主義 démocratie de proximité への法制度化への動きなどがあったではないか。事実は，上記の二つのサイクルのごとき，盛んに法制度的に分権化改革が行われる状況と，粛々として分権化への実務的な適応が進められた時期とが相次いでいたのであり，連続性においてこそ分権化の真の姿が把握できるのだ，と。[17]

　第二に重要だと思われるのは，地域民主主義の展開に関してはいくつかの政治的な観点からの検討が不可欠であるというサドランの指摘である。

---

15)　*Décentraliser les responsabilités, pourquoi? comment?, rapports d'enquêtes*: de Michel Croizier et Jean-Claude Thoenig, d'Octave Gélinier et d'Elie Sutan; présentés par Alain Peyrefitte, La documentation française, 1976. 同じく同報告に関しては，以下の記事を参照，Alein Peyrefitte,《Pour un pouvoir provincial》, *Le Monde*, 22, 23 et 25 novembre 1975.

16)　*Vivre ensemble*, rapport de la commission de développement des responsabilité locales 1-2, La documentation française, 1976. オリヴィエ・ギシャール Olivier Guichard によって主宰された，いわゆる「ギシャール報告」である。

17)　Pierre Sadran, "La Région dans la décentralisation" in *Regard sur l'actualité*, n° 298, février 2004, p. 67 の注記から。サドラン教授はこの見解を他の論文においても繰り返し述べている。なお，第二幕 Acte II と呼ばれる分権化の制度的な改革の現況については，以下の特集を参照。«Décentralisation, acte II: les dernières réformes», *Regards sur actualité*, n° 308/février 2005, La docmentation française.

　Albert Mabileau, "Les Génies invisibles du local: foux-semblants et dynamiques de la décentralisation", *Revue française de science politique*, vol. 47, n°s 3-4/juin-août 1997, p. 341. 地方政治分析の分野における研究史の総括。

第Ⅰ部　分権化改革の光と影

　まず,第二幕で喧伝される「近隣性」proximité については,次の言葉に,当時のラファラン首相の政治手法が鮮やかに示されている。

　「複雑な事象を扱うには,それなりの方法がある。現場でのアクター達に責任を任せることによって,『近隣にあるという事実によって』par la proximité それに対処することである。…二つの価値の周辺に我らの民主主義を組織しよう。一貫性 la cohérence と近隣性 la proximité である。…したがって,これら二つの支柱の廻りに我らの共和国を組織しなければならない。[18]」

　単純な市民結集戦略ではない。構造は二重になっている。これは,市民よ結集せよと言う看板を掲げた名望家へのメッセージなのである。結局は政府のまわりに地方名望家を引きつける政治戦略ではないかとのサドランの批判は,冷静な政治的分析として注目に値しないか。

　「だが,政治行動の要となる価値に祭り上げられた近隣性 la proximité は,一連の態度と行為の中において微妙にニュアンスが変化してゆく。市民からの意見聴取,特に『下からの』フランスの意見の汲み上げ,『地元』terrain の意味合い,具体的な行動への志向,イデオロギーとは一定の距離を置いた共感とプラグマティズムなどに。それらが記述していることは,ひとつの『職務』métier すなわち,地方被選出者のそれ,『市町村長』Maire［大文字で始まることに注意,大名望家,『大市長』の意味合いがある］の形象によって要約され,シンボル化される職能を意味する。市町村長の形象は,政治代表に対して不信と軽蔑の念しか抱いていない世論の眼には依然として十分な信頼性を保持しているものと信じられている。そこからして,この改革によって表明されたことは,真の緊急性もなく,強くかつはっきりと弁別し得る社会的な要求によるものでもない。なぜなら,それは,政治的なイニシアティブを再適応させ,公共的な空間の中心部への信頼性を回復させ,政治的な絆を再構築する手だてを［市町村長の形象において］見い出しているからである。[19]」

　分権化の意義をあえて再確認するかのような地方名望家の言説がそれを補完

---

18)　"Allocation de Jean-Pierre Raffarin devant les maires de l'AMP", cité par Pierre Sadran, "La République des proximités contre la démocratie paritcipative", in *Pouvoirs Locaux*, n° 59, IV/2003, p. 54.

19)　Pierre Sadran, *op. cit.*, p. 54.

する。国内最大の圧力団体である「フランス市長村長協会」AMF でのラファラン演説は，実に 16 回にわたり近隣«proximité»の語を繰り返し，それを補強する 32 の連辞 syntagmes が援用される（大地«le terrain», 基盤«la base»下からの«en bas», 接触«le contact»など）。そこには，弱化した中央権力，あるいは，ポピュリズムに蚕食された中央権力の正統性を地方権力に依拠しつつ必死に回復しようとするパフォーマンスが見て取れる。[20]

　さらに住民の諮問参加すなわち住民協議制 cosultation の問題点である。

　ミッテラン大統領時代に，1992 年法 la loi ATR (administuration territoriale de la Répblique) du 6 février は，初期の改革法である 1982 年 3 月 2 日法の切り開いた地方生活への市民参加の発展という課題を拡大すべく制定された。同法は，市町村の権限にかかわる問題に関する市町村のイニシアティブによる市民との協議 consultation を法的に認め，その場合は，市町村長または，市町村議会の 3 分の 1 の発議によって協議に付されるとしている。しかし，実際には 92 年から 97 年まで，36,000 の市町村のなかで 129 の諮問が行われたにすぎず，サドランはこれを「散発的」sporadique だと評した。

　この住民協議制への動きは，95 年「地方領域の開発と発展のための基本法」la LOADT (Loi d'orientation pour l'aménagement et le développement du territoire) du 4 février 1995 によって加速されたかに見える。[21]

　本法により，住民協議制度の諮問に関する二つの改革は，第一に，市町村間共同組織 intercommunalité の領域への適用であり，第二に，住民のイニシアティブの導入である。特に住民の要請は，市町村の権限に属する開発計画に関する諮問会議の組織を市町村議会に対して，有権者の 5 分の 1 の同意によって行うことができるとされた。

　サドランはその点にも批判的である。この法律には多数の制限的な条項が付けられている。市町村選挙に先立つ年度においてはいかなる諮問会議も開催し

---

20)　*Ibid.*, p. 53.
21)　*Ibid.*, p. 55.

得ない，二つの諮問委員会の間隔は1年以上あること，当該の市町村議会が諮問の原則と様式について審議する —— この住民協議は，単なる寄り合い以外の何ものでもない……。つまる所，「公選の［政治］代表者たちは，［住民協議会の組織と運営上の］オペレーションの支配権を最終的には保持し，住民協議の実施そのものも結局の所，例外的なものにとどめてしまった。事実，住民協議は，1995年から98年までの間に，ある地区 district において行われた一件にとどまっている」。西側各国で行われている地方レベルでのレフェレンダム référendum，リコール recall，参加型の予算編成 budget partipatif など，これらの住民参加を前提にした行政手法は依然としてフランスでは政策当事者によって避けられているし，遠回しに拒絶されている（原則は認めるかの姿勢を示しつつ，制度化したときも実効性を有しないように細工される）。最後に，その後導入された地域への住民投票制度 référendum の審議と導入においてもこうした国民へのリップサービスと，政策当事者に対しては，改革は制限的だという「保証」をするという政府の二面的な態度は克服されていない。

　サドランはさらに指摘する。「レフェレンダムについては，知られているように政府は改革を宣伝することに専念したが，二つの区別可能な，あるいはむしろ，相反する方向性のなかに自らを位置づけていた。すなわち，世論に対しては，分権化改革は市民に発言の機会を与えるだろうと示し，被選出者［すなわち政治階級］に対しては，政治的な討論への底辺からの干渉はあってはならないというのである。」こうした流れは結局の所，「2003年8月1日組織法律」la loi organique du 1er août 2003 の審議と内容規定に結果として影響したのだと，サドランは指摘している[22]。

　レフェレンダムの制度的導入の問題点は，以下の点に要約される。第一はレフェレンダムのイニシアティブはもっぱら被選出者 élus［地方議会議員と市町村長］の裁量に任され，住民が行おうとしても極めて強い制約の下におかれているということである。第二に，レフェレンダムが有効性をもつのは50％の有

22）　*Ibid.*, p. 56.

権者の投票率を有するというように敷居が極めて高く設定されていることである。第三に，適応の範囲が厳密にcollectivitésすなわち各級の自治機関に限られていることであり，市町村間共同組織には適用されていないという点である[23]。

　サドランの苦味を伴った分権化改革批判は，その内容にかかわってさらに実証的に十分な検討を施す必要があるであろうが，既に一定の説得力を有しているものと理解せざるをえない。

---

23) *Ibid.*, pp. 56-57.

第 II 部 livre

エリート支配と地域

第4章　地方政治エリートによる支配構造関係の諸断面

第5章　公選委任職責兼任への理論的批判
　　　　イヴ・メニイの議論を中心に

第6章　名望家支配の持続と変容

第4章 地方政治エリートによる支配構造関係の諸断面

1 多段階構造の行政システム

　実態の分析に入る前に，簡単にフランスにおける地方行政システムの概略を数的に示しておこう。フランスは一般的に言って，三段階の地方行政システムを敷いている（多段階構造の模式図は本書プロローグ図P-1を参照）。

　第一は，コミューンであり，日本語には訳しにくい代表的な概念の一つである。市町村のすべてがこの中に包括され全土で 36,783 もある。第二に，県であり，この行政組織は大革命の産物である。全土で 100，うち海外県として4つの県がある。第三に，やや遅れて，第五共和制下においてレジオン（州）制が敷かれ，それぞれのレジオンは4～5県程度の複数の県を束ねたものである。全土で 26，そのうち，本土は 21 である（ひとつがコルシカ領土圏，DOMR は4）[1]。

　ジャコバン的な改革は，共和国政府の下に県＝コミューンという地方行政組織を作り上げ中央の威令が速やかに地方に伝わるシステムを作り上げた。内務省（後にナポレオンにより官選知事制が設置され，中央政府の鉄の意思が全土に貫徹される）に直結した権力的なコミュニケーション・訓令実施機構は政治危機の中で強化され，革命の危機を救うと共に，ナショナリズムの外征への側面を突出させる。いずれにあっても，地方行政機構こそは，フランスを近代国家となし，治安・徴税・徴兵の近代的な行政メカニズムは，フランスを大陸の覇者にまで

---

[1]　この場合，グァドループ，マルチニック，ギィヤンヌ，レユニオンの四領域は「海外県＝レジオン」の憲法上の地位を有しており，内務省統計書などでも県とレジオンのダブル・カウントが行われている（2009 年現在）。

した秘密の一端をなしている。第三共和制下の 1884 年 4 月 5 日法は市町村制度の基本法であり，ミッテラン改革に至るまで，基本的にそのままの制度が維持された。直接普通選挙による市町村会と市町村会の選挙による市町村執行部の選出が制度的に確立されたのである。1981 年にミッテラン氏が大統領に就任して以来，大胆な地方分権化改革が実施されてきた。

こうした分権化の進捗に伴う，地方政治の現勢の一端を手元にある最近の統計類や研究文献から垣間見ておこう。

2009 年初頭において欧州連合主要国を比較する数表がフランス内務省／DGCL による *Collectivités locales en chiffres 2009* にあるので挙げておく。

第一に西欧中央部を構成する主要国家の人口規模と市町村数とは著しく対照的である。たとえば，ドイツが人口 8200 万であり，16 のラントを擁し，レジオン相当の組織が 39，県相当の組織が 429，市町村数は 12,379 である。イタリアが人口 6000 万であり，21 のレジオン，107 の県 (province) そして，8,111 のコミューンを擁している。スペインは人口 4580 万であり，19 の自治州を擁し，59 の県，8,108 のコミューンを擁している。

これに比べて，フランスの場合は，6400 万の人口に対して，26 のレジオン（本土は 21），100 の県（本土は 96），36,683 のコミューンに区画されている。コミューンの数が膨大であることにとりわけ注目しておきたい。

欧州連合全体での市町村平均人口が 5,130 人なのに比して，フランスでは，1,750 人にすぎない。欧州連合の中での人口比率が 12.8％ であるフランスが，市町村レベルの地域行政機関の 30％ を占めている[2]。

第二に，議員数についていえば，レジオン議会では，議員総数 1,880 名であり，県議会議員総数は，4,037 名，市町村長（2008 年改選）は 36,721 名である（表 4-1 参照）[3]。

第三に，コミューン（市町村）の零細性に注目すれば以下の如くである。2001

---

2) DGCL, *Les Collectivités locales en chiffres 2009*, pp. 118-119（引用は電子版による）．
3) *Ibid.*, p. 97

第4章 地方政治エリートによる支配構造関係の諸断面

表4-1 地方政治代表数（本土および海外県）

(2009年1月31日現在の委任職責数)

委任職責	人　数	女性議員割合	年齢階層分布（%）		
			40歳未満	40から59歳	60歳以上
レジオン議会議員	1,880	48.6%	7.9%	58.2%	33.9%
県議会議員	4,037	12.4	4.2	50.8	45.0
市町村首長	36,721	13.9	3.8	54.0	42.2

出典：内務省，選挙・政治研究事務局 (ministère de l'intérieur, bureau des élections et des études politiques), DGCL, *Les Collectivités locales en chiffres 2009*, p. 97 より。

　年の市町村選挙では，514,519名の市町村議会議員が選出され，うち，3,500人未満の市町村に属するのは約43万である。この数字からもいかに小コミューンの議員が多数を占めるか分かる。残り，8万名余りが3,500名を超えるコミューンの議員職に就いた（パリ，リオン，マルセイユの区会議員等はその内，704名）。

　なお，小コミューンが圧倒的であることは次の数値からもうかがえる。人口1,000人以上のコミューンは8,771あるが，この自治体数にして2割そこそこが，人口にして5055万人を包括している。別の指標をとれば，10,000人未満のコミューンが実に35,691を数え，3000万の人口を擁している。大体，四つに一つのコミューンが200人未満の人口であり，二つに一つの割合で，400名未満である[4]。コミューンは連合して種々の組織を作って市町村事務の充実をはかっているが，これらの連合組織の執行部が選挙の洗礼を受けることはなく，地域民主主義にかかわるいま一つの論点となっている。この側面における地域の民主主義の問題は，市町村間共同組織の展開に関する第7章で検討する。

　地方議員を総計すると，大略フランス人の100人に1人が議員ということになる。だが，これは数字のマジックである。ほとんどの市町村地方自治体が極めて小規模であり，市町村長の職業化といってもその割合は知れている。また，大規模都市や中央の役職を兼ねる兼職者と，ミニサイズの市町村長との力の格差は歴然としている。職業的な過剰代表の問題が数値的には出てくるが，小コ

---

4)　数値は同シリーズ2008年版，p. 14。

第Ⅱ部　エリート支配と地域

表4-2　地方政治代表者の社会職業的カテゴリー

社会職業的カテゴリー	市町村議会議員	市町村首長	県議会議員	レジオン議会議員	15歳以上の人口内比率
農業耕作者	11.1%	15.6	5.3	2.6	1.1
職人，商店主，企業主	8.8	8.0	8.3	6.1	3.3
上級の幹部知的職業従事者	11.9	15.0	31.4	35.6	8.4
中間的職能者	11.5	11.0	14.8	17.5	12.8
被雇用者	20.6	9.2	5.4	10.1	16.8
現業労働者	4.8	2.0	0.7	0.8	13.2
他の職業人	7.7	4.7	4.7	9.8	
定年退職者	19.6	32.4	26.5	10.8	30.4
他の職業的活動なき者	4.0	2.0	2.8	6.5	14.0
総　計	100.0	100.0	100.0	100.0	100.0

出典：表4-1に同じ。

　ミューンが数的に優勢となれば，農民の過剰代表も割り引いて考えるべきだろう。社会階層については差し当たり最新のデータを挙げておこう（表4-2参照）。

　次に，女性の政治的進出であるが，1999年の憲法改正によってパリテ規定が付加され，2000年6月6日法は，男女平等政治参画を規定して，一定の比例代表制選挙に男女の比率を平準化する措置が盛り込まれた。元老院議員選挙，欧州議会議員選挙，人口3,500人を超えるコミューン議会議員選挙，レジオン議会議員選挙などが該当する。2008年地方選以前に3,500人を超えるコミューンにおける女性議員比率はパリテの措置によって47.5％に飛躍し，その効果が確認されていた。しかしながら，市町村長職務に就いた女性は，全体のうちわずかに一割強にすぎないのであり，今後に課題を残していた[5]（表4-3）。

　1992年のいわゆる共和国地域行政基本法 loi du 6 février 以来，95年2月4日の地域開発行政基本法など，地域住民の参加型意見聴取のシステムが実施さ

第4章　地方政治エリートによる支配構造関係の諸断面

表4-3　地方自治体選出者の総数

	組織数	首長数	議員数
レジオン	26(21)		1,880(10.5％)
県	100(96，DOMは4)		4,037(10.5％)
コミューン(市町村)	36,783(36,569)	36,674(10.9％)	514,519(35.0％)

注：組織数の（　）内は本土での数，議員数の（　）内の％は女性の割合を表す。数字は2008年一斉地方選挙直前のものであるが，最新の状況と基本的に変わりがない。
出典：DGCL, *Collectivités locales en chiffres 2008* による。

　れつつある。地方の行政対象としてのみ矮小化される傾向があった市民自身の発言の機会とチャンネルが公的に保証され始めた意義は，小さくない。官僚化する傾向がただでさえ顕著である議会＝地方行政当局と市民との間をつなぐ経路が，アソシアシオンやオンブズマン的な活動によって，世論の公的な政策形成過程への組み込みという流れをつくりあげつつあるのであり，今後の成り行きには目が離せないものがある。しかし，その運用の法規則による制約は大きく，民意を機動的に反映する動きは未だに制限的であり，92年から97年の間に，36,000の市町村を背景にもちながら，わずか129の聴聞会が開かれたにすぎないことは注意しておかなければならないであろう[6]。

　次に，*Collectivités locales en chiffres 2009* は，2008年の一斉地方選挙の結果をふまえて最近の変化について指摘している。

---

5) *Les collectivités locales en chiffres 2008*. 政治職務への男女共同参画の法制化については，以下を参照。糠塚康江「政治参画とジェンダーフランスのパリテ法を中心に」『ジュリスト』特集・ジェンダーと法，no. 1237, 2003. 1. 1-15頁。

6) Nonna Mayer, "Le sondage délibératif au secours de la démocratie", Le Débat, n° 96, 1997, pp. 67-72; Pierre Sadran, "Décentralisation, État et territoires", *Cahiers français*, n° 318, janvier-février 2004, p. 75.
　　フランスにおける地域民主主義などに関して，更に以下を参照。中田晋自「フランス地方政治研究の動向：地域システム理論の発展と新しい地方名望家像」『立命館法学』第262号，1998年，250-286頁。同「ミッテラン政権下における「地域民主主義」の形成」，同上誌，第251号，1997年，157-208頁。同じく，「フランス地方分権化の政治学：A. マビローの『フランス地域システム』論を中心として」『経済科学通信』no. 87, 1998年，62-68頁。

表4-4 市町村首長の性別（市町村規模別）

(2008年一斉地方選挙による)

市町村規模	男性	女性	全体	女性比率
3,500人未満	29,058	4,829	33,887	14.3%
3,500-9,000未満	1,610	182	1,792	10.2
9,000-30,000未満	725	64	789	8.1
30,000-100,000未満	189	24	213	11.3
100,000以上	32	5	37	13.5
総計	31,614	5,104	36,718	13.9

出典：表4-1に同じ。

第一は，地方政治レベルにおいても，男女共同参画の動きが加速されていることである。

「2008年3月の市町村一斉選挙は，首長の40.3％を入れ替えることになった。この割合は，2001年の際の43.3％にはやや劣る。／女性は，市町村議会議員181,608議席を獲得し，2008年3月9日と16日にかけて選出された519,417の市町村会議員の35％を占める。／最近の選挙で選ばれた市町村長の中で女性比率は前進した。この比率は13.9％にのぼり，被選出市町村長の5,104名を占める。2001年の選挙では，10.9％にすぎなかったが，2001年から2008年にかけての中間選挙で漸次増加し，11.9％に上昇していた。女性議員進出の割合 le taux de féminisation は住民3,500未満の市町村でもっとも著しく，3万未満の市町村では低下の傾向を見せるが，それ以上の規模の市町村では上昇の傾向がある。」[7]（**表4-3および4-4を参照**）

しかし，もちろんこの評価は自画自賛の傾向があるのであって，レジオン議会議員のうちの女性議員比率は，48.6％と良好であるが，県議会議員では12.4％にすぎないし，市町村長のうち13.9％が女性の首長だといっても，比率的には未だ低いのではないか。県議会議員（カントンごとに1議席を選出）も，市町村首長（市町村議会で選出）も共に直接・間接選挙の差はあるものの，所定の選挙基盤からただ1人を選ぶという点では，パリテの措置による名簿比例代表制（選挙区は県別）というレジオン議会との差が反映したものと考えられる。

---

7) DGCL (2009), *op.cit.*, p.96.

第二に目を引くのは，地方政治アクターの高年齢化が静かに進行しているという指摘である。

「選挙の直後の結果によれば，首長の平均年齢は56歳10ヵ月であり，60歳以上の比率は28.5％［2001年］にすぎなかったものから，42％に上昇をみた。」(**表4-1参照**)

地方政治の底辺部分での幹部の不足については，後に検討するル・モンド紙のルポルタージュにも表れている（第7章参照）。

第三に，社会階層の地方政治代表編成への反映の問題である。

「……首長のなかでもっとも重要なカテゴリー［社会職業分類］は，退職者である（32.4％）。農業者は，農村部の小コミューン数において優勢である。県議会議員やレジオン議会議員の多数は，上級の幹部・知的職業従事者 les cadres et professions intellectuelles supérieures に主要な基盤を置き，反対に，現業労働者と給与生活者 ouvriers et employés は，人口中に占める割合を［これらの政治代表のなかでは］占めていない。」[8]（**表4-2を参照**）

地方政治の大きなうねりを感じさせる簡潔な要約であろう。しかし，地方政治のアクターを特徴づけるより重要な問題点は，公選職責の多重的な兼任である。

2　公選委任職責兼任の量的な把握

上述のとおりフランスの行政のヒエラルキー［階梯］は，EU―共和国―レジオン―県―市町村（コミューン）という多段階構造になっている（図P-1参照）。大統領（5年任期／公選）と並んで，国民議会（下院）と元老院（上院）が直接／間接選挙により公選されている。上下両院の国会議員は地方自治機関の公選職との兼任を多く行っている。この点については，フランスの地方政治システムの特徴や位置取りを理解する上からも重要であり，後において一定の理論的検

---

8)　*Ibid.*, p. 96.

表4-5　国民議会議員職と市町村議会議員・首長との兼任

	国民議会議員 - 市町村議員	国民議会議員 - 市町村首長
国民議会議員定員	577［現議席 576(106)］	
非兼職議員総数	73(16)［13％］	
兼職議員総数	503(90)［87％］	
全市町村（パリ・リオン・マルセイユを除く）	356(54)	258(24)
住民 3,500 未満	66(10)	48(5)
3,500～100,000 未満	255(29)	200(17)
100,000 以上	35(15)	10(2)
パリ・リオン・マルセイユ市議会	11(1)	0
パリ・リオン・マルセイユ特別区	12(4)	7(0)

注：（　）内の数字は女性を表す。
出典：http://www.assemblee-nationale.fr/ より（調査時点は 2008 年 8 月 10 日）。ただし現在は市町村規模別のデータは表示されていない。

討を加える。

とりあえず数的な現状を俯瞰するために以下にデータを示す。

1　国会議員と地方公選職との兼任

国民議会（下院）議員の市町村議会議員・首長との兼任状況を，市町村規模別に見たとき，興味深い現象が検出できる。全議席が577であるから，これによって除してみると，44.2％の下院議員が，3,500から10万未満の中規模の市町村議会のメンバーを兼ねており，34.7％の下院議員が同規模の市町村長を兼ねている。この数値に，住民数3,500名未満という最も小さな人口区分段階の市町村での兼任数値を加えると，321名の市町村議会議員兼任，248名の市町村長兼任者となり，国民議会議員定員のそれぞれ55.6％，44.5％の比率となる。

地方議員を主体とする代議員により選任されるという制度に規定されて上院が小規模市町村の代理者であるという評言は有名だが，下院たる国民議会そのものも，10万未満の中小コミューンを足場にした地方名望家の集団であることが大まかにつかみとれる。Webで見る限り上院事務局は市町村規模別の統計

第4章　地方政治エリートによる支配構造関係の諸断面

を公にしていない。残念ながら今次の調査では詳しい数値を算出できなかったが，上院議員であり，市町村議会議員（首長を含む）であるという兼任状況にあるケースが 158（女性議員 24 名）にのぼる（首長兼任は 91 名，うち女性議員 14 名）。

　パリ，リオン，マルセイユの三大都市にかかわる下院議員の兼任職責は，**表 4-5** において，下二欄に別記した。同じ件につき，上院の調査を行ってみたが，上院事務局の職責表に従えば，パリ市議会議員 conseiller de Paris　2(1)，マルセイユ第 2 セクター議員 = 県議会議長　1 (0)　(président du conseil général, Marseille Les Grands Carmes (Bouches-du-Rhône))，パリ 19 区長 = パリ市議会議員 1(0) とカウントされる。

　因みに，これら三都市は，1982 年のいわゆる PLM 法（La loi n° 82-1169 du 31 décembre 1982 relative à l'organisation administrative de Pari, Lyon, Marseille et des établissements publics de coopération intercommunale）によって，特別区を備えた「政令都市」の扱いを受ける。また，マルセイユのみ，1987 年以降は，二つの区がひとつのセクター secteur にまとめられ，現在八つのセクターがパリ・リヨンの特別区に相当する機能を果たしている。

　各都市は特別区 arrondissement を備え，パリは 20 区，リオンは 9 区，マルセイユは 8 セクター（PLM 法によれば 16 区であるが，現在のセクターは原則としてパリ，リオンと同じ区と称する）に及ぶ。各区は，区議会および区議会議員の互選による首長（執行議長）を備え，各都市の議会は執行部としての市長を選任する。各区（セクター）の区議会議員の 3 分の 1 は当該の区において選挙された市議会議員が占め，残りの 3 分の 2 は選挙された区会議員が占める。したがって，区議会は混成議員の議会である。区議会・区長は市議会・市長と緊密に連携するとされている（なおこれは数値集計上の問題だったが，議会統計では，特別区は commune 扱いであり，市議会の議員職，市長職は，県議・県議会議長扱いとされることが多いとはいえ，上下両院の統計表でも扱いにやや乱れがある。採録に当たってはなるべく一貫するよう努めたが集計の精密さの点では課題が残る）。

　この場合，特別区の人口でさえフランスのコミューン構造の中では突出して大きいことに注目しておきたい。大都市部への人口集中が，群小のコミューン

第Ⅱ部　エリート支配と地域

の存在とのコントラストをはっきりと表しており，これら大都市地域の相対的な影響力は小さくないと言えよう[9]。もちろん，都市住民の政治的意向が十分に地域政治や中央の議会に反映しているかどうかは別であるが…。

2　県とレジオンから見た政治的アクター：ブルゴーニュ・レジオンを中心に

　パリ・リオン駅から東南東に向かってフランスの新幹線 TGV に乗れば，1時間 40 分ほどでブルゴーニュ・レジオンの古都ディジョンに着く。かつてこの地はブルゴーニュ侯国の首都であり，かつまた司教座が置かれていた。ディジョンの役割は現代でも多重的である。まず，レジオンの州都であり，また，コート＝ドール県の県都であり，かつまた，コミューンとしてのディジョン市そのものでもある。このディジョン市は市町村間共同組織たるディジョン人口密集地域共同体 COMADI［「コマディ」と略称する］を組織しているが，この点については市町村間共同組織についての章で述べる（第 7 章）。

　ブルゴーニュ・レジオンは，4 つの県を束ねているが，まず同一の県の地盤において両者を比較するためコート＝ドール県および同県を選出基盤としているレジオン議会議員の基礎数字を検討してみよう（表 4-6）。

　これらの簡単な比較だけから全国的な傾向を占うのはやや無謀かもしれないが，少なくとも古都ディジョンを擁するブルゴーニュ・レジオンの中心であるコート＝ドール県 La Côte d'Or を基盤に見たとき，同県の 43 議席の県議会議員と同県を基盤にしている 18 議席のブルゴーニュ・レジオン議会議員との明

---

[9] たとえば，国民議会議員であるパトリック・ボルシュ Patrick Bolche 氏（PS 系会派に所属）は，パリ 11 区の区長を兼ねているが，この区の人口は，149,074 を数えており，ブルゴーニュ・レジオンならびにコート＝ドール県の中心に位置するディジョン規模の中核都市に匹敵する。同じような兼任事例として，2 人の下院議員がパリ 15 区，16 区で区長を兼ねており，それぞれ，22 万 5000，16 万の人口を擁している。マルセイユの第 4，第 5 セクターでは，いずれも UMP の議員が区長を兼ねている。マルセイユは全体として 80 万の人口が 8 つのセクターに分割されているので，平均的に見ても各セクターの規模は 10 万人相当のものであることが伺われる（現在のところ，マルセイユの各セクターの人口統計が見つかっていないので，概数から推している）。

第4章　地方政治エリートによる支配構造関係の諸断面

表4-6　コート゠ドール県を基盤に比較した県議会議員とレジオン議会議員の兼任状況

(2008年8月14日現在)

	コート゠ドール県議会議員 (総議席数43)		同県のレジオン議会議員 (議席数18(9))	
	該当議員数	全議員比率(%)	該当議員数	全議員比率(%)
非兼任	5	11.6	7(3)注1	38.9
兼任議員	38	88.4	11(6)	61.1
市町村長	26	60.5		
副市町村長	3(すべてディジョン市)	7.0	5(2)うち3名はディジョン市	27.8
市町村議会議員	0	0	4(3)	22.2
EPCI理事長	12	27.9		
市町村組合理事長	9	20.9		
市町村長=市町村組織理事長兼任	15	34.9		
副市町村長=理事長兼任	1	2.3		
元老院(上院)議員	1	2.3		
国民議会(下院)議員	1	2.3		
州議会議員	2(1)注2	4.6		
うち州議会議長	1注2	2.3		
県議会議員			2(1)注2	11.1

注1：レジオンの（　）内は女性議員数。県議は男女別のカウントをしていない。
　2：同一の議員を指している。

らかな棲み分けが観察される。県議の側は圧倒的に市町村長であるか市町村共同組織の理事長である。また，両者を兼ねる者も多い（15名）。それに反して，レジオン議会の議員は，一般に副市長であったり，コミューンの議員ではあっても，コミューンの首長は加わっていない。ディジョン市長も副市長を引き連れて県議の席を占めている。

　国会議員レベルでも両者は歴然とした差を見せる。つまり，県の方が政治的に枢要であり，優位な立場にいるであろうことが見て取れるのである。

　次に，ブルゴーニュ・レジオン議会議員の集計結果を表4-7により概観して

表 4-7　ブルゴーニュ・レジオン議会議員の職責兼任

	コート゠ドール県	ニエーヴル県	ソーヌ゠エ゠ロワール県	イヨンヌ県	レジオン構成4県全体	全議席数に対する比率
県別議席数（うち女性議員）	18(9)	9(4)	20(9)	10(3)	57(25)	
非兼任	7(3)	3(0)	7(3)	2(1)	19(7)	33.3％
兼任議員	11(6)	6(4)	13(6)	8(2)	38(18)	66.7
市町村長	0(0)	4(3)	5(2)	3(0)	12(5)	21.1
副市町村長	5(2)注1	1(1)	3(2)	1(0)	10(5)	17.5
市町村議会議員（首長，副首長除く）	4(3)	0(0)	3(2)	3(2)	10(7)	17.5
県会議員	2(1)注2	0(0)	1(0)注3	0(0)	3(1)	5.3
国民議会議員注4	0(0)	1(0)	1(0)	1(0)	3(0)	5.3
市町村間共同組織役員	1(0)	3(2)	3(0)	3(0)	10(0)	17.5

注1：うち3名はディジョン副市長。
　2：現在のFrançois Patriat 州議会議長は県議会議員でもある。元大臣，2000年まで下院議員を歴任。
　3：県議会副議長。
　4：元老院（上院）議員が当該レジオン職を兼任しているケースは調査時ではゼロ。
出典：http://www.cr-bourgogne.fr/におけるレジオン議会議員名鑑から作成。2008/08/15調査時点現在。

おこう。レジオン議会議員総数は57名，議長（執行職・PS）を除く会派構成は，コミュニスト＝6，FN＝6，Verts＝6，UMP＝14，PS・急進社会運動左派＝24となっている。今回の小調査では兼任に関する党派別のクロス集計は実施しなかった。全体として，市町村の被選出者であり，市町村間共同組織の役員をしているレジオン議員の比率の高さに注目しておきたい。

　やや大ざっぱではあったが，以上が，フランスの地方政治アクターの数量的な見取り図をブルゴーニュ・レジオンに関心をもちつつ描いてみたものである。国会議員の全体的な兼職状況は表4-8にとりまとめておく。

第4章 地方政治エリートによる支配構造関係の諸断面

表4-8 フランス国民議会・元老院議員による公選職責兼任の状況

(2008.8.10現在)

	国民議会（下院）議員		元老院（上院）議員	
総議員定員	577	100% (注1)	331	100% (注1)
現議席数（女性）	576(106)		330(60)	
兼職国会議員数	503(90)	87.2	208(40)	62.8
非兼職国会議員	73(16)	12.7	122(20)	36.9
市町村議会議員を兼任（註）	356(54)	61.7	158(24)	47.7
市町村長職を兼任（パリなど特別区首長を含む）	258(24)	44.7	91(14)	27.5
県議会議員を兼任	126(22)	21.8	92(7)	27.8
うち県議会議長	*21(1)*	*3.6*	*24(1)*	*7.3*
うち県議会副議長	*25(5)*	*4.3*	*17(0)*	*5.1*
州議会議員を兼任	60(17)	10.4	21(3)	6.3
うち州議会議長	*6(0)*	*1.0*	*3(0)*	*0.9*
うち州議会副議長	*15(5)*	*2.6*	*4(0)*	*1.2*
市町村議会議員(注2)—県議会議員	22(6)	3.8	40(1)	12.1
うち県議会議長	*0*	*0*	*7(0)*	*2.1*
うち県議会副議長	*0*	*0*	*7(0)*	*2.1*
市町村議会議員(注2)—州議会議員	10(1)	1.7	1(0)	0.3
うち州議会議長	*0*	*0*	*0*	*0*
うち州議会副議長	*1(0)*	*0.2*	*0*	*0*
市町村長—県会議員	33(2)	5.7	18(1)	5.4
うち県議会議長	*1(0)*	*0.2*	*0(0)*	*0*
うち県議会副議長	*2(0)*	*0.2*	*4(0)*	*1.2*
市町村長—州議会議員	7(0)	1.2	4(1)	1.2
うち州議会副議長	*1(0)*	*0.2*	*0(0)*	*0*
市町村間共同組織役員	データなし	—	90(12)	27.2

注1：%表示は上下両院の定員をそれぞれ100とした。
　2：市町村議会議員兼任総数は、市町村の首長［市町村長］を含めてカウントしている。国会議員および市町村議会議員と他の地方議会議員等との多重兼職のカウントには当該コミューンの首長を含めない数となっている。
出典：Assemblée nationale および Sénat 公式サイトに掲載された議員データより作成。

第Ⅱ部　エリート支配と地域

3　エリート達の猟官システム ── パントゥフラージュと兼任制

　1980年代の特に半ばから，主として地方政治（官職兼任によって実際は中央政界に容易に連動した）の場から腐敗事件が続出した。ミッテランの分権化が腐敗の温床をつくりだしたという論評はないではないが，集権制ならば腐敗が防止しえたとは考えにくい。メニイはその論考の中で指摘している。

> 「間違ってはいけないこと：地方的利害は自らの正統性を有しており，それを表明することを可能にする分権化改革は，改善され，深められ，発展されなければならない。これらの利害が国家の中心的な装置の内部において政治的に代表され，擁護されるということが，同様に不可欠である。これこそ，フランスにおいて元老院が応えるべき任務である。だが，同様に国民の利害に責を負う国民代表が存在しなければならない。この役割はフランスでは，執行権力［大統領］と国民議会に帰着するほかはない。」[10]

　問題は天下りとか天上りの結果としての公選職責の兼任の問題を放置したまま，行政制度の手直しをした場合には，それは容易に縁故主義とか現場交渉主義とか同一の人物の兼任による部門の錯綜など，問題を複雑化させ，好ましくない状況を生むことは明らかだろう。もちろん多くの廉直な政治家や官僚が存在することは否定できない。第五共和制下のフランスの国際的・国家的威信はこうしたきまじめさによって支えられてきたのであろう。しかし，特に公選官職兼任に本格的に手を付けずに行われた地方行政改革の在り方が腐敗に好適な温床を提供したという指摘はやはり説得力があるものである。[11]

　問題は不透明であり望ましくない権力濫用の客観的与件を形成するファクターを明瞭化・可視化し，したがって是正する必要があるということである。も

---

10)　Yves Mény, "Le cumul républicain: la démocratie réduite aux acquêts?" in *Revue politique et parlementaire*（*RPP*），n° 991, nov./déc. 1997, p. 8.

11)　この点に関して，以下の興味深い討論を参照。Catherine Grémion et Jean-Pierre Worms, "Débat. La corruption: bon et mauvais procès fait à la décentralisation ?", in *French Politics & Society*, vol. 11, n° 4 (Fall 1993), pp. 47-64.

第4章　地方政治エリートによる支配構造関係の諸断面

ちろん，この国は一般の想像を超えた官僚天国である。ご多分に漏れず，天下りの面においてもフランスは多くの特色をもった国だといえよう。第五共和制の混迷は，官僚制の行き詰まりともとれるだろう。

　日本語の場合には単に「天下り」とは，一般に官僚による外郭団体や民間企業への有利な条件による転職を意味するが，「天下り候補」として，中央権力や有力保守政党が特定人物を選挙区に推薦し（場合によっては押し付け），議員や首長に仕立て上げることも日常眼にすることである。

　フランスではこの概念はパントゥフラージュ（パントゥフル pantoufle とはスリッパの意，部屋履きスリッパの姿で気楽に定年後の仕事をこなすという語義）として認識されている。また，中央部で有利な地位を占めた者がにわかに地方の公選職をあさることをいう例もある。パラシュート降下 parachutage ともいう。したがって，天下り候補は「パラシュート降下した候補者」candidats parachutés とも言われる。だが，パントゥフラージュとして官僚が政治的な官職の獲得に乗り出すことも無いわけではない。要するに，官僚が自らの役所から市民社会の経済的現場や政治的な役職の場に自由に出入りできるのがフランス的な特色とも言えよう。官僚的な規制やそれとも密接に絡んだ問題として，中央の大政党の統制から地方自治体がどれほど自由になれるかは，今後の重要な論点であり続ける。もちろん，伝統的にフランスの政党が，外見的な権威的な相貌にもかかわらず，PCF を唯一の例外として，地方組織基盤において弱体である点は，本論における論点の背景にあることも指摘しておきたい[12]。

　モーリス・デュヴェルジェはその著『フランス政治システム』の中で，国会議員（国民議会・元老院両院議員）が大臣職を兼務することが，第五共和制下において禁止されたことに関連して，次のように述べている。

「大臣＝議員の兼職禁止は，伝統的な《公職序列制》を逆転させることになった。かつてはまずもって市町村長 maire や県会議員 conseiller général となり，ついで国民議会・上院の議員に就任し，更にまた大臣となったものである。第五共和制下では，まずもって大臣となり，ついで国民議会議員，そうして更に市町村長又は県会議員となってゆくのである。……[13]」

第Ⅱ部　エリート支配と地域

　デュヴェルジェの言葉は，地方的職務と国政上の職務とが兼任され加重されていくことを「フランス的常識」として前提している。デュヴェルジェの論述において威信あるヒエラルキー上昇や下降現象のプロセスが単純化され一般化されていることは一見して分かるが，それ以上に，無意識の前提として兼任現象が語られ認識されていることの方が本書の問題関心からして重要であろう。

　既に本章の冒頭に数字を示したように，この国では政治的キャリアの蓄積にあたり，兼職が広く行われている。公選諸機関はそのため互いに重複しあい，セグメント化せず，「連続した諸段階」の形態をとる。基底には市町村の議員およびその首長たち，さらに県会・州会から国政レベルの上下両院議会，EU議会へと，加重されたピラミッド形をなす公選官職の権限の階梯が形成されている。「上位の段階に到達した者は，より低い段階［のポスト］を手放さない。地方的基盤はより上位のポストと兼務される」[14]（表4-9も参照）。

　地方議員からキャリアーを積み重ねた名望家はこうして中央段階の役職（特に大臣職）を究極の目標とし，ある者はついにそれを手にするのである。これがフランス風の「天上り」である。

---

12)　Yves Mény "La faiblesse des partis politiques français: une persistante exceptionnaliste" in F. d'Arcy et L. Rouban (dir.), *De la Ve République à l'Europe: Hommage à Jean-Louis Quermonne*, Presses de sciences po, 1996, pp. 77-94. なお，地方の自治，ないしは自由が強調されながら，国家の外局がほとんどの地方公共サービスを担ってきたが，そのことが，300万の国家公務員の数に反映しており（イギリスは50万人にすぎない），また，ド・ゴールの返り咲きによる第五共和制は，そのまま，テクノクラートによる各分野の覇権獲得につながったとメニイは指摘している。政党もその埒外には無かった。その点に関して併せて同じ著者による以下を参照。"Formation et transformation des «policy communities»: L'exemple français", *Idéologies, Partis politiques et groupes sociaux*, Etudes réunies par Yves Mény pour Georges Lavau, Presses de la fondation nationale des sciences politiques, 1991, p. 391. 本書はジョルジュ・ラヴォーを追悼するために編まれた論文集である。

13)　Maurice Duverger, *Le Système politique français*, 19e édition, PUF, 1986, p. 307.

14)　Jeanne Becquart-Leclercq, "Cumul des mandats et culture politique," in Albert Mabileau (dir.), *Les, pouvoirs locaux à l'épreuve de la décentralisation* (CERVL, série *Vie locale* n° 9), Pedone, 1983, p. 210.

第4章　地方政治エリートによる支配構造関係の諸断面

表4-9　国民議会および元老院議員による兼任の概況

	国民議会　定数577	元老院　定数331
現議席数	576(106)	330(60)
非兼職議員	55(15)	208(4)
兼職議員	503(90)	122(20)

注：表中の（　）内は女性の人数を表す。より詳しくは，表4-8を参照。

　それと共に「下降的兼職」cumul descendant，すなわち「天下り」といったやり方も少なからず見られる。デュヴェルジェがやや誇張して述べたことがこれに当たる。特に第五共和制下では，高級官僚・政党幹部（そのほとんどが理工科大学校や土木学校，鉱山学校などの理系の大学校，文系としては，高等師範，政治学院，さらには高級幹部公務員養成校たる国立行政学院 ENA など，いわゆるグラン・ゼコール出身者である）は，まずもってその政治的官僚的キャリアーをパリで開始し，そののち「地方的地盤において選挙の洗礼を受けたという正統性の獲得」を狙うのである。

　政党の側からすればこうした知名人の出馬によって手堅く1議席を確保しうる可能性が大であるだけに，選挙時にはこのような「天下り」が奨励される。「天上り」と「天下り」はかくして公選職兼任を媒介項として，全体としてフランス政界に固有の質を備えたクライエンティリズム［恩顧主義］の風土を形成してゆくのである。[15]

---

15) *Ibid.*，なお政治・行政エリート分析に当って重要な文献として次のものを，前掲のものに加えてあげておく。Pierre Birnbaum et al., *La Classe dirigeante française: dissociation, interpénétration, intégration*, PUF, 1978; Ezra N. Suleimann, *Les Élites en France: Grands corps et grandes écoles*, Seuil, 1978.（元本は英文。本論では仏訳版を参照した。）

　社会党指導部・政府関係者のエリート構造分析には以下を参照。Hugues Portelli, *Parti Socialiste tel qu'il est*, PUF; 1980; Pierre Birnbaum (dir.), *Les Élites socialistes au pouvoir: 1981-1985*, PUF, 1985; Monique Dagnand, Dominique Mehl, *L'Élite rose: Sociologie du pouvior socialiste 1981-1986*, nouvelle edition augmentée, Ramsay, 1988; Gérard Streiff, *La Rosenclature: L'État P. S.*, Messidor /éd. Sociales, 1990.

しかし，選挙結果や政界での羽振りの良さなどというものはしょせん水物である。このことは日本でもフランスでも変わりない。「天下り」は当然ながら，危険を伴う。パリで権力の一端にとり着いた者も，硬い地盤をただちに地方で築けるという保障はない。実際，1988年下院選挙の際には「天下り組」の敗北例が多数報告されていた。[16]

4 ミッテラン期分権化改革への批判
——既得権益擁護の背景としての公選職責兼任

実際ミッテラン政権の下で分権化プランは我々の予想を越えたスピードで実施に移された。本格的な地方分権化を目指す改革は，ゴーリストによってもジスカール派によっても，1981年までの22年間に及ぶ第五共和制下においてなしえなかったことである。

大規模な改革が進展しえた主な理由は，第一に，この時期，ミッテラン氏の大統領選勝利と共に，社会党を中心とする左翼勢力が国民議会をはじめ，県や人口3万人以上の都市などの各級議会において圧倒的な力量を備えるに至ったこと，第二に，社会党はこれまでになく多数の公職兼任者を国民議会に擁し，かれらは特に地方政治の改革，わけても知事の監督・規制の撤廃＝地方政治の「解放」を，すなわち地方自治の確立と規制緩和を強く求めていたこと，第三に，新たに内務相に任命されたガストン・ドゥフェール氏が，保守会派が大統領選・下院選での敗北の痛手から十分にたち直る暇を与えず，迅速に基本法を審議し，可決するという巧みな戦術をとったことなどであろう。[17]

だが，メニイをはじめとするフランス政治学研究者らによるミッテラン＝ドゥフェール「分権化改革」への評価は厳しいものであった。概括的に見ても，

---

16) Criqui, *op. cit.*, p. 46.
17) Mény, *op. cit.*, pp. 315-316; Cathrine Grémion, "La decentralisation dans une perspective historique", in *Expérience Mitterrand*, p. 307.

膨大な量の法令は，改革の内実を「法律革命」に終わらせる危険性を強くはらんでいた。

①地方分権化は見かけ上の画一的措置（レジオン・県・コミューンといった各レベルの自治体が相互に従来のコミューンにならった形態上の数似性を備えると共に，地方ごとの特殊性が画一的措置の下で捨象されている）にもかかわらず，その実，地方的格差の拡大を助長している。

②県知事は既に地方パトロンたる大都市市長の合意の下に任命され，知事は一般にコミューンとの深い「共犯関係」の中にからめとられていたのであり，県知事廃止など今回の措置は，「それまでの状況の維持」*status quo ante*，言い換えるならば「それまでの諸政府の経験」を追認しているのにすぎないのではないか。
¹⁸⁾

③しかも分権化改革は，事実上「左翼と右翼との最小限共同綱領」programme commun minimum de la gauche et de la droite ともいうべき深刻な共通認識の上に立脚している。左右両翼の強力なコンセンサスは，法規則全体を通して「自主管理」的な実質をも備えておらず，地方税制などについても大胆な改革意欲が欠如しており，3万数千といわれる膨大な小コミューンの維持への

---

18) 表面的な法制的対立状況の裏にある知事と地元名望家との深い共犯関係を指摘した半ば古典的な労作として，Jean-Pierre Worms, "Le préfet et ses notables", in *Sociologie du travail*, n° 3, juillet-septembre 1966.
　ただし知事職団のメンバーからはこの「共犯関係」は市町村の体制上の弱さと，旧来のシステムの不備（官選知事 vs 公選県議会の矛盾）からやむをえず生じたものだと弁護的に描かれている（Paul Bernard, *L'État et la decentralisation: Du préfet au commisaire de la République*, in *Notes et études documentaires*（*NED*）, n°s. 4711-4712, 1983, p. 85 以下）.
19) 一般にミッテラン改革の立案・遂行プロセスには勤労階級の"参加"の契機が欠けているのではないか。こうした疑問に答えるものとして以下を参照。Mark Kesselman, 'Socialism without workers: The Case of France', *Kapitalistate*, 10/11, 1983. Mark Kesselmann, 'Lyrical illusion or a Socialism of Governance: Whither French Socialism ?', in *Socialist Register*, 1985/1986, 1986. 大和田敢太「現代フランスの労使関係と法」『労働法律旬報』no. 1223・4, 1989年9月25日号。同「フランスにおける労働組合権の今日的課題」（上・下），同誌, no. 1201, 1988年10月10日号, no. 1202, 1988年10月25日号。

承認、名望家による公選官職兼任についての放置と容認、さらには法案審議過程において政府によりとられた右翼との対決を一貫して回避する政治手法などの中に、具体的にたち現われている[20]、と。

ミッテラン大統領政権下の地方分権化は、あたかも名望家による名望家のための改革の観を呈したものであった[21]。この本質的ともいえる欠陥はその後の諸改革によって是正されたのだろうか。我々の主たる関心が常にその点にあることは否定しえない。

ここではミッテラン期の分権化改革の問題点をさらに検討しておこう。

実際に、1981年に国民議会に新たにか、あるいは再度登場した多数の社会党議員たちは、地方行政機関——レジオン・県・コミューン、特に3万人以上の大都市——における公選官職の保持者たちであった。首相のモロワ氏も、内相のドゥフェール氏も大都市リールやマルセイユの市長を兼ねた。大臣や首相になったとしてもそのまま地方役職を保持し続けた。このことからも事態の深刻さは理解しうる。利益政治のしがらみは容易に解きがたい。こうした「名望家支配」が総体的に見ても、個別の典型においてもフランス政界に深く浸透し、根をはっており、現在も基本的にそうした構図は変わらない。

再び分権化関係者について見れば、分権化担当首相顧問には、リール市庁秘書長ミシェル・ドルバール、同じくナント市のピエール・マルノの両氏が任命されている。国民議会のキイ・パーソンである分権化法案委員会議長にはアラン・リシャール氏（サン・トゥアン・ローモン市長）が就いている。名望家が居並ぶ中で法案起草責任者たるジャン・ピエール・ウォルムス氏のみが社会学者であり、地方行政システム分析のスペシャリストとして目立った存在であった[22]。

---

20) Mény, *op. cit.*, pp. 316-320 によった。
21) 大津浩「フランス地方分権制と単一国主義」、宮島喬・梶田孝道編『現代ヨーロッパの地域と国家』有信堂高文社、1988年。
　　あわせて、以下を参照。Michael Keating, *State and Regional Nationalism: Territorial Politics and the European State*, Harvester Wheatsheaf, 1988; Jacques Rondin, *Le Sacre des notables: La France en décentralisation*, Fayard, 1985.

第4章　地方政治エリートによる支配構造関係の諸断面

　グレミオンは言う。上下両院の一見激しい議論にもかかわらず，真の争点は①知事権限の処理——廃棄か存続か，②各地域における産業諸部門への地方行政機関による直接援助の可否をめぐるものに限られていた。妥協的雰囲気は討論の過程で支配的となり，その他の論点——たとえば地方自治体の予算支出に関する法的責任——などについても，地方名望家の利益が損なわれないような方向での処理がなされていった。州議会の権限・兼職問題など，特に地方権力の態様に踏み込まざるをえない性格の「論争のなかには，誰もかかわりたくなかった」のである。ドゥフェール法案が目指していた明確な法概念の集積は，「より政治的な集積——それは〔左右の〕あらゆる国会議員らの協力によって作り上げられた——によって徐々に置き換えられたのである」[23]，と。メニィも同じように述べている。改革はいずれにせよ「最小抵抗路線」と呼ばれる名望家とその代議機関たる元老院（上院）によって拒否されないように「洗練」され，「粗野なところがないもの」に変えられた。市町村長をその行政的決定の個人的な責任者とする措置，レジオン境界の見直しや，地方諸権力の相異なる水準間のヒエラルキーの確定など，係争問題はいずれも手つかずにおかれるか，中途半端に放棄された。「古くからあるレジオンと県との間の論争は解決されず，公選委任職責兼任 le cumul des mandats（フランス政治生活のかの礎石）という問題にたちむかおうとするあらゆる試みは，事実上拒絶されたのだった」。つまるところ「〔分権化〕改革は，名望家にとり改革そのものが達成したことと共に，それが〔完全に〕成功しなかったことによって，まさに一つの勝利を示していた」[24]のであった。

---

22)　Grémion, *op. cit.*, pp. 307-308.
23)　*Ibid.*, p. 311.
24)　Mény, *op. cit.*, p. 320.

5　公選委任職責兼任の類型学と現代的展開

　中央政府が推進する分権化改革とは言葉どおりに，中央権力が着々と地域の住民の手に「権限移譲」され，自動的に地域の自由と民主主義が花咲くというものではあり得ない。分権化改革をそのように捉えていたのだとするならば，あまりにも楽観的であろう。種々の側面から見て，フランスにおける分権化改革は，地域の民主主義に逆行する多くの隘路を残したまま強行されてきたという面がなくはない。こうした主要な問題点の基盤に「公選委任職責兼任」という問題がある。この現象が，分権化への隘路の分析に当たってほとんど常に顔を出すことは特徴的なことである。兼任現象の政治学的な分析と小括を行っておくことは今後の研究の展開にとっても重要であろう。

　兼職現象のより立ち入った政治分析に入る前に，まず，用語の統一と確認をしておこう。一般にフランスでは簡略な表現として，le cumul des mandats が用いられるが，厳密には，le cumul des mandats et des fonctions électifs と解すべきものである。代表公選職責 le mandat électif représentatif と執行公選職責 la fonction élective exéctive との二つの側面を総合的に含むものである。前者は一般に「直接・間接の普通選挙に投票することにより，人民によって議員に付託される」職責である。議員が占める審議議会のレベルは，国政，地方，欧州議会のごとき超国政の各レベルの議会・自治体にまたがる。執行公選職務は，地方議会の議員によって互選される，市町村長，県議会議長，レジオン議会議長，地域公施設の理事長といった，公選公職務である。

　なお，この場合，公選的という形容詞にはやや例外を含む。フランスでは大臣の他の地方職責の兼任も許されており，上記の兼任主体の中に，大臣も含むものとすべきである。首相は大統領が他の副署を要することなく自由に任命する。一般に国民議会多数派の長が任命される。また，閣僚も首相の提案に基づき大統領が任ずる任命職である。したがって，一般に大臣職へは国会議員が任命されるが，兼職禁止の憲法規定があるので，その場合は国会議員職を辞任す

る。また，民間人も登用ができるわけであるが，稀である。したがって,「公選的」という形容は，政治的には圧倒的に妥当するのであるが，例外がないわけではない。[25]そうしたニュアンスを含んだ上でフランス政治学における一般の用語法に従って公選委任職責の兼任問題を論じてゆく。

なお，やや違った定義としてはベッカール＝ルクレールによるものがある。氏は，水平的兼任 cumul horizontal（権力分立原理により抵触する）や時間的経過を追って様々な公選職責の経歴を蓄積してゆくという兼任行為（時間的兼任）accumulation de mandats électif dans le temps（この角度からの状況の把握は，エリートの循環と権力掌握にかかわる問題を解く上で，重要である）と，「地域的な多様な行政議会［審議レベル］における様々な公選委任職責の同時的な行使」という三つの分類を行っている。そして，この最後の垂直的な兼任 cumul vertical こそがフランス政治文化における一つの特殊性を形成しているとしている。[26]同氏の兼任現象に対する研究からは多くの示唆を得ることができ，明晰な類型分けに基づく定義は傾聴に値する。

なお，マビローはさらに詳しい類型論を展開している。第一は自発的な兼任か義務的法的な兼任である。次に，時間を追っての兼任，空間的兼任の区別が考えうる。第三に，兼任の数的な問題として，単純兼任と，多重兼任が考えられる。地方的兼任とは,地方自治体の間でのみ各種職責を兼任することである。付加的な兼任とは，中央，地方の公選委任職責に加えて，市町村組合や連合区や都市共同体などの外郭的組織の長の職責を兼務することである。下降型兼任

---

25) François Barloy, "La législation de 1985 sur le cumul des mandats", CREAM, *Le Cumul des mandats et des fonctions: Une réforme au coeur de la modernisation de la vie politique*, Les Etudes de la documentation française, pp. 26-27.
　山口俊夫編『フランス法辞典』（東京大学出版会，2002 年）の「ministre」の項（369-370 頁）を参照。
26) Jeanne Becquart-Leclerc, "cumul des mandats" in *Dictionnaire Constitutionnel*, sous la direction de Olivier Duhamel et Yves Mény, PUF, 1992, pp. 259-261.
　マビロー教授の類型論は以下：Albert Mabileau, "Le cumul des mandats", *Regard sur l'actualité*, mars 1991, pp. 19-21.

とは国政の議員職責や大臣職を占めている者が，地方被選出職責を獲得することである。パラシュート降下 parachutage という用語がこれに当たる。その他，奨励型，特権型，代理型など興味深い分類の方式が提示されている。包括的な類型分けをマビローが試みたことがわかる。

各級議員と執行職務との兼任の問題をここでは上記のバルロワの定義を基礎としつつベッカール゠ルクレールの類型に従って見ておこう。

既に若干述べたように，フランスでは公選職責の兼任が1985年法までは無制限に認められてきた。第五共和制は，第三，第四共和制の苦い教訓から，国会議員職と大臣職責の兼任は認められていないが，この規定には大きな見落としがあった。大臣や国会議員らは市町村長や県議会の議員等を兼ねることには何ら制約を受けていなかったのであり，現在でもその事情は大筋において変わらない。

(1)「水平的兼職」とは，執行権力・行政権力・司法権力を役職上になっている者が，公選官職を兼ねることを意味する[27]。

この方向では，1831年・1884年市町村法および，1848年憲法以来，かなり厳格な兼任禁止措置が講ぜられている。このうちたとえば1848年憲法では，「第4章 立法権」において，「全ての報酬を受ける公務職は，人民代表の職務とは兼任不能 incompatible である」（第28条）と明確に規定している[28]。

ベッカール゠ルクレールによれば，1831・1884年市町村法によって規定された法律上の兼職禁止措置は今日のそれよりはるかに厳格だったという。これら法規は立法・行政・司法権の分権を確保しようとする意思の表われである。1831年法により市町村長・助役たりえぬのは，裁判官，軍人・軍属，土木局・鉱山局技師，財務・林野行政庁官吏，コレージュの役人・被雇用者，小学校教員，警察官，司祭などである（loi sur l'organisation municipale, Louis Philippe, chap. 1, art6）。

---

[27] Becquart-Leclerc, *ibid.*, p. 207.
[28] "La Constitution du 4 novembre 1848", *Les Constitutions de la France*, Dalloz, 1983, p. 147.

1884年法では，これらの兼職禁止は，コレージュの勤務者には解かれたが，小学校教員やその他の任命官職はそのままに置かれた。さらに県・郡の官吏，市町村での被雇用者・請負業者が制限下に入る（第33条）。なお1884年法の規定は分権化改革までは大幅な変更を受けることなく『市町村法典』に組みこまれ有効性を持続していた。また，ベッカール＝ルクレールは第33条のみを挙げているが，第34条も重要である。同法第34条を詳しく見ると，市町村議会議員には，知事，副知事，県事務局長，警察官，植民地官吏などが兼職禁止の対象となっていた。[29]

　また，今日でも「任命制の公職の兼任」は，国会議員らに対して原則的に禁止されており，権力分立の原理からも当然の措置である。第五共和制に入って，大臣職と上下両院議員職務が兼職不能となったことは広く知られている。[30]

　私的職務については，本稿の主題からはそれるので詳述しえないが，これも一定の条件の下で国会議員との兼職は禁止されている。さらに裁判官については原則的に全ての公職・私的職業との兼職を禁止され，「選挙制の公職」に就くときも極めて厳しい制約・禁止措置が課せられている。[31]

　(2)　次に，垂直的兼職についていえば，フランスではこれに対する規制がか

---

29)　Beecquart-Leclercq, *op. cit.*, p. 215. 典拠法は同じく，loi du 5 avril 1884, art. 33 et 34.

30)　山口俊夫は「国会議員の職務の独立性を確保するため憲法25条にもとづき1958年10月24日オルドナンス（1972年1月24日組織法により改正）が一定の兼職禁止を定める」とし，議員と任命制公職との兼職禁止について次のように述べている。「任命制の公職の兼職は禁止される。政府閣僚の職務……〔ならびに〕……憲法院委員（憲57条），司法官職高等評議会委員，経済社会諮問院委員についても同様」に兼職禁止される。「さらには，国有企業および国営公施設の管理責任者の職務（1958年オルドナンス14条），そして特に公務員（同オルドナンス12条）との兼職も禁じられる。国会議員に選ばれた公務員は「出向」（détachement）の地位に置かれ（1959年2月4日オルドナンスによる公務員身分規定38条），議員の職務終了とともに原職に復帰する。」（山口俊夫『概説・フランス法　上』東京大学出版会，1978年，175頁）。

31)　山口，前掲書，282-283頁。
　　大臣職はかつては地方公選職務（市町村長・同議員・県会議員，州会議員）とは兼任しうるものとされていた（Duverger, *op. cit.*, p. 306）。

第Ⅱ部　エリート支配と地域

なりルーズであるといわざるをえない。

　まず第三共和制下における普通選挙制の施行は，小学校・リセの教員，下級事務職員，医師，弁護士らを「地方の政治的名望家」として中央政界に輩出することになる。この「自由業・下級官吏団出身の諸個人の総体」たる新しい政治家たちは，選挙地盤である地域の生活に深く根ざした存在であり，地方選挙でまず政界入りし，ついで代議士となる。彼らは長期にわたる再選によって「大きな[政治的]安定性」をかちとってゆく。「1900年から1940年の間に選ばれた代議士の3分の2以上が，市町村議会や地域議会[この場合は当時のシステムからして「県会」の意味である：引用者]の議席を有していた」のである。[32]

　中間階級に加えて現業労働者の政界進出という新しい傾向が加わりつつも，中央・地方政界の兼職による「融合」というこの流れは，第四共和制下においても持続する。戦後の第四共和制憲法は，地方公共団体を市町村 commune, 県 département, 海外領土と規定し，それら「地方公共団体は，普通選挙により選ばれる議会 conseil により自主的に統治される」のであり，各級議会の決定の執行は，「市町村長，県または海外領土の長により保障される」として，あたかも自治的な分権化が実現するかのごとく規定した。しかし，戦後期の混乱の処理，特に海外植民地の独立化への対処につまずき政争に明け暮れた第四共和制は，その理念を実現することなく終わる。メニイは，第四共和制発足時において地方自治を定めた憲法規定（第87, 89条）は，「冷戦と新しい体制[第四共和制][33]

---

32)　Pierre Birnbaum, *Les Sommets de l'État*, Seuil, 1977, p. 40（訳文は田口富久治監訳, 国広敏文訳『現代フランスの権力エリート』26頁による）。

33)　第四共和制憲法については，中村義孝編訳『フランス憲法史集成』（法律文化社, 2003年）および Maurice Duverger, *Constitutions et documents politiques*, (PUF, 1987) 等を参照。
　　第四共和制憲法（Constitution de 27 octobre 1946）87条の規定による（Duverger, *ibid.*, p. 257）。
　　全体状況（国際情勢⇄国内政治）の中で・フランス地方政治の諸過程と institutions [公共制度] がいかに影響を受けたかは今後とも興味深い課題である。現に，EU 政治統合への流れは，今日のフランス地方政治改革（とりわけ Région とドイツの Land とのすり合わせなど）にも色濃く影を落としている。

第4章　地方政治エリートによる支配構造関係の諸断面

のもろさ」によって実施されぬままに終った[34]，と端的に指摘している。
　この時期，実に代議士の40％が地方議員出身者である[35]。
　第五共和制に入っても公選官職についての兼職は禁じられなかった。後述する1985年兼職制限法に至るまでは，市町村会議員，市町村首長，県会議員およびその議長，ヨーロッパ議会 Parlement européen の議員職はそれこそワン・セットで兼職しえたのであり，1972年7月5日法によるレジオン評議会［現在のレジオン議会の先駆形態］についても，ミッテランの分権化改革までは国会議員は当然の構成員であった[36]。
　こうして伝統的な市町村長―県会議員（議長）―国会議員という重要役職の兼任の組合わせを基本とする多重的な公選官職兼任現象が長くフランス政界に根を下すことになる。
　たとえば，1985年の法制化以前の兼職の顕著な事例として，ジャン・ルカニュエの例が挙げられた。上院議員であり，同時にルーアン市長であり，セーヌ＝マリチーム県の県議会議長であり，かつまた，オット＝ノルマンディー・レジオンの州議会議員であり，さらに，驚くべきことに欧州議会議員でもあった[37]。メニイは皮肉を込めて書いている。兼任への情熱はひどく強いものであったので，「その規制は，政治階級がつくり出す文書や政治階級自身の精神構造の中では，しばしば意味が変えられてしまった」。こうして，典型的な兼任リストが多数我々の前に示されてゆく。「偉大なる故人に敬意を。［文人政治家といわれた］エドガー・フォール［1908-1986］は，国民議会議長（77年）また，フランシュ＝コンテ州議会では議長を務め，ドゥー県議会の副議長にして，ポンタルリエの市長でもあった」。メニイは皮肉を込めて言う。「フォール氏自身がこのシステムは民主制にとって極めて望ましいものだとしており（Le Monde, 24 mai 1975），

---

34)　Mény, op. cit., p. 318.
35)　Birnbaum, op. cit., p. 49（邦訳40頁）．
36)　山口，前掲書，175頁．
37)　Albert Mabileau, op. cit., p. 17.

第Ⅱ部　エリート支配と地域

氏が死去した際には，総計42年間の議会生活を送ったことになったということも，何ら驚くに足りない」，と。その他，メニイは，ガストン・ドゥフェール［1910-1986］，ジャック・シャバン＝デルマス［1915-2000］，レイモン・マルセラン［1914-2004］，アラン・ペイルフィット［1925-1999］，ジョゾ＝マリニエ［1909-2003］，モーリス・フォール［1922-］など，政界の大物たちの兼任ぶりを列挙している。[38]

（3）　第三の類型たる時間的スケールの中で見た兼任現象は，まさに前記の垂直的兼職のアレゴリーにすぎない。

兼職することによって被選出役職を政治的アクターが保持する期間は，必然的に長期化する。一つの役職に落選した際には他の役職が「命綱」としてその人物を支える。中央・地方の政治選挙において勝利したときは，国政・地方両レベルにおいて権力的相互補完性の原理ともいうべき相乗効果が働き，当該人士の政治力は増してゆく。いずれにせよ長期にわたり政界人として活躍し，強力な政治生命を保持するのである。国民議会議員＝市町村長というコンビネーションの場合，地盤となっているコミューンではこの「地域のパトロン」は事実上，終身任期 inamovible の形態をとる。[39]

クリキーは興味深い事例を紹介している。それは，"グランド・スラム"を達成した議員が今度は落選をくり返し，その後，「救命ブイ」のおかげで再び浮上

---

38)　Yves Mény, *La Corruption de la République*, pp. 76-80, 邦訳『フランス共和制の政治腐敗』70-73頁。政治家の生没年は筆者の調査による。

39)　Becquart-Leclercq. *op. cit.*, p. 212. なお，ビルンボーム Bimbaum とメニイ Mény の見解は，執筆時期のちがいを反映してか若干のひらきがある。前者は，第五共和制下では議員の地位は，官僚―大臣というニュータイプのエリート系列に圧迫され，国会議員（特に，下院）は，地方拠点への依存度を強め，かつ依拠することを余儀なくされたとしている（Bimbaum, *op. cit.*, p. 79, 邦訳72頁）。これに反してメニイは，国会議員＝地方有力者［ローカルなパトロン］による地方支配は大都市の市長兼国民議会議員（大臣）を典型として第三共和制下より一貫しており，第五共和制初期の代議士達の力量低下は，一過性のものだとする（Mény, *op. cit.*, p. 318.）。両者の主張の相違は，81年の政治変動をくぐりぬけたか否かの差が論点に反映されたものであろう。

第4章　地方政治エリートによる支配構造関係の諸断面

した事例である。

　「サンタ・クリュッズ Santa Cruz のケースは顕著な実例である。同氏は，1973 年ドール Dôle の県議，77 年に同市の市長となり，そして最終的にはグランド・スラムを達成し，81 年には，めでたく同選挙区の下院議員になった。完璧な勝利の場内一周である。だが数年後には逆もどりが行われる。市長職は 83 年に，85 年には県会議員職を，86 年には国会議員職をと，次々に議席を失う（社会党リストの第 2 番目の位置は何の夢も保障しない）！　かつてはこうした一巡りは議員をとにかく何の選挙上の役職もないものとして政治的に"破算"させたものであった。しかしこの時は，サンタ・クリュッズ氏は依然ドール市の市会議員であったし，86 年 3 月にはレジオン議会にも選出され，救命ブイ bouée de secours にしがみつくことが出来たのであった……。このことは，結局のところ下院議席を 88 年 6 月に再び征服することを可能ならしめたのであった（ドールの新市長として勝利することを通して）。」[40]

　歴史的にふり返ってみても第五共和制になると兼任現象はむしろ悪化したことがわかる。1936 年には，国民議会議員の約 3 分の 1（35.7％）が兼任していた。1956 年（第四共和制末期）では，なお 42％にすぎなかった。しかし，第五共和制下の 73 年以降，70％を超え，88 年には 540 名の下院議員のうち，519 名が少なくとも一つの地方公選職責を併任していた。実に，96％にのぼったのである[41]（現況については前述表 4-8 を参照されたい）。

　この奇妙なフランス政治の特色や傾向は第四共和制下の 1950 年代に早くも改革的な展望を含みつつミシェル・ドゥブレ（のち第五共和制憲法起草者）によって批判的に検討されていた。氏は，①議会における委員会の錯綜した機能の問題，②国会議員が不在のまま他の議員に議場における採決の委任が可能な点（したがって議員の欠席が国会において恒常化する），③最後に，公選職責の兼任を，フランス議会が有している三つの奇妙な特性として明らかにしている。権限・任務のジャンルの混同を生み，地方の自立と自治を阻害し，集権化を促進する要

---

40) Etienne Criqui, "Les Carrières des élites politiques locales", *Revue politique et Parlementaire*, n° 946, mars/avril, 1990, p. 52.
41) 数値は，Yves Mény, *La Corruption de la République*, p. 70（邦訳 65 頁）による。

因として指摘し、その改革を強く主張しているのである。

　ドゥブレは述べている。公選委任職責の兼任はフランス近代史の中から生じた。市町村議会、県会の議員職は、中央での議員職が政変によってうつろになる可能性がある中で、名望家の権力的な安定性を担保する上で自然にして、不可欠な手段であった。だが、19世紀を経過して、解放後の第四共和制の当時に至るも、国会議員や大臣等が地方の公選職責を兼任する制度は維持され、「我が国において、地域の自由 libertés locales が輝きをもったことは、かつてなかった」。地域の自由は中央権力によって人的なファクターからも直接制約され、その結果、地方自治機関への後見監督の強化が行われ、地方議会の不要な「政治化」politisation が進行する。その政治的な帰結は行政的であるとともに、地方名望家 notables の支配とその長期的な権限掌握に結びつく。議員はもっぱら自らのローカルな問題に専念し、国政レベルの問題には関心が向かない。なぜなら地方の課題解決こそが自らの中央における議員職を保全するから……。「かくして、公選職責の兼任 cumul des mandats はフランス中央集権制の統治技法の一をなしている」。議員は地方への税負担増加の法案投票の前に、それに備えて地方への補助金の増額の手配をする。「国家は偉大なる慈善家と化す」。かくして、「わが地方をお忘れなく！」という下院議員、上院議員、大臣（第四共和制は議院内閣制）への地域からの厳しい要求と掣肘は、彼ら中央の政策当事者や立法者に、国家が課する職務の遂行をしり込みさせる結果となる（ウォルムスの言う「知事と地方名望家との共犯関係」の「地方─国会議員」バージョンともいえることに注意！）。議会の機能不全を防ぎ、国会議員がその職務に専念するためにも、兼任制度はきっぱりと清算されなければならない……、と。

　ドゥブレの見解は、後の第五共和制憲法の起草を予感させる先駆的なインスピレーションに満ちた論文であり、それを超えて1990年代から新しい世紀の初頭における問題状況につながる論点をくっきりと浮き上がらせているのである[42]。

6 公選委任職責を兼任するということ
―― 民主的正統性の欠損と異議申立て

1 偏在する公選官職：少ないチャンス，そして権限の集中

　公選職務兼任に走らせ，支持者もそれなりに容認に傾いてゆく政治的なインセンティヴはどのようなものなのだろうか。兼職現象を成立させている二種類のアクターである市民（行政対象）と公選官職保持者らにとって，兼職を容認するメリット，あるいはそれを積極的に推進する利点はどの点にあるのか。

　ここではまず公選官職兼任の実態を見つつこの現象が実は少数者への多数の職責［したがって権限］の集中であるという点を明らかにしておきたい。

　まず第一に，広大なフランス地方政界の全版図から見れば，実際に兼任チャンス（ここでは重要な公職にのみ限ってみる）にめぐまれるものは，極めてわずかの人々であるということが指摘できる。フランス全土には36,000余りの市町村 communes が存在し，519,000人の市町村公選職保有者（élus locaux すなわち市町村会議員 conseiller municipal および市町村長 maire らからなる）が存在している。そのうち最大で4,037人の者が100にのぼる県における県会議員 conseiller général たりうる。また，レジオンは，全国で26あり，レジオン議会議員は1,880名である。国政レベルでの議員総数，すなわち国民議会（下院）議員 député と元老院（上院）議員 sénateur はそれぞれ577名，331名であるからたかだか900名余りである。

　こう見てみるとコミューン関係の公選公職者数52万弱にとって，レジオン

---

42) Michel Debré, "Trois carastéristiques du système parlementaire français", *Revue française de science politique*, vol. V, n° 1, 1955, pp. 21-48. この問題を具体的に解明した先駆的な業績としては，以下。Michel Reydellet, «Le cumul des mandats», *Revue du droit Public et de la Science Politique*, mai-juin 1979, pp. 693-768; Jeanne Becquart-Lecrercq, "Cumul des mandats et culture politique", in A. Mabileau (dir.), *Les Pouvoirs locaux à l'épreuve de la décentralisation*, Série *Vie Locale* n° 9, Pedone, 1983.

議会議員職,県議職や国会議員職などの重要公選職責にありつけるチャンスは,極めて確率的にも低いものであるといえよう。現在では国会議員と県議職と市町村長とを兼ねるなどの三重兼職は不可能に近い。

だがこのことは,同時に同じ現象を上からながめてみることをも我々に要請してはいないか。俯瞰は政治的地勢図の別の意味を観測者にもたらす。すなわち,極めて少数の者が,強大な権限をふるうことができる重要な公選官職(上下両院議員・県会議員・大都市の市長等々の職責)を集中的に手中に収めているという事実である。いわゆる政治階級 classe politique の集中と呼ばれる現象がそれである。政治階級の収斂はフランスにおいて,政治・行政上の権力・権限の偏在をもたらす一般的与件である。

地方の視点からはどうだろうか。公選委任職責が有力者によって行われていることは一見して住民の側には便利なことと映るであろう。①兼任によって行政の複数の階梯が同時にカバーされ,地域の市民らの利益擁護が差し当たり容易になること,②市町村それ自体の事実上の権限・財政力の強化(補助金,許認可,種々の特恵措置……)につながることが挙げられる。

フランスのような強度の集権制の下では,下級の地方公選職保持者らにとって「統治上においてより上位の段階に設置された諸議会での『立会い政治』une politique de présence というべきもの」は,魅力的なのである[44]。

政治コミュニケーションの理論からしても兼任は「諸階梯間のインテグレーション」をもたらし,行政上の「諸階梯は《兼職》している特定人物によって……直接コミュニケートできる」ことになる。兼職がほぼ完全に禁じられている米国の如き院内圧力団体(ロビイスト)は,こうしたインテグレーションを原則とする議会・行政組織には概ね不要である[45](図4-1を参照)。

公選官職を保持している人々の側から見てかれらをして兼任に走らせる背景

---

43) Criqui, *op. cit.*
44) Becquart-Leclercq, *op. cit.*, p. 211.
45) *Ibid.*, p. 226.

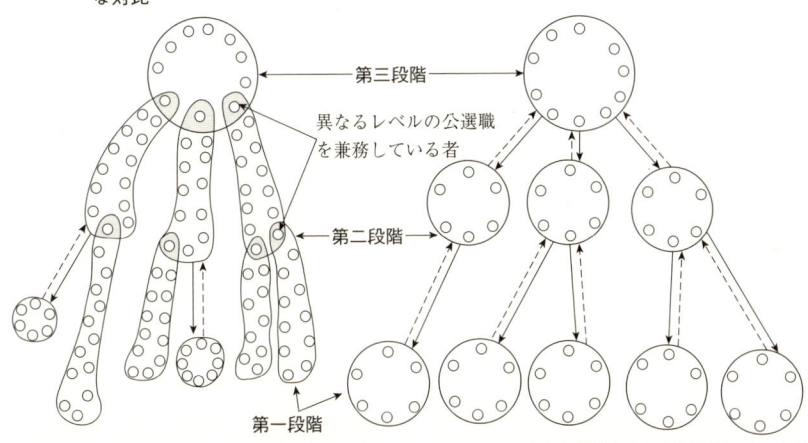

第4章　地方政治エリートによる支配構造関係の諸断面

図4-1　政治代表の兼任を認めた場合（シェーマ1）と禁止された場合（シェーマ2）の簡略な対比

シェーマ1：兼任により統合された自治体と国会
異なるレベルにある自治体の議会や国政議会が公選職責の兼任により直接的なコミュニケーション網により結ばれる（ただし、兼任被選出者を有しない自治体はその外に置かれる）。

シェーマ2：完全な兼任禁止により独立している自治体・議会システム
各レベルの自治体・議会などは完全に分離され、コミュニケーションは媒介された形態のもとで維持される。シェーマ1におけるアウトサイダーは形式的には生じる余地がない。

出典：Jeanne Becquart-Leclercq, 'Cumul des mandats et culture politique', in Albert Mabileau (dir.), *Les pouvoirs locaux à l'épreuve de la décentralisation*, Pedone, 1983, p.225 所載の図より。

には何といっても財政問題、すなわち政治職への給付の問題が一方であることを見逃すことはできない。フランスでは伝統的に市町村・県などの公選職は、一般にその手当 indémnité によって「政治への没頭」を物質的に保障しえなかった。たとえば1982年にノール県の県会議員は総額800万フランの議員活動費用（給与ではない。県会議員職は原則的に無報酬）を支給されたが、毎月一人あたりに直すとわずか9,500フランにすぎなかった。[46] 現在でも、県議やレジオン議員の報酬は、5,000ユーロ程度であり、それだけでは政治家としての幅広い活動は困難であろう。さらに、国会議員の歳費にしても、我々の基準からするとささやかなものである。政党への国家補助があるとはいえ、独自の政治活動を

---

46) *Ibid.*, p.53.

第Ⅱ部　エリート支配と地域

大規模に展開するためには不十分であろう。兼職した場合には減額措置が講じられるので、国政への回路を保持しつつ地方政治の枢要な地位を占めるには、全体にさらにつつましい財政状態であるといえよう。

しかし大規模な分権化は地方行政機構の政治化 politisatin を極大化する方向で作用する。二極化は深刻化し、政治的競合、したがって政治宣伝戦の高度化（特に T. V. などを用いた情報戦の大規模化、印刷物・ビラの洪水、アトラクション等）により各政党が必要とする資金は膨張の一途をたどる。

19世紀末〜20世紀はじめにフランスでは公平、公正無比の行政システムが創設されたと述べつつ、ミッテラン期の改革とそれが引きおこした腐敗現象に対して保守陣営の側に立って、ヴィエは次のように批判している。

　「すべての政策決定者は、みずからの回りに特権の輪を創りだしている。決定者の多重化［分権化］は、莫大な特権の多重化を引き起こす。決定権者が、厳格な階統制、規則的かつ頻繁な行政的・財政的統制のもとに服する官吏から、あれもこれも全く知らない公選職へと移行するということは、一種の弛緩を引きおこした。このゆるみを公選職にある者は選挙費用の増大のなかに正当化しているのだ。」
　「今やすべてのやり方が資金獲得のために正当なこととなる。……［公設］市場の割り当ては建設許可証の発行と同様、軽卒にも市町村長に任されているが、それは時として気前よくふくらまされたリベートを生み出す。研究事務所［一種の政策立案のコンサルタント］の介入、それは事実上は政党が単なる表に出たにすぎないものであり、仮空の"研究"をものする。この手法は広範に用いられている。この『研究事務所』の仲介なしにはどんな立派な商社も市場建設の入札に参加できない。分権化は企業責任者の負担と仕事を増大させた。慎重な企業家は『交渉相手が所属している政党の活動費に対して寄附を行なう』が、その金のかなりの割合が当該政党には入らず、政治家の手中に入ることを知っている……。」[47]

氏の指摘は単なる杞憂ではなかった。1980年代後半から90年代前半にわたりいわゆる「研究協会」sociétés d'études または「研究事務所」bureaux d'

---

47)　Jean-Emile Vié, "La Décentralisation et ses vices", *Revue Politique et Parlementaire*, n° 946, mars/avril 1990, p. 21. 同氏の以下の著作を併せて参照。*La Décentralisation sans illusion*, PUF, 1982; *Les Sept plaies de décentralisation*, 2ᵉ éd. Économica, 1989.

étudesといった政党とつながりをもつ企画コンサルタント［実質は，社会党など大政党のエージェント］経由による，入札賦課金の形をとった政治資金づくりにまつわる政治疑惑が，広く地方政界人をまきこみ，中央政界をもゆり動かすことになる。議員個人ばかりか，政党，特に当時の与党の社会党による組織的関与が問題となった。左翼の一端を担うことを自負する社会党がむしろ疑惑の中心にあったことは，分権化の評価をめぐっても大きな問題をなげかけるものであった。[48]

「ル・モンド」紙は1989年12月6日付け社会／文化面において，ジェラール・モナートGérard Monat氏とのインタビューを「ずばり語る政党資金」と題して大々的に報道した。これはいくつかの地方当局によって引き起こされた公金の不正使用や偽領収書事件に答える形で行われたものである。モナート氏は商社ユルバ=テクニクUrba-Technic，グラッコGracco社の責任者であり，かつ社会党を裏から支える財務担当係である。同インタビューによれば，政党費用の増大（分権化による地方行政の政治化が前提）は，ラジオ・TVなどの大々的な動員，宣伝戦の激化（例えば演説会でのアトラクションとしての音楽プログラムなど）によるものであり，特に中規模の市政選でも相当額の資金が必要であるとしている。一般に公設市場が政治資金につながるのは以下のようなプロセスによる。即ち，まず，企画コンサルティングを政党のエージェントが行ったのち，今度は企業側の求めに応じた形で（もちろん形式上）地方当局に公設市場開発計画を持ち込む。

> 「企業と我々とは，市町村・地方公共団体の需要にもっともよくマッチするような文書をそろえる……。うまくいったとき，そのときは我々は企業があらかじめ了解していた手数料を受けとる……。その後党の財務係の了承のもとに，私がいうスポンサリング"Sponsoring"なるものを行なう。即ち誰を，どの条件で援助するかである。協力してくれた公選職は勘定書をこちらに送ってくる」。彼らは「絶対に会社側と直接コンタクトをもたない。したがって公選職のもとでは腐敗はありえない。……公選職にあ

---

48) Becquart-Leclercq, *op.cit.*.

る者は直接金に触れない。例えば印刷屋に，彼はただこう言うだけだ。ビラ代だ，モナートに請求書を送っておいてくれ，と。」

　ジャーナリストのアラン・ロラ氏はこのくだりに対してコメントする。「このように，あらゆる種類の研究企画事務所 bureaux d'études が地方公選職の足下で近代世界が求めていることと現実［政治資金の不足］との間に開いている隙間を少しずつ埋めていったのである」。地方公選職は行政対象たる市民の中に「行政的・技術的アシスタント」を見い出そうとしたのだし，市民はといえばかれら地方公選職に対してビジネスマンたることを求めているのだ，と。[49] 後述する地方名望家の構造変化とも接続する歴史的な問題が潜んでいることがわかる（本書第5，6章参照）。

　先の問題にもどれば，ともかくも，公選職務の兼任は，議員・市町村長にとってその地位を強固に保持し，財政的にもより強固な基盤を保持してゆく上で極めて枢要なものとなる。国政レベルの職務などとの組合わせいかんによっては兼職制限法の下でも一定の報酬を得られるし，このことは「職業としての政治」を成り立たせる上で格好の物質的保障となる。[50] こうして，財政的見地からしても，複数役職のうち，一つの役職は他の公選職の選挙における喪失（落選）に対する保障となり，次回当選にむけての足がかり，跳躍台，したがって返り咲きを担保するものとなる。「権力的地位の相互的強化」というべきこの現象によって各公選職は相互に補完しあい，当該役職保持者の地位を強めあう。かくして兼職現象は，フランスにおける公選職（市町村長，各級議員ら）の政治的長寿命を知名度といった面ばかりか物質的にも保障しているのである。下院議員＝大都市市長の場合は，地元ではこの地位はほとんど終身任命 inamovible とさ

---

49)　Alain Rollat, "Décentralisation et Corruption", *RPP*, n° 946, mars/avril 1990, pp. 42-43. なお Rollat の文中に引用ミスがあったので，ル・モンド紙引用文は原資料による。Rollat は1990年当時で国政議員職との組合わせで10万フラン程度の報酬が得られると見ていた。地方自治体被選出職の俸給表（内務省 Circulaire INT-B-08-00165C [9 october 2008]）によれば，兼職者の地方公選職務についての受取給与総額の上限は 8165.42 € と規定されている。

50)　Vié, *op. cit.*, p. 212.

え見られている。[51]

2 法規制への試み：1985年法の問題性

1985年法に関しては，1991年3月に公刊された拙論の中で若干の分析を行っておいた。以下に引用しておこう。

「ミッテラン政権は分権化政策のなかで最近まで全く手つかずであった兼職制限の問題にも若干の措置を講じた。1985年9月5日，当時の首相ファビウスは，TV放送（Antenne 2）において，兼任を規制する法案を国民議会に付託する旨言明した。」[52]

「兼職を制限する二つの法案は，1985年12月末に採択された。第一の国家組織法n°85-1405は『代議士の職務と，以下に列挙する公選職権又は公選職務のうち一つを超えるものとの行使は両立しえない』として，規制対象として，『欧州共同体議会議員，レジオン議会議員，県会議員，パリ市会議員，パリ以外の2万以上の人口を有する都市の市長，パリ以外の10万人以上の都市の助役』を挙げている（第3条）。第二の法律n°85-1406では，選挙法典L.46-1が改正され，国会議員をのぞく上記官職の二つを超え[53]

---

51) Becquart-Leclercq, *op. cit.*, p. 212.
52) 雑誌 *Pouvoirs* の「憲政日誌」による。Pierre Avril, Jean Giquel, "Chironique constitutionnelle française", *Pouvoirs* n° 36, 1986, PUF, p. 195.
53) 1985年法（2000年の法改正においても同様）は，以下の組織法，一般法のペアからなっている。法改正において，組織法律，一般法律の二つが必要になるのは，周知のとおり，第五共和制憲法第25条の規定による。同条第1項は，「組織法律が，各議院の権限の期間，その構成員の数，その歳費，被選挙資格の条件，被選挙欠格および兼職禁止の制度を定める」としていることによっている。Loi organique n° 85-1405 du 20 décembre 1985 tendant à la limitation du cumul des mandats électoraux et des fonctions électives par les parlementaires, *Journal officiel de la République française*, 31 décembre 1985, p. 15503; Loi n° 85-1406 du 30 décembre 1985 tendant à limiter le cumul des mandats électoraux et des fonctions électives, *ibid.*, p. 15504.

1985年法の評価については，以下を参照。Albert Mabileau, "La limitation du cumul des mandats, Illusion électoraliste ou modernisation démocratique ?", *Annuaire des Collectivités locales*, Litec, 1986, pp. 8-19; Albert Mabileau, "Le Cumul des mandats", *Regards sur l'actualité*, mars 1991, p. 26; Jean-Claude Masclet, "Un remède homéopathique ? Les lois sur le cumul des mandats et des fonctions électives", *L'Actualité juridique-Droit administratif* (*AJDF*), 20 avril 1986, pp. 214-220.

第Ⅱ部　エリート支配と地域

る兼任のすべてが禁止されてしまった。したがって，指定された公選官職については最大二つの兼職しかできないものとされたのである（第4条）。」

「これらの法規により，例えば選挙の結果，国会議員・県会議員・入口2万以上の市長職を兼務することになった人士は，そのうちいずれか一つを放棄せざるをえなくなった。だが85年公選官職兼任制限法（二つの法を一括してそう呼ぶ）は，兼任傾向への「抑止的効果」を十分にもたなかった。法律により定められた官職の上限に達している公選職務保持者は，事前にそのいずれかを放棄することなくなお新しい選挙に出馬しうる（法文において「非両立性」incompatibilité［したがって，結果としての兼職禁止］という語が用いられ，「被選挙権欠格」inéligibilité とあえて述べていない点に注目されたい）。」

「非両立性は選挙後に問題とされ，15日以内に数的に抵触するいずれかの職務を放棄すればよい。『したがって，選挙にあたって［当選した場合，法規制の枠を越えた］兼任状態になるということを候補者が知っていたとしても，それはブレーキにはならない』のである。88年6月の下院選および同年秋の県議選はいずれもそれを示している。」[54]

1985年兼職制限法の効果はどうか。これまでも述べてきたように，その抑止的効果は極小にとどまった。法律施行後の選挙においては，先を争って兼職の整理が行われたという。もちろん，単純兼職は合法的なのだから，法律の範囲内で，二つまでの兼職を行えばよい。

クリキィの研究によれば，1988年国民議会当選議員のほぼ半数が県議の肩書きをもっていた。当選者中兼職数が法的規制を超えていた者は，大略，次のような措置を講じたという。①国民議会議員職の他に大都市市長と県議職を兼ねることになった者は，前二者をとり，県職を放棄している。②県会議員・レジオン議員と国政レベルの議員職務とを重複させるに至った者は，レジオン議会議員職を放棄している。1985年法は，兼職を根絶せず，制限的に容認すること

54）　Criqui, *op. cit.*, pp. 46-47. 同法の問題点は差し当り以下を参照。Pierre Avril, Jean Giquel, "Chironique constitutionnelle française", *Pouvoirs* n° 37, 1986, PUF, p. 183.
　　　兼職の整理にあたっては同法は経過的処置を定めている。同法適用上の問題点については，以下を参照。Thierry Bréhier, "Les deux façons d'interpréter la loi limitant le cumul des mandates", *Le Monde*, 26 décembre 1985.

第 4 章　地方政治エリートによる支配構造関係の諸断面

によって，大都市市長職や県会議員職が一般的に国会議員にとって地盤（知名度・資金・行政実績の総体）確保の上で枢要のものであることを期せずして示したのだった。

　特にクリキィは県議職が兼職キャリアーにおける戦略的な要にあたっていることを強調している。県はレジオンに比して財政上の実行力を備えており，選挙制度上（レジオンは県単位のリストによる比例代表制であるのに比して，県は小郡 canton 単位での多数決単記二回投票制）も，国政選挙に向っての支持調達に有利である。
[55)]

　このことは，「個々の公選職とりわけ重要な地方公共機関の長に当る者〔大都市市長，県の執行権者たる県会議長など〕は，小専制君主 potentat と化す」という分権化政策批判が，あながち見当ちがいでもないことを示している。
[56)]

　なおミッテラン大統領その人も，レジオン化改革 Régionalisation を語るときも，必ず「私は完全な県制度主義者である」と付け加える。県を越えるレジオンの強化を唱えながら，地方行政の要に県があるべきだと強調することは一見奇妙なことではあるが，県の重みを事実上確認していると共に（県制度は大革命以来のフランス共和制の支柱の一つ），他方で我々の問題関心からするならば，県会と国会の双方に足をふまえる地方名望家である"将軍"たちへの政治的配慮，逆に言えば，そうした名望家たちの黙示的な政治的圧力の効果と見ることもできるであろう。
[57)]

---

55)　Criqui, *op. cit.*, p. 48.
56)　Vié, *op. cit.*, p. 20.
57)　François Mitterran, "L'organisation territoriale de la France: Histoire et devenir", in *Revue Politique et Parlementaire*, n° 946, mars/avril 1990, p. 9. 大統領（当時）のこの演説は，90 年 3 月 22 日フランス県制度発足 200 周年を記念してムーラン Moulin で行われたもの。同演説については Anne Chaussenbourg の記事を参照（*Le Monde*, 24 mars 1990）。同じ社会党内部でも県とレジオン（州）とを巡っては見解が分かれる。分権化法案審議の際も「ミッテラン派は県の権限を擁護し，ロカール派はレジオンを支持した」。（Grémion, *op. cit.*, p. 311）.

3　1990年代の新しい風：兼任制限の市民運動へ

しかし，世論が何といっても政治階級の特権的な兼任に対して厳しい態度をとったことは，1990年代末以降の顕著な特徴であった。世論の61％が近代化の課題として，公選職責の制限を支持していた。民主制度が良好に機能しているとするもの41％に比して，機能不全というもの56％に及んでいた。改革は何れにせよ急務であった[58]。

公選委任職責の兼任についてかねて批判的であったメニイは，兼職禁止のキャンペーンにとりかかる。1997年4月，声明書がヌーベル・オプセルバトゥール誌に載った。このややパセティックな調子を帯びた知識人達の呼びかけは，異例なものであった。公選職責の兼務や政治一般の在り方に対して，不満と怒りと半ばあきらめに似た心理をもちつつあった市民に，新たな動きの機会を少なくとも与えることになった。le Mandat Unique［単一公選議席］を求めるこのアソシアシオン［非営利社団］には，直ちに数千の賛同参加者が集まったという。同時にメニイ・フィレンツエ欧州大学院大学教授［当時］は，他の公法・政治学者と共に《共和国を変革せよ Changer la République》のキャンペーンを張る。ことは，共和国の改革に直結するという意識があった。国民議会で多数を占めたジョスパンの政治的なイニシアティブは，後にメニイによって，この市民的なイニシアティブに合流すべきものと位置づけられた[59]。

メニイが主導した反兼任宣言は次のように述べている。

「共和国は危機状態にある。その政治代表者はいまや不信任され，価値理念は危機に瀕している。女性は共和国の制度から排除され，若者は投票箱の傍らを通りすぎる。極右は脅しをかけ，人々は政治に絶望する。／もし，一人ひとりの議員［市町村長も含む］が，唯一の委任職責──地方，国政，欧州──に専念するならば，共和国は最終的

---

58)　当時の世論動向については，以下のデータ集成によった。Gilles Corman, "Abécédaire de l'opinion" における，'Moderniser la vie politique' の項から (in SOFRES, *L'état de l'opinion* 1999, Seuil, 1999, p. 269)。
59)　Yves Mény, "Cumul des mandats: encore un moment, monsieur le bourreau ?", *Pouvoirs locaux*, n° 36, 1/1998 (mars), p. 17.

第4章 地方政治エリートによる支配構造関係の諸断面

に女性に門戸を開き，改革されるであろうし，都市もレジオンも惨めな思いをすることなく，国会は欠席に悩まされず，大臣達は自らの行政事務の現場に位置することが増し，『欧州』は［市民達にとって］いっそう身近になる。／フランスは権力のおまけを実行している唯一の民主制度である。なぜ，市民の無力感，公財政における浪費，縁故主義，いなむしろ，腐敗が，公選委任職責において，存続させられているのか？　／共和国の乗っ取りということにケリをつけるには，いかなる改憲も必要なく，ただ一つの手段だけが要請されるのだ。すなわち，公選職責の兼任を禁止することである。／我々は，政治当局者に，次回選挙以降，厳かに複数の委任職責を辞退することに着手するよう求める。また，今日，兼任禁止法に賛成投票することを求める。この市民の手になるイニシアティブによって，我らは，民主主義の原理に合致する一共和国のもとに生きるのであるというみずからの意思を確認する。」

　賛同者の中には，アタリ，デュアメル，クリステヴァ，サガン，ウォルムスらの名前が見い出される。[60] 同号にはメニイへのインタビューと共に，バダンテール，ピシエ，オズーフ，フィンキエルクラウト，クリキらの研究者，作家のコメントが掲載されている。

　同じ時期に，共和制の改革を訴える5名の憲法学者（公法・政治学者）の声明が発せられた。[61] 国民議会選挙を目前にして，シラク大統領下の保守政権への不満は極点に達していた。また同年の秋にはフランス公法雑誌が10人の憲法学者らにインタビューを行い，公選委任職責の兼任に関してその意見を聴している。一般に，かれらの反応はこの制度に批判的であり，まず，官職兼任の問題をクリアーしてから分権化に取り組むべきであったとの見解が一般的であった。また，上院議員については地方議員を選挙母体にしていることから，慎重論も多かったが，兼任問題への大学人の厳しい見方は，フランス知識人の大方の反応を代弁するものといっても良いであろう。[62]

---

60) "Le Manifeste anti-cumul: Un seul mandat pour chaque élu", *Le Nouvel observateur*, 3-9 avril 1997.

第Ⅱ部　エリート支配と地域

4　2000年法の制定とその限界点

　第一期のシラク大統領任期の下で左翼は国民議会において勝利をおさめた〔国民議会選挙は，1997年5月25日第1回投票，6月1日第二回投票〕。社会党を主力とするジョスパン氏を首班とする政府〔任期は97年6月2日より2002年5月6日にまで及んだシラク大統領＝ジョスパン首相という保革共存政権〕は，2002年に予定されている次の大統領選挙をにらんで新しい施策を次々に打ち出す。

　ジョスパン氏の国民議会での一般政治宣言は，共和制の実効性を高らかに謳いつつ，「我が民主制の近代化」の項目で，断言して見せた。

---

61) Guy Carcassonne, Olivier Duhamel, Yves Mény, Hugues Portelli, Georges Vedel, "Changer la République: Réviser la révision et vivifier le référendum; instaurer le quinquennat présidentiel; en finir avec le cumul des mandats; repenser res pouvoirs locaux; rendre l'Etat impartial", *Le Monde*, 7 mai 1997, p. 16.

　シラク氏の大統領就任後の施政に対して，64％の市民が世論調査上，否定的な回答を出していた（同日の *Le Monde* の記事，"L'appel pour changer la République" を参照）。反響は大きかった。論争に応える形で，以下の回答が5名の名前で寄せられた。"Oui, changer la République", *Le Monde*, 29 mai 1997, p. 18.

　因みに，ミッテラン政権第二期における Vedel 報告は，大統領任期7年の見直しと，特に明快に公選官職兼任の禁止を法制化すべき旨提言していた。v. *Propositions pour une révision de la Constitution: 15 fevrier 1993*, Rapport au Président de la République, Comité consultatif pour la révision de la Constitution, présidé par le doyen George Vedel, La documentation fraçaise, 1993.「したがって，当委員会は，憲法第25条の適用のために制定され，特に兼任禁止制度を確固たるものにする組織法律が，国会議員の委任職責と，州議会または州議会議長の職責，2万以上のコミューンの市長職責との兼任禁止を規定することを，勧告する。」（同上報告，65-66頁）。なお，ヴデル自身の委員会についての回顧は，以下を参照。George Vedel, "Réformer les institutions: Regard rétrospectif sur deux Commissions", *Revue française de science politique*, vol. 47, n° 3-4, juin/août 1997, pp. 313-339.

62) *Revue du Droit Publique et de la Science politique en France et à l'Etranger*, «Numéro spécial ‹cumul des mandats›: Dix constitutionnalistes répondent», n° 6, novembre/décembre 1997, LGDJ. Jean-Pierre Camby が "Actualité constitutionnelle" で全体の導入を受け持ち，Patrick Auvret 以下現代フランスの公法・政治学界を代表する10名が質問に答えている。質問は，「1/あなたは，公選委任職責の兼任について好意的ですか，反対ですか」，「2/反兼任法が制定されたとき，そこから上院議員が除外されるであろうと予想されますか」という2点である。

第4章　地方政治エリートによる支配構造関係の諸断面

「我が市民は，自らの［政治］代表がその委任職責 mandat に完全に献身することを求めている。市民たちは，政治生活の中に，そして，とりわけ政治生活を活性化しようとしている人々の中にこそ，再び信頼性を取り戻さなければならない。委任職責の兼任 le cumul des mandats を厳しく制限することは，かくして，一つの緊要な任務となった。政府閣僚に任命されるや，この原理［兼職禁止］を自らに適用するよう求めた。委任職責の兼任および兼任禁止にかかわる法制度は，特に地方執行職務に関して，強化されるであろう。」[63]

1997年6月，首相ジョスパンは，現職大臣は，市町村長の職責を自主的に辞任するよう通達したが，実践的には徹底した措置ではなく，たとえば，国会議員―市長だった政治家が大臣に任命されたときは，地方職責としては軽い役割の助役に就任すれば済むという程度のものであった。だが，この種の微弱な法的規制は，目に見える公選職責に関わるものであって，市町村間組織の執行部（理事会）に市町村長等が参加する際には，規制の範囲外である[64]。こうして，顕在的，潜在的，あるいは，可視的，不可視的な兼職現象は一つの政治階級のブロックを作り上げる社会的な効果を有することになる。因みに最近の調査でも，ジル・ド・ロビアン Gilles de Robien 氏は，ド・ヴィルパン首相の下で，文部大臣 Ministère de l'Éducation Nationale，アミアン市第二助役 2ème adjoin au Maire d'Amiens，アミアン都市圏理事長 Président d'Amiens Métropole を兼任していることがわかった。これらは地域になお政治家として具体的な足場を確保し続けようとする膨大な閣僚の政治実践の実態の一部を示すものにすぎない。法規制をかいくぐって委任職責の兼任がなお実質的に根強く行われていることが伺われる[65]。

---

63)　Discours du Premier ministre, "Délaration de politique générale（Assemblée nationale)", 19 juin 1997. インターネットの以下のサイトから引用した。http://www.archives.premier-ministre.gouv.fr/jospin_version1/DISCOURS/190697.HTM.

64)　"Circulaire du 6 juin 1997 relative à l'organization du travail gouvernemental, NOR: PRMX9702083C", in J. O. n° 131 du 7 juin 1997 p. 9170（参照はネット上に公開されているLegifrance.gouv.fr のサイトから）.

第Ⅱ部　エリート支配と地域

　ジョスパン政府の兼任制限法案は明快に上下両院議員および欧州議会議員の兼職禁止の原理を打ち出し，これら議員職務と地方公選執行職，すなわち，レジオン議長，コルシカ議会議長，県会議長，および市町村長との兼任を禁止するとしている（法案第1条，第2条）。また，国民議会議員に対して，州議会議員，県議会議員，パリ市議会議員，市町村会議員の兼任をただ一つに制限している（第2条）。明らかに，1985年法の水漏れ状態を厳しく議員職務専念の原則によって補足し，強化しようと意図したものであった。[66]

　さて，2000年4月5日法は，1985年法の欠陥を補い，フランスの政治階級が

---

65) 例示した大臣の兼任状況に関しては，HPのデータによった（http://www.amiens.fr/citoyen/）。

66) 1985年法（2000年の法改正においても同様）は，以下の組織法，一般法のペアからなっている。法改正において，組織法律，一般法律の二つが必要になるのは，周知のとおり，第五共和制憲法第25条の規定による。同条第1項は，「組織法律が，各議院の権限の期間，その構成員の数，その歳費，被選挙資格の条件，被選挙欠格および兼職禁止の制度を定める」としていることに拠っているものである。Loi organique n° 85-1405 du 20 décembre 1985 tendant à la limitation du cumul des mandats électoraux et des fonctions électives par les parlementaires, *Journal officiel de la République française*, 31 décembre 1985, p. 15503.; Loi n° 85-1406 du 30 décembre 1985 tendant à limiter le cumul des mandats électoraux et des fonctions électives, *J. O.*, p. 15504.

　1985年法の評価については，以下を参照。Albert Mabileau, "La limitation du cumul des mandats, Illusion électoraliste ou modernisation démocratique ?", *Annuaire des Collectivités locales*, Litec, 1986, pp. 8-19; Albert Mabileau, "Le Cumul des mandats", *Regards sur l'actualité*, mars 1991, p. 26.; Jean-Claude Masclet, "Un remède homéopathique ? Les lois sur le cumul des mandats et des fonctions électives", *L'Actualité juridique-Droit administratif (AJDF)*, 20 avril 1986, pp. 214-220.

　1998年から始まった審議において法案の趣旨を示すものとして，以下を参照。

　"Rapport du Bernard Roman (au nom de la commissin des lois) sur le Projet de loi orgqnique limitant le cumul des mandats électoraux et fonction électives et sur le Projet de loi limitant le cumul des mandats électoraux et fonction électives," *Rapport A. N.* n° 909, le 20 mai 1998.

　同じく，法案提案者による以下の文献を参照。

　Bernard Roman, *La fin du cumul des mandats*, Preface de François Hollande, Bruno Leprince Éditeur, 2000.

第4章　地方政治エリートによる支配構造関係の諸断面

選挙制度と兼任容認の風土の中で築いてきた封土 fief をついに解放するものと期待されていたのであるが，実態は，旧来の兼任制限の一部手直しとなったことはよく知られている。2000年法は，上下両院議員と欧州議会議員との兼職を禁止した。また，両院の議員のそれぞれは，州議会議員，コルシカ議会議員，県会議員，パリ市議会議員，少なくとも3,500名の人口を有するコミューンの市町村議会議員との一つを超えるものとの兼任が禁止された。つまり，両院の議員は，地方委任職責の一つを兼務しうるものとなった。[67]

明らかに「スープの塩」が上院の右翼を中心に手加減され，左翼の政府与党（当時のジョスパン政府）もあえてその流れに逆らわなかった。一般に保革共存政権下に政府組織を任された議会多数派は，反対の党派の代表である大統領との政策的なすり合わせに神経を使い，大胆な施策を強引に実行する迫力に欠けると言われている。当初の首相の確固たる勝利の宣言（前掲）は，空文句に終わり，大胆な改革を意図した法案は，明らかにトーンダウンを余儀なくされた。法案骨抜きの責任は上院の保守勢力（右翼陣営）に負わされた。しかし，それは，結局のところ，政府当局の断固たる改革の意思が本物であったかどうかという皮肉な評論に場を与えることになった。[68]

ゲティエの論評は，さらに辛辣である。

「極めて詳細な措置にもかかわらず，2000年4月5日の二つの法律は，しかしながら未完の作品という印象を残している。また，考えうるのは，公選委任官職の兼任問題 la question du cumul des mandats は，フランス政治生活のあの《いつも通りの話題》に

---

67) Loi organique n° 2000-294 du 5 avril 2000 relatives aux incompatibilités entre mandats électoraux, *J. O.*, 6 avril 2000, pp. 5238-5239; Loi no. 2000-295 du 5 avril 2000 relative à la limitation du cumul des mandats électoraux et des fonctions électives et à leurs conditions d'exercice, *J. O.*, pp. 5239-5246.
68) 報道記事としてはさしあたり，Gérard Courtois による以下の記事を参照。"Cumul des mandats: Le Parlement adopte une réforme limitée et inéquitable", *Le Monde*, 10 mars 2000. 上院の同法案への抵抗を報じるものとして，同記者による以下の記事を参照。"Les sénateur renforcent leur opposition à la limitation du cumul de mandats", *Le Monde*, 4 mars 2000.

留まらないだろうということである。それはあたかも，大統領任期の問題がかつてそうであったように……。この問題を徹底解決するには，新たな努力が確実に必要である。／今のところ，［兼任問題について］改善がなされたとして，なお，次の選挙において，委任職責と公職務の兼任の制限が，効果的に，若者だとかあるいはさらに女性という新しい社会職業的なカテゴリーに対して，公共的な責任部署の空間 l'espace des responsabilités publiques を切り拓くかどうかを特に検証することが残っている。何れにせよ，かかる目的の追求は，いかに厳しいものであっても，委任職責や公職務の兼任に関する単なる法規制を正に越える諸手段の動員が必要である。／実際，これらの兼任の制限，あるいはむしろ禁止は，確かにそれ自身一つの目的ではない。せいぜい，その制限とか禁止とかは，これに関連し，その取り扱いがより大規模なアプローチを必要とするという，一連の問題全体への省察の機会となるのに他ならない。議会は，公選職責の兼任，選挙の態様，地方被選出者の刑法上の責任，地域開発あるいは市町村間の協力形態 l'intercommunalité について立法化している。しかし，それらの諸課題のそれぞれの将来や，永続性についての確たる省察も無しに，議会が議論を進めていることを目にするのは，我々にとって衝撃的だった。議会の立法過程は，真に戦略的というよりも，したがってまずもって経験主義的であるように見える。他のやり方があろうか？　経験はしばしば，大規模な改革はむしろ苦痛の中において誕生するということを証明しているのだが……。」[69]

2000年10月17日，ジョスパン首相に元首相のモロアを委員長とする「地方分権化の将来の為の委員会」による報告書が提出される。『地方公共行動の再編成』と題された大部のものである。そこには上院の抵抗によって果たされなかった，公選委任職責兼任の完全な禁止が提唱されている。2002年の大統領選挙の結果が示すように，ジョスパン氏は機を逸した。報告書そのものが，SOFRESの世論調査（2000年8月実施）に拠りつつ，以下のごとく指摘していることは実に興味深い。「フランス人達はこの問題［公選職責の兼任問題 - 引用者］については明確な態度をとっている。5人のうち3人は，自らの市町村長が国民議会議員や元老院議員でないことを望んでおり，それは，市町村の抱える種々の事務に，首長がより多く取りかかり，専念することができるよう願っている

---

69) Christophe Guettier, "Les lois du 5 avril 2000 sur le cumul des mandats électoraux et fonctions électives", *L'Actualité juridique-Droit administratif*, n° 5, 20 mai 2000, pp. 427-439.

からである[70]」。我々は選挙社会学的な分析に立ち入るものではないが，棄権率の高さが，この時期の国政と地方選挙の一貫した特徴であることに見られるように，特に，改革の中途半端さが選挙民（世論）の失望をかった一要因であり，ジョスパン内閣の奮闘にも関わらず，社会党および左翼陣営の強い支持をつなぎとめられなかったことは，結果論とはいえ明らかであろう。

最近のル・モンド紙の記事は，社会党が2009年夏に提案しようとしていた公選委任職責の制限に関する与党UMPによる方針案に対して，議員側の腰が重いことを指摘している。

この報道の注目すべき第一の点として，現状の党派別の兼任状況が簡潔に報告されていることである。要旨を摘録しておこう。

社会党そのものの問題であるが，国民議会の185の議席において，80名の議員が地方執行職を兼任している。内，64名が市町村長，12名が県議会議長，4名がレジオン議会議長である。完全に国会にのみ専念しているものは，20名余りにすぎない。この残りは，市町村，県，レジオン各級議会の執行職に就いていない議員である。

99名の上院議員については，43名が地方執行職（25名の市町村長，14名が県議会議長，4名がレジオン議会議長）を兼ねている。上院の職務にのみ専念しているものは20名余りである。

与党のUMPは皮肉にも社会党よりも兼職率が低い。308名の国民議会議員のうち160名が，151名の上院議員のうち82名が地方執行職務を兼任しているという。これらの記事が示すデータは，partisanshipと公選委任職責の兼任との関係を当面は問題にする必要はなく，むしろフランス政界全体（あるいはその基盤としてのフランス社会に根を張っている政治常識の内容）こそが兼任問題の当面の対象になることを示しているであろう。

記事はさらに最近の傾向として，当然だが，市町村間共同組織役員や混合経

---

70) Pierre Mauroy, Commission pour l'avenir de la décentralisation, *Refonder l'action publique locale: Rappor au Premier ministre*, (remis le 17 octobre 2000), p. 90.

済会社 SEM 役員など，市町村が経営する共同組織幹部職との兼任が目立つとしている。この傾向はますます隠蔽された形での兼任現象が蔓延することを示しているだろう。

　同記事はまた，兼任することにより，国会議員歳費の 1.5 倍を上限として得られること，競争者となる将来の敵対候補者を駆逐し得ること，自らの人気を選挙区で高められること等を議員達が兼任に固執する理由として挙げている。また，注目すべきことは，男女共同参画の法的措置により，一定数の従来の男性の政治的アクターが地方政治の「衛星組織」les organisations satellites des collectivités locales に逃避する傾向があるとの指摘である。これは，フランス地方政治の文脈からして市町村間共同組織の理事役員や事務局等への地方政治家の流入を意味しているものであろう。もちろん，記事は兼任制限がまじめに行われるならば，新たな政治的なアクターが政界に登場することを促し，特に上下両院の欠席制度（アドピ法 loi Hadopi の採決は，たった 36 名の下院議員のみによって行われたという）の克服に役立つだろうと結論している。[71] 上に述べたメニイらの論点が現在もなお知識層において強く支持されているということであろうか。

　いま一つ，2009 年 3 月の一斉市町村議会選挙を前に，サルコジ政権下の閣僚が市町村長職を確保するために奮戦している様をやや皮肉な調子でニューヨークタイムズが報じていた。労働相のクサヴィエ・ベルトラン Xavier Bertrand は地方選挙に打って出て，フランス北西部のサン゠クアンタン St.-Quentin の助役になろうとしているが，「それが大臣にとって地元とじかに接する最良の方策である」，「世論調査にびくびくするよりよどほましだ」と報じている。ニュヨークタイムズの論調は，外国人から見たフランスの奇妙な兼任現象につい

---

71) Raphaelle Bacqué, "Cumul des mandats: pourquoi ses élus résistent", *Le Monde*, 1 september 2009. 同記事は，連合王国，ドイツ，イタリアでの国会議員の兼職率は 20%にすぎないが，2000 年法の規制にもかかわらず，フランスでの兼任率は大略 80％に上ると指摘している。兼任問題は再びジャーナリズムの世界で問題になりつつある。一例として，Alexandre Piquard et Nabil Wakim, "Qui sont les députés qui cumulent ?", *Le Monde*, 7 octobre 2009.

ての好奇心と戸惑いとが入り交じった典型的な反応を示すものであろう[72]（詳しい理論的な分析は第5章参照）。

　いずれにせよ，この問題はフランスの奇妙な習慣という枠にとどめておくことができない。いわばフランス共和国憲政の「痛んだアキレス腱」を形成していることは明らかであろう。

---

72) Elaine Sciolino, "French Cabinet Not Enough? Then Try Major", *The New York Times*, January 13, 2008 (引用は電子版).

第5章 公選委任職責兼任への理論的批判
イヴ・メニイの議論を中心に

1 歴史的構造としての兼任現象の伝統

　公選職兼任の普遍化という現象は総体として，フランス社会にどのような政治的影響を与えているのだろうか。クロジエ，ペイルフィットといった論者は，フランス政治文化の特徴として，秘密性，各階層・組織の分裂や分離の恒常性，情報停滞による小権力ゾーンの強固な形態での孤立性といった点を挙げている[1]。兼職現象はまさにこうしたフランス社会の問題性の一端を担い，かつまたそれ自体としても混迷を促している一ファクターである。

　公職兼任は政党の側からは，少数エリートの緊密な統制，選挙区の"封建領地化"，"地方封土"を地盤化しかつ確保するための地域的特殊権益の擁護，政治資金源・組織力として市町村役務を動員するなどといった機能を有する。

　"兼職屋" cumulard にとっては，上記と重なるが，地元選挙民の利益の強力な擁護，その結果としての"クライアント"即ち「顧客」として捉えた選挙支持者の忠誠心の確保，安定的／恒常的と一過性とを問わぬ政治的支持の調達，再選基盤の不断の培養，政治の職業化（政治のためにではなく，政治家としての収入のために生きるタイプ），中央との良好な情報交換，異なるレベルの自治体や議会等を貫流する情報フローの確保といった効果をもたらす[2]。

---

1) さしあたり以下を参照。Michel Crozier, *La Société bloquée*, Seuil, 1970（ミシェル・クロジェ著，影山喜一訳『閉ざされた社会：現代フランス病の考察』日本経済新聞社，1981年). Alain Peyrefitte, *Le Mal français*, Plon, 1976（アラン・ペイルフィット著，根本長兵衛，天野恒雄訳『フランス病』実業之日本社，1979年).

市民＝選挙民という側面から同じ問題を見ると，問題の本質はより深刻である。それは「超名望家 supernotables の利益のために歪曲された選挙ゲーム，《過剰に代表された》市民らのために基底部分から頂点にまでさかのぼることで大量に見られる代表制の歪みの蓄積効果［別言すれば，有力政治家に守られた受益者とこれといって有力な政治的代理人をもたないアウトサイダーとの間の矛盾の増大］，政治制度にまで仕立て上げられた地域的不平等性」([3])（［　］内引用者，以下引用の箇所において同じ）を意味する。

　ことは民主主義の原則にかかわる。兼職現象は，政治代表の職務・職責に一般市民が接近することを著しく困難にする。フランス人が言うところの政治階級 classe politique は，このようにして極めて少数の者に集中化し，したがってエリート化し，一般市民が政治家の仲間入りすることは益々困難となる。それは，「エリートの循環」という政治社会学的視点からしても，循環性の機能不全や障害の客観的素地を供するものである。

　ウォルムスは言う。

「兼任はフランスにのみ存在し，それはわが代議制の構造において極度に集権化された管理システムの結果である。しかしそれは種々の役割の混同によって選挙民の眼に被選出者 élus の役割をあいまいにし，その独占的な地位によって選挙民による責任ある地位［すなわち公選職務］への接近を制約してしまう。どのようなものであろうと兼任の制限は，たとえそれが不十分であろうとも……民主主義の進歩なのだ。[4]」

　しかしミッテラン＝ドゥフェール分権化法案を策定した最高責任者であり，

---

2) Jeanne Becquart-Leclercq, "Cumul des mandats et culture politique", in Albert Mabileau (dir.), *Les Pouvoirs locaux à l'épreuve de la décentralisation*, pedone, 1983, p. 229.

3) *Ibid.*, p. 230.

4) Jean-Pierre Worms, "La Décentralisation au mlieu du gué", *Revue Politique et Parlementaire*, n° 946, mars/avril 1990. ただし，Worms 論文は，当時の分権化改革の成果と未達成部分についての率直な指摘であり，分権化政策立案者の高い知的資質を伺い知ることができるし，行政学的な価値は低いものとはいえない。ここでは紙幅の関係上詳しい紹介・検討は果たせないがフランスの政治的知識人が抱えるある種のジレンマを理解する上でも興味深い。

1985年兼職制限法の法案提出者によるこの言葉は，やや遁辞の趣きがなくはない。

だからそこに我々は付け加えなければならない。地方自治を真に発展させる視点からするならば，公選職の兼職現象は，地方自治諸機関 collectivités locales（レジオン・県・コミューン）の自律的政策立案およびその遂行能力の健全な発展を阻害するものである。公選官職の兼任は一見したところ中央—地方の良好な政治コミュニケーションを保障するかに見えながら，その実この国に地方自治を根づかせる上で障害となっており，分権化政策そのものをクライエンティリズムの中に没し去る危険性を有しているのである。[5]

メニイは La corruption de la République（邦訳『フランス共和制の政治腐敗』）の中で兼任制度を政治腐敗の与件の一つとして分析し[6]，のちにこの論旨はより凝縮した形で，雑誌 Revue Politique et Parlementaire (RPP) の中で展開されることになる。[7] 公選委任職責の兼任に関する検討の中で，メニイの見解が最も政治学の分析としては筋道だったものであり，深い内容を備えている。この問題を扱った体系的なメニイの批判を検討しておこう。

公選委任職責の兼任がフランスにおいて普及してしまった理由として，この国の集権的傾向，権威主義的な傾向が指摘される。第一に，「権威」l'autorité について考えた時，フランス人は伝統的にただ一人の人物への権力の集中をイメージしやすい。君主，家長，司祭，領主，経営者などは，「階層的に厳格で，〔周囲から〕服従をうけるべく定まった秩序の頂点に位する」。今日，民主的国家の中にあって，フランスほど少数の責任者に決定責任を委託してしまっている国

---

5) ミッテラン大統領の下で早くも分権化改革政策の第2段階・新段階を画するものといわれる法案が提出されていた。ピエール・ジョックス内務相により提出された法案「共和国地方行政要綱法案」Loi d'orientation relative à l'administration territoriale de la République は，大臣会議により承認され（1990年8月1日），直ちに議会に付託されることとなったが，実効をあげることなく終わる。Voir, Démocratie Locale, n° 58, août/septembre, 1990, Ministère d'intérieur/Direction générale des collectivités locales（因みに同じ DGCL からは，Bulletin d'informations statistiques de la DGCL も発行されている）。

は他にない。「政治的構築物の基底部分から頂点に至るまで，権力は君主制的な本質をとどめている。国家元首，レジオンや県の議長職（かつては県知事），市町村の首長等は，"自らの王国における皇帝"なのである」。

このシステムは「厳格であり，仕切られていて，中央に権力集中がなされている」のであるが，それ故に，明らかな機能不全に陥るのであり，修正を余儀なくされる。これが第二の特徴に結びつく。実際的な修正をほどこすためには，一定の回路が必要とされる。すなわち，同一の政治的アクターが異なるレベルの公選委任職責を取得することである（たとえば，「国民議会議員－市長」などといった兼任ユニット）。この逃げ道は，ヒエラルキーを緩和し，構造的な溝や対立状態を乗り越えさせ，異なる陣営を架橋するのである。

---

6) v. Michel Debré, "Trois caractéristiques du système parlementaire français", in *Revue française de science politique*, vol. V, n° 1, 1955. メニイはドゥブレを継承し，自論を展開している。議会はドゥブレの改革を平気でくじいてみせた。代理投票の容認である。「ミシェル・ドゥブレは，すでに見たように，国政と地方の役割上の混同を嫌っており，フランスの悪習慣に欺かれることなく，1958年憲法に「国会議員の法案への投票は議員個人による」（第27条）という措置を導入したのであった。さらに同氏は，1958年8月27日にコンセイユ・デタにおいて声明を発することによって，自らのイニシアティブの基礎を鮮明にした。『個人的な投票の義務は同時に道徳的・政治的な要請である』，と。この仮説への反証は，この条項の適用を規定している組織法律を改訂しようとする1961年における試みによって確認される。実際，議会は一つの法律を採択した。それは，『国会レベルの公選委任職責や共和国の地方公共団体の種々の公選議会における委任職責の行使から派生する諸義務』という事実により，国会議員が両院での投票参加が不可能となったときは，投票委託 délégation de vote の可能性を拡大するというものであった。しかも，1961年12月に憲法院は，個人投票への原理への抵触をあえて容認するには，本件は十分なまたは十分に管理された動機の一つとはありえないとみなし，奇妙な議会での『欠席制度』を容認するに至ったのであった」。Meny, *La Corruption de la République*, p. 85（邦訳『フランス共和制の政治腐敗』78頁）。本書37頁のメニイの論述を参照。イヴ・メニイ『フランス政治論争における中央集権化と地方分権化（抄訳，上）』中谷猛，亘理格，岡村茂訳，『立命館法学』（立命館大学法学部）192号，1987年，278-307頁。原文は Yves Mény, *Cetralisation et décentralization dans le débat politique français*，この訳業は残念ながら継続できずに終わっている。

7) 以下引用は，Yves Mény, "Le cumul républicain: la démocratie réduite aux acquêts ?" in *RPP*, no. 991, nov./déc. 1997, pp. 5-10.

第 5 章　公選委任職責兼任への理論的批判

　これらの二つのエレメントは第三の結果を呼び起こす。
　特定の権限をもった位置を占めるのか，あるいはできるならば複数の段階への権限ある帰属こそが，「この上ない力を発揮することになる」。「権力や富の集積は，行動力，影響力，統制力を倍加させる」こうした力の集積は，三つの領域においてその権威を展開せしめる。決定領域の中枢において支配的で権力的な地位を占めることによる垂直的な権威，複数の領域において戦略的な位置取りをすることによる水平的な権威，長寿命の権力維持による時間的な広がりである（ベッカール＝ルクレールの分類とは似ているが，現に振るわれている権力の態様を示している点で異なる）。権力の集積は時に「守銭奴」のような姿を示す。自らは「社会の超エリート層」に属していながら，同時に緩やかな職業上のスタンダードの中で安住の地を見つけようとする。競争を極度に恐れるあまり，自らの廻りには草木一本生えない様な独占状態を築きあげる。
　「フランスでは国政の委任職責 mandat national と他の公選的または非公選の職務 autre foncitions, électives ou non との間の寛容な互換性の長い伝統のもとに兼職ははぐくまれてきた」。たとえば，「7月王政の下では，多くの下院議員は公務職を兼任し，更に驚くべきことに，中央権力から市町村首長に任命されていた。国家の政治代表の優越性と排他性がフランス革命の初期に強く表明されていたにもかかわらず，制度上の危機と憲政の改変の中で［この原理は］不断にその性格を薄めていった」[8]。
　そこに伝統的なフランス諸政党の組織的な弱さが加重される。
　19世紀フランス社会の憎悪と対立の場として選ばれた結果，工業化と都市化が遅れたこの国での普通選挙制度の下で，政党の側は，普通選挙の結果生まれたにもかかわらず，選挙投票での圧勝を得ることなく，権力を獲得するでもなく，都市のプロレタリア大衆の動員にも成功したわけでもなかった。19世紀半ばの英国やドイツやイタリアとは対照的であった。「フランスでは，選挙候補者ついで被選出者は，政治的名声を得て，さらにそれをうち固めるためには，

---

8)　*Ibid.*, p. 5.

社会的な名声の基盤の上における支持がなされなければならなかった」。被選出者［議員や首長］たちは，地方的な地盤の獲得に熱中し，政党組織は，この社会的・政治的構造化の上に，この構造そのものを損ねないように，そっと上乗せされている。この点は，これまでのすべての政党研究が明らかにしているものである。「政党の側は，自ら身を落としたうえで，ようやっと地域の組織をたちあげることができる。政党は，かくして，大衆の動員やエリートのリクルートの組織であるよりも，名望家 notables の単なる寄せ集めとなってしまう。エリートを［政治闘争の局面や戦略に応じて］選び出すのは政党の側ではない。そうではなく，エリート達が，自らのイデオロギー的な嗜好と状況がしめす政治的な流れを老練に勘案したうえで，所属政党を決めているのである」。近代政党は，「頂点が基底部を推進する」が，フランスでは，「基底部［すなわち地方政治社会］が，政治的人間を"形成"する」。パラシュート降下した時は，候補者は地方社会に受容され，統合され，かくて"出世をとげる"。それは，すなわち，中央・地方の職務が地域において兼務されることを意味する。

2 政治の行政への追従

　これらの歴史的なファクターとは別に，行政システム構造と政治システム構造の類似性が指摘される。行政システムは政治のそれよりも早く確立し，「安定性と連続性」で優っている。「フランス行政の特色は，水平的関係を犠牲にして垂直的な関係を尊重する（コミューン間や県の間での関係よりも，地方／パリ関係が重視される）し，近年まで，県における知事や市町村におけるその首長（1884年まで任命されていた）という風な，中央と地方のインターフェイスに位置する役人の優越性によって特徴づけられていた」。知事と市町村首長はこうしたインターフェイスに相当する任務と共に事実上二重の職権を行使する。県知事は1982年までは，政府の代表であり県の執行権者である。市町村長は，コミューンの政治的多数派の「うつし身」であり，同時に，自らの活動の一定領域において国家の代表でもある。「国家の頂点部分においてコンセイユデタ le Conseil d'Etat が，同時に，国家の枢密顧問の機関であるとともに［行政裁判の］最高裁判所でもある如く，システムの正に中枢においてアンビヴァレンスが存在する」。行政のこうしたあり方は政界人の行動様式に影響を与える。知事との対等な力関係を求めて，国会議員達は一定の関係性のモードを模索し，大都市の市長はパリの大臣達との直接のアクセス手段を模索する。

> 「下院議員－市町村長 député-maire（特に県都における）という形態は，第三共和制期に一般化した。この時期は，自由民主主義（1884 年の市町村法）と国家の外局を通じての地方レベルへの多様な形態での干渉（教育，社会的役務，地方基盤整備）とが共犯的な仕方で発展したのであった。かくして，公選委任職責の兼任 le cumule des mandats こそは，ジャン＝クロード・テニック Jean-Claude Thoenig とミシェル・クロジエ Michel Crozier によって地方行政の中枢部において検証された"交叉的規制" régulation croisé のために絶対に欠かせない接着剤となる。」

クロジエらの組織社会学の手法と結論には尊重すべき鋭い指摘も多く，「交叉的規制」の概念もそうした成果の一つであろう。だが，一般にはこの学派の研究者たちはその負の側面［ないしは限界］には目配りしない。彼らの言説に無批判に依拠することへの警告が発せられている。メニイの論評は参考になる。

> 「しかしながら，これらのファクターは，システムの複数の根源を説明するものではあるかも知れないが，問題を完全には解消しない。実際，公選職責の兼任が今日では一般化してしまい，陳腐になっているとは言え，この現象は同じような量的な規模に及んでいたわけではない。たとえば，1936 年には，下院議員の 3 分の 1（35.7％）が一つの地方委任職責を有していた。」

1956 年には，まさに，ミシェル・ドゥブレが再三にわたって国家的［責務］と地方的［責務］との衝突を非難し（かれは既に 1947 年にそうした批判を行っていた），嘆いたのであった。

ドゥブレを引きつつメニイは次のように指摘する。

> 「わが国会議員達の精神においては，地方的な関心の方が国政への関心に優ってしまっているのだ，と。しかし，56 年のその当時でさえ，兼任はなお 42％に過ぎなかった。」

「それは第五共和制を通して増加し続け，73年以降は，70％を超えた。1988年には，540名の国民議会議員の519名が少なくとも一つの地方的職責を兼務している。実に，96％である。」[9)]

3　満足を知らない過食症——兼任への衝動

　国家の再建を意図した第五共和制はこうして結果的に大きなパラドクスを生む。少し長いが，メニイの論述を追ってみよう。

　「70年代以降，国会議員がこれほどまでに多数にわたって兼任を行い，ローカリズムが国会議員の生活において現実味をもっていることは，かつてなかった。」「上院議員がこの六角形の祖国の36,000の鐘［コミューンのこと］の守護者であることは大目にみたとしても，この正統性のイチジクの葉を取りのけたとしたら，ほとんど民主的とはいえない彼らの選挙方式を正当化する何らの論拠も残らないであろう。だが，国民議会に関して"国政の政治代表" représentation nationale について引き続き云々しようとすると，それはしばしば「希望的観測」wishful thinking を生むことになろう。なぜなら，公選職責の兼任は，ある意味において，氷山の一角にすぎないからだ。事実，それぞれの委任職責 mandat は，公職務の星座の中心に位置しており，これらの公的職務はとりわけその委任職責をして地方的レベルに関連付けられ，結びつけられているからである（特殊または地域公施設法人，非営利社団，混合経済会社等）。」

　「公選職責の兼任は，一定の行政的機能 une certaine fonctionnalité を持っていたし，依然として有している。それは，国家の代表権者たる知事への地方における対抗権力たることを可能にした。問題は，今日では力関係が逆転してしまい，不均衡状態は国政議会議員／地方名望家 l'élu national/notable local の側に有利に働いている。知事の権限はぎりぎりのレベルにまで削減されているので，「被選出者-起業家」l'élu-entrepreneur［起業家的な傾向を強くもっていて新規の補助事業の創出に熱心な地方首長などを指す］の行き過ぎに対してバランスを誰もとれないか，あるいは，ほとんど問題にならない程度にしかとれないということである。システムがそうである以上，兼職を望まない議員達は，いびり出されてしまう。」

　「今日では，ゲーム規則がそうなっている以上，議員にとって兼任の機会を探さないことはほとんど合理性をもたないことになる。兼職批判は，したがって，反-兼任の

---

9)　*Ibid.,* p. 6.

姿をとったプジャード主義［プチ・ブルジョワを基盤にした偏狭な反権力闘争］とは見なされるべきではない。議員はこのゲームをやり抜く完全な合理理由を有しているのである。だが，議員達は理解すべきであろう。このゲーム規則は，古風なある社会の表現——『集権的かつジャコバン的な国家によって支配されている農村社会』la société rulale dominée par un État centralisé et jacobin のそれなのであり，まさに我々の政治生活が必要としている変革への主要な障害物であるということを。」

「なぜならば，公選委任職責の兼任は，多くの欠陥：議会の欠席制度，テクノクラシーの支配，国政的利害と地方利害との混同，政治的多元主義の面での動脈硬化現象を分泌しているからである。」[10]

4　兼任制度の帰結

こうして，兼任を容認した論理的な帰結としてメニイは以下の四つの側面を指摘する。

1　議会の欠席制度

「議会の欠席制度は，フランス政治生活の一種の傷をなしている。それは，他の欧州諸国には比肩しえない重みを持ってしまっている」。上下両院の恒常的な欠席状態は法的に認知されているわけではない。だが，どの国にあってもフランスほど空っぽの半円形議場が常態化していることなどはない。そこでは，たった一握りの国会議員達が法律を採択している。「あらゆる法律の概説書が，法律とは，"一般意思の表明"であると，知らん顔をして説明している。ミシェル・ドゥブレは国政と地方政治の役割混同を嫌い，そのことにおいて正しい措置をとった。かれは，1958年憲法において，一つの措置を導入した。すなわち，「国会議員各人の票決権は，一身専属的である」(第27条)と[11]。ミシェル・ドゥブレは1958年にコンセイユデタの前で自らのイニシアティブの根拠を定義する。「国会議員個人の判断による投票は，同時に，道徳的かつ政治的な要請なの

---

10) *Ibid.*, p. 7.
11) 憲法条項の訳は『解説 世界憲法集〔第4版〕』(三省堂) を参照。

である」，と。しかし，この前提を覆す組織法律の改定が1961年に明らかになる。こうして，国会議員がその投票を行えない事態が，"国会の委任職責の行使，または，共和国の地域自治体の被選出議会での委任職責の行使から生じた職務"によって生じた場合は，代理投票 délégation de vote を認めるとの措置だった。代理投票はうやむやのうちに容認されてしまった。「憲法を改定できなければ，違憲行為を行えば良い！」

2　テクノクラシーの支配力強化

メニイの論評を追って見よう。政治家とテクノクラート達は，まるで「ヤルタ協定」を結んだみたいに粛々と分業をしている。

「テクノクラートと政府高官には，執行職務とそれを可能にするもの，すなわち，立法職務を。政治家達には，地域の日常的な管理運営を。しかし，この政治的な分業は，伝統的な象徴を尊重しなければならない。法律は国会 Parlemtent で表決されねばならぬ。二つの相矛盾する命題の妥協は，国会と国会議員達の地位低下によって処理される。議員達には，実際上かつ象徴的な代償が与えられているからだ。議員達は質問されたなら，ほとんど例外なく自らの地方委任職責［市町村首長や県議の職責など］への嗜好を表明する。」「国政の委任職責 le mandat national ［すなわち，上下両院の国政議員職］は威信に輝きを加え，影響能力を強め，クライエンティリズム clientélisme の威力を増強し，潜在的競争者を排除することを可能にする。しかし，国政の委任職責は，多くの国会議員自身にとって，地方委任職責 le mandat local のアクセサリーになりつつあるのだ。」

「兼任は，立法にあたる国会議員達のフラストレーションを忘れさせると共に，行政的テクノクラシーの存続にとって最も強固な保障となっている。何人かの国民議会議員や元老院議員達は自らの任務に全力を注いでいる。しかし，かれらを除いて，そのほとんどは，自らが立法化しなければならない法律や問題に関する真の専門家になるための関心や嗜好や時間をもっていない。これらの議員達は，省庁やコンセイユデタ［国務院］（あるいはブリュッセル［現代では欧州連合本部を指す］）の専門家への自由裁量領域を残してしまうことになる。議員達は時折，不快感を表明はするが，ますま

---

12) Mény, *op. cit.*, pp. 7-8. なお同じ文脈において，前掲 Mény, La *Corruption de la République*, p. 85（邦訳78頁）。

す明晰に確認される流れを逆転させることはできないのである。公選委任職責の兼任こそは，行政に立ち向かう国会議員自身の重み付けなのである。国会議員達は，［選挙区の］地方的利害を守る領域に関して最も気にしている，……」

「間違ってはいけないこと：地方的利害は自らの正統性を有しており，それを表明することを可能にする分権化改革は，改善され，深められ，発展されなければならない。これらの利害が国家の中心的な装置の内部において政治的に代表され，擁護されるということが同様に不可欠である。これこそ，フランスにおいて元老院が応えるべき任務である。だが，同様に国民的利害に責を負う国民代表が存在しなければならない。この役割はフランスでは，［大統領に集約される］執行権力と国民議会に帰着すほかはない。[13]」

メニイの主張の特徴は，地方的利害を主張すること自体を否定するものではない。それは正当な手順を踏んで主張されるならば問題ない。また，地方分権化も否定することはされていない。問題はその旗印の下で，実は中央―地方関係が兼任制度によってゆがめられているという，政治科学に立脚した指摘なのである。

3　国政レベルの利害と地方的利害との混同

メニイの論評の矛先は，国政レベルでの上下両院の在り方にも指向する。

「然るに，委任職責や公職務の兼任に関する実践と結びつけられた結果，選挙制度は，国民議会をして第二の地方議院たらしめている。国会はフランス最強のロビー［圧力団体］と化した。この地方利害を代表するロビーは，あらゆる地方行政システムの改革――たとえそれが臆病なものであっても――を阻み，余りにも非常識な地方財政の仕組みを変革しようと企図する試みをことごとく阻止し，いくつかの私的企業――そこで利益をあげている――によって本質的に経営されている"公共役務 services publics"の野放図な広がりを許容してしまった。」

「パラドクスは次の点にある。すなわち，この［中央―地方段階における政治代表選出の］混同状態は不安を起こすどころか，一つのドグマにまで仕立て上げられているということである。この重なり合いの状態のみが，国政代表者に対して，立法者にと

---

[13]　*Ibid.*, p. 8.

って必要な現場での経験を積ませることを可能ならしめるのだ,と。」だが,こう申しては皮肉に聞こえようか。「現場が重い意味を持てば持つほど,それは,国会議員がそれに基づいて立法者の機能をはたす面で手をしばられるのだということを。」

議論のからくりは明らかである。国民議会の選挙制度が広い選挙区に基づく比例代表制をとっているならばそれはやや公正な響きをもつだろう。現行の小選挙区制度では問題にならない。そこでは,国民議会議員に対して,［すべての局面に名望家として口利きする］政治家個人として深く自らの選挙区に根を張ることを許してしまっている（大半の「地盤をもたない」落下傘候補者の失敗を見よ）。

「もちろん,なに者もまず地方被選出者になって必要な［政治現場についての］経験を獲得することに文句など言っていない。なに者も,地方被選出者が現場での経験を積んではならないなどと言ってはいない。そうした主張には正当性はない。医師,組合活動家,移民の子孫たるフランス人,企業の長［などの多彩な社会経歴を有する人々］は,国会に実り多い経験をもたらし得る。」[14]

フランス型の小選挙区制度が政治家の視野をいっそう狭める結果となっているという指摘は要チェックであろう。なぜなら,二大政党制による政権交代がおこりやすくなるという論理の下で,大量の死票を伴い民意の比例性を無視した余りにも呑気な評価が我が国の現行小選挙区制にも与えられているからである。

4 動脈硬化をおこす政治的複数主義

メニイの批判は徹底している。民主主義の根幹である政治的複数主義を兼任現象は侵食している。既得権益として議席が扱われ,兼任制度を前提に,地方首長職などの公選職名望家が中央―地方の議席独占のために駆り立てられることになる。

「政治上の兼職 le cumul en politique は一定の機械的な効果をもたらす。それは,権

---

14) *Ibid.*, pp. 8-9.

第5章　公選委任職責兼任への理論的批判

力の属性を，限定された特定グループの手中に集中させる。純粋民主主義など存在しないことはわかる。民主主義は実際上，政治代表の小グループにおける代表者によって行使される。この民主主義に関するリアルなヴィジョンは，しかしながら［政治過程を理解する上では］必須のものである。この代表制度の悪徳を最小限度にとどめる為には，平等な規則という基盤の上で，政治的な闘争が公開の競い合いの対象となり，人民の統制が正当に行使されることが必須の条件である。然るに，兼任は，これらの諸条件を奪わぬまでも，それを弱化させ，衰微させる方向に働く。特定の候補者の見栄えと権限と影響力を強化することによって，兼任行為は，ゲーム規則をゆがめてしまう。ある種の候補者達の知名度 visibilité ［可視性，露出度！］や権力や影響力を強化することにより，兼任はゲーム規則をゆがめてしまう。たとえば，地方被選出者は，［さらに大規模な選挙戦に打って出た時］知名度の低い他の候補者に比して，一種の"プライム"を享受しているし，少なくとも，象徴的，社会的，物質的な資源を自由に使っている。かかる有利な知名度は，名望家 notables に（あるいは，多かれ少なかれへつらいを伴う身内びいき népotisme により，その家族に）有利に働く。それに反して，この種のタイプのバイアスがかけられた政治的競争が必要とする最良の切り札を本来的に有していない階級や［社会］集団やカテゴリーに属する候補者たちはそうはいかない。」

こうして，民主主義的な多元主義は名目化する。

「フランスは，政治的民主主義のモデルを気取っているが，その実，まったく窮屈な"多元主義" un pluralisme étriqué に悩まされているのだ。すなわち，少数政党の被選出者の相対的な不在（エコロジストや国民戦線 Front national），女性の戯画的なほどの過小代表――それは，民主主義諸国の「最後尾の位置」 la lanterne rouge ［直訳すれば車両の「赤いテールランプ」］にフランスをおいている――，ある種の政治家達のこれまた戯画的な長寿命――彼らは理性ではとらえられないほど確実に一定の選挙区において政治代表であり続けることに固執している。確かに，委任職責の兼任は，これらすべての細々とした欠陥の唯一の原因ではないのかも知れない。」

多元主義は傷だらけである。すべての政治上の欠陥が公選委任職責の兼任から流出していると見ることに対してメニイは慎重である。あるいはむしろ否定的である。だが少なくとも主要な隘路の一つであることは間違いない。メニイの断定は重みのあるものであろう。

145

「だが，委任職責の兼任はこれらの欠陥の原因に大いに与っているし，あらゆる変革を阻む主要なかんぬきを構成している。」

「フランス政治システムはほかならぬ，その憲政の構造と共に，民主主義を実践する方法そのものにおいて深刻に変革されるべきである。フランス人は強力な執行部を賛美し，分権化を排斥しているがゆえに批判を受けてしかるべき実践や偏向を修正することによって，これらの諸傾向を根本的に改善することが不可欠なのである。効率的な執行権と行政とは，"一であるべきのものとして" *qui en soit une* 単一の国政の政治代表 une représentation nationale によって統制されねばならない。より強固な分権化改革は，役割と職能との混同を避けさせるに違いない。」

「問題の核心は，国政／地方の職責兼任 le cumul national/local である。今日の政治的な矛盾を考慮するならば，我々は以下の二つのオプションのどちらかを決して避けることはできない。」[15]

以下，メニイは二つの選択肢を挙げて見せる。

第一に，元老院が了承するような改革をもたらす"魔法の方式"la formule magique を見つけ出すことによって，上下両院における兼職の［完全な］禁止を実現するというオプションである。

この場合，従来の例からして，①法案が審議の経過の中で骨抜きになり，②憲法によって議院職責と大臣職務との間に打ち立てられた兼職禁止 incompatibilité ［両職務が両立不能であるという原則］システムと同様にほとんど信頼するに足りないものになるという危険性がなおひそんでいるだろう。

第二に，元老院にはそれにふさわしい役割に専念させ，すなわち，地域代表の議院 chambre territoriale たるアイデンティティを強化することを認め，国民議会にのみ兼職禁止の措置をとるというオプションである。元老院はとかく国民議会と等しい正統性と権限をもっているかのごとく振る舞う傾向を有している。したがって，上院が，今日，農村部の意見表明であると同時に，都市部のフランスの意見表明でもあるためには，一方で，上院の特殊性とそれが課している限界性とを上院そのものに想起せしめ，他方において，その代表機能

---

15) *Ibid.*, p. 9.

représentativité を強化することが，必要である[16]……。

以上が凝縮されてはいるが示唆に富んだメニイ論文の趣旨である[17]。

メニイの批判はその3年後に成立した2000年法の不徹底な措置（必要な妥協の域を越えた保守派への譲歩）を正確に予言する内容のものであった。さらにそれから10年以上たった21世紀の現代においてその批判的言説は先見性を失ってしまったのであろうか。いや，市町村間の共同事業が進んでいる中で，よりいっそう名望家の兼任現象は深刻な様相を呈している。以下に示す「公選委任職責保持者のオリガーキー［寡頭支配制］」というサドランの明晰な批判に目配りしておくことは兼任問題のアクチュアリティを理解する上でも有益であろう。

1990年代末から市町村間の共同組織が整備され，21世紀のフランス地方政治の風景を一変しつつある。また，2002年前後において，「第二幕」と呼ばれる地方行政改革が行われた。この点は，後章において詳しく分析する。行論の関係上，要点のみを記しておこう。市町村間の共同組織は理事会を組織しているが，国政レベルと地方自治機関との公選職責兼任による全体的な歪みがこうした分権化「第二幕」や「静かなる革命」現象［市町村間組織 intercommunalité の発展］の上にも及んでいることは重大である。市町村長らコミューンの公選委任職責にある者が市町村間組織の執行部である理事会において議席を占め，併せて職務を遂行する事はそれ自体，公務職の兼任を意味するが，実は法規制の範囲外にある。1985年法と2000年の公選委任職責制限法は，ある程度の制約を市町村長や国会議員や欧州議会議員等による職責兼任の上にかけたものの，実

---

[16] *Ibid.*, pp. 9-10.
[17] フランス政党組織の弱さについては，以下を併せて参照。Yves Mény, "La faiblesse des partis politiques français: une persistance exceptionnaliste", François d'Arcy et Luc Rouban (dir.), *De la Ve République à l'Europe: Hommage à Jean-Louis Quelmonne*, Presses de science po, 1996, pp. 77-94. メニイはフランス的特殊性として政党の足腰の弱さを指摘し，兼職によって政治的な重みを付けた地方名望家によって政党機能が代位されていることを詳述している。

際上は国政レベルの代議士職に及ぶ主要な役職者は兼任が可能であり［典型的には国民議会議員―市町村長のユニットなど］，国会議員―市長村間共同組織の役割という組み合わせは完全に法規制の外にある。

したがって，全体としてこれらの現象は，公選職務のオリガーキーすなわち少数者による権限の独占・専断体制が現代でもより強固な内容において形成されている事を意味する。領域上の諸改革の実施を強く制約してしまっている地域の民主主義の阻害要因についての厳格な批判的見解が分権化改革の実質化のためには必要であろう。

サドランは次のごとく分析している。

「《公選職者による寡頭制》oligarchie élective への権限集中（確かに，選挙制による多少とも明示的かつ冷笑的な合意を伴って）は，共和制の際立った特徴の一つであり，その老廃物である。公選による委任職責・公務職の兼任 le cumul des mandats et des fonctions électives は，選挙上の競争空間を寡頭制的に取り仕切るものであり，兼任を制限するとみなされている措置などものともせず，兼任寡頭制は再構築される。これらの動きの背景には，2000 年 4 月 5 日法がそれに先立つ 1985 年法によって課された制限を強化しているという事実がある。それは，二つの地方執行職務，地方執行職務の一つと欧州議会議員職務，後者と国政議会議員職務の同時的な保持を禁止している。だが反対に，一つの国政議会議員職責と一つの地方執行職責との兼務は可能なままにとどまる。すなわち，下院議員―市町村長 député-maire という象徴的な形態（それに実践的な措置）は守られる。特に同じく次のような規則，すなわち，［在職のまま選挙に出馬すること，すなわち現職を辞任した上で選挙出馬する必要がなく］追加の委任職責が獲得された『後に』法的な兼職禁止状態の《改訂を施す》ということを求める［かの兼職有力者を優遇する］ルールは，存続する。すなわち，政治的な資源の蓄積という本質的な仕組み，つまり，最適の多重的地位確保 la multipositionnalité optimale のシステマティックな追求を可能にする仕組みが，どの面から見ても不満足な立法措置によって守られてしまい，きわめて高い率の兼職指標を結果的に維持させることになる。」

多重的地位確保，換言すれば「多重的公職保持」multiple office holding の現状は深刻である。サドランの挙げている数値を最近の状況に照らして修正しておけば，90.4％の下院議員，80.4％の上院議員が兼職者である。重い形での兼

第 5 章　公選委任職責兼任への理論的批判

任は次のとおりである。45％の下院議員が代議士—市町村長であり，同じく，上院議員の 37.2％が同時に市町村長を兼ねる。上院議員の 34.7％が県議会議員を兼ね，うち 13.3％が県議会議長である。[18]

　「法律は，明らかに，問題を規制していない。だが，《第二幕》act 2 の『華やかな諸改革』は，この点について何も語らず，改革のプロセスを支配するこの『かんぬき』，すなわち利害紛争の制度化 l'institutionnalisation du conflit d'intérêts を純粋に，単純に引き伸ばしただけだ。[19]」

　民主主義原理の徹底を地方政治の舞台において求めているという観点からのサドランによる兼任現象への厳密な批判的論調は，市町村間共同組織の問題を解明する際にも導きの糸となっており，公選職責兼任への研究者等の批判的研究は依然としてアクチュアリティを失っていないことは明らかだろう。サドランはこうした現象と並んで，地域政治のテクノクラート支配や女性の排除，間接選挙制の多重化による責任制の曖昧化と不透明性の増大などを批判してる[20]（第 8 章を参照）。

　サドランの分析は分権化改革の看板と中身の違いを容赦なく暴いて見せるのである。

　2000 年法を越える規制は現在までのところ実施されていない。この隘路を突破しようとする試みはサルコジ大統領下におけるいくつかの報告書によって提起されている。もちろんその場合は大規模な地方自治組織の改編が含意されている。何れにせよ地方名望家にとって居心地の悪い状態が生まれつつある。

---

18)　2008 年 1 月 25 日付け調査。フランス国民議会および元老院のサイト情報より算出。各級選挙の前後で多少の変動がある。詳細は本書の第 4 章を参照。

19)　Sadran, "Deux décennies de réformes territoriales en France", in Laurence Bherer *et al.* (dir.), *Jeux d'échelle et transformation de l'État: le gouvernement des territoires au Quebec et en France*, Les presses de l'Université Laval, 2005, p. 36.

20)　*Ibid.*, p. 49.

第6章 名望家支配の持続と変容

1 名望家とは何か

　1980年代以降，フランスの地域社会は深刻な構造的変容を見せる。第三，第四共和制，および第五共和制下の地方行政の現場において支配的な立場を築いてきた地方政治の有力な指導者達は，こうした変化を前にして大きな柔軟性を発揮し，地域政策の進展を支えてきた。地域権力構造の変化と持続性について「地域の名望家」という視角からフランス地域の変貌を一瞥しておきたい。

　1980年代終わりまでにフランス社会が被ったダイナミックな変化をマビローは指摘している。「社会的，経済的な変化は成長の30年間［73年オイルショックによって終結した戦後の高成長期で，フランスでは「栄光の30年間」と呼ばれる‐引用者］に著しかった。それは，人口の増大と移動，工業化と都市化の進展であり，この傾向は，その後の経済危機の時代にも引き継がれた。」

　本論に則して言えば，さらにその後の工業部門の高度化と金融部門のグローバル化，27カ国に拡大したEUに象徴される統合大欧州の実現は，フランス社会の中にもさらに大きな変化をもたらしたといえるのであろう。[1]

　既に述べた如く，今日でもフランスは36,000あまりのコミューンを有しており，市町村組織の合理的な整理が手付かずの状態である。しかし，市町村政治の現場では，静かにフランス地方政治の風景が塗り替えられつつある。市町村間共同組織 intercommunalité の手法である（この点について詳しくは第7，8章

---

1) Albert Mabileau, "Les héritiers des notables", *Pouvoirs* n° 49, 1989, PUF, pp. 93-103（マビロー論文は第五共和制30周年記念特集の一文）．

第Ⅱ部　エリート支配と地域

を参照)。問題は，こうした環境変化の中で「名望家支配」と呼ばれるものがどのように持続し変容しているかである。

　名望家 notable というものを差し当たりどのように定義できるだろうか。このタームには地域政治に関わるフランス語文献では頻繁に出会うのであるが，外国の我々には実際にはイメージしにくい。ここでは，ひとまず1980年代以降における現代的な「名望家」の在り方に焦点を絞って問題の所在を探ってゆくことにする。

　この概念についての最も標準的な定義を『憲法事典』*Dictionnaire Constitutionnel* においてアルベール・マビロー Albert Mabileau が書いた NOTABLE［名望家］の項目に見い出すことができる。やや長くなるが，マビローの記述を摘録し，論旨を追ってみよう[2]。

　マビローは言う。旧体制下に名望家議会の存在を指摘できるものの，名望家いう観念が今日のそれに近い形ででき上がっていったのは19世紀に入ってのことである。すなわち，「政府への支持の姿勢を有し，当初はその資産の故に選出され（制限選挙制 le suffrage censitaire），最終的には普通選挙制の下に選挙された，政治—行政システムにおいて，県知事やそのほかの国家のエージェントの傍らで地位を占める人士」を指すのである。「たしかに，パリにおいて政治的または社会的に責任ある役職に就く『大名望家』grands notables は存在するものの，かれらは同時に地方において地域的な基盤 assise territoriale en provence を保持する」。彼らが法制的な地歩を固めたのは，1871年法による県議会制度の確立と，1884年法の市町村議会による地域民主主義 la démocratie locale の法制的整備である。かくして，「共和国知事の傍らに並び立つ名望家のプレゼンスと正統性が正規のものとして認められる」。「知事と名望家」という組み合わせである。もちろん，地方コミュニティと国家の代表との間を仲介することこそが彼らの社会的機能の特徴ではあるが，そこに「選挙による聖別」le sacre de l'élection が付け加わらなければならない。すなわち，公選されたことによ

---

[2] Olivier Duhamel et Yves Mény (dir.), *Dictionnaire Constitutionnel*, PUF, 1992, pp. 668-669.

る政治的な，したがって社会的な正統性の付与である。「その声望が当該の人士に被選出者たる能力を与えるのだが ──「被選挙資格」éligibilitéと人は呼ぶ──，逆に，市町村長や県会議員への選出こそが名望家としての特質を与えるのである。たとえ，コミューンや小郡[カントン][県議会議員選挙区をなす：引用者]の選挙民による選出任命行為が既定の事実を追認するという意味でしばしば付帯的であったとしてもである」。名望家は公選制の下で選挙の洗礼を浴びる。公選されたことは当該人士の社会的な基盤を法制的な正統性のよろいでうち固める。

「だが，残る問題は，全ての被選出者が名望家とみなされるわけではない。町村議会の陣笠議員 le conseiller municipal du rang は，田舎コミューンの一員であるにすぎない」ということである。この点で重視すべきは，公選委任職責の兼任 le cumul des mandats が名望家の地位強化に役立つという点である。それは，同一の人士が同時に相異なる政治的，行政的な階梯・レベルでの審議に列し，運がよければ地方自治組織の執行職に就くことが可能になるからである。もちろん，政治―行政分野の外に立つ名望家もありえる。たとえば，地域社会に統合された企業の頂点に位置する経済的な名望家である。

2　時代適応の能力

　城主 le châtelain と司祭 le curé との間の競合関係（王党派の名望家 les notables royalistes）から，村の教会の鐘が時を告げていた時代の，公証人 le notaire，医師，教員達（共和主義的名望家たち les notables répuliques）が競い合う時代へとフランスはゆっくりと，だが確実に変遷を遂げる。

　名望家集団の社会的な基盤は，大きく変わった。自由職業と企業のパトロン達はそこで自らの地位を保ったかもしれないが，非営利職団[アソシアシオン] associations と戦闘的な政党活動領域の展開 le militantisme によって形成された新中間階級の出現により，旧来の名望家は激しい競争にさらされる。二つの新しいカテゴリー

---

3)　もちろん我々はそこに様々な中間的な諸形態を見い出すことができるであろう。

第Ⅱ部　エリート支配と地域

の継承は，第二次世界大戦以降において公的生活に介入してきた世代の交代によって促進された。あるものはそこに「名望家の終焉」la fin des notables を見た。なぜなら，名望家はその主要な属性を失ったからだという。すなわち第一に，政党に対する彼らの「故意の言い落とし」réticence を特徴とする「非政治主義」apolitisme であり，第二に，市町村は行政機構というよりもむしろ「市町村企業」と化し，その首長，あるいはむしろその「決定権者」の仲介機能の伸長による［旧来の名望家の］仲介機能の衰退 la fonction de médiation éclipsée である。だが，フランス地方システムにおける名望家の恒常性に着目することの方がより賢明だろう。1982年の改革はそれを促した。なぜなら，遺産相続者たちは自らの先輩達とそっくりのシルエットをもっていて，フランス社会全体を傷つけている代表制の危機 la crise de la représentation は，名望家をして今日においても依然として，前世紀［19世紀］以来そうであったように，著しい適応能力を発揮することを可能ならしめたからである。

　1990年代の初頭におけるマビローによるこの簡潔なまとめは，今日においても依然として基本的な有効性を失わない[4]。

　現代の分権化改革に批判的なサドランは，名望家を，簡潔に次のように規定している。

　「［名望家という］このタームは，自らの社会的な地位（資産，系累，職業的地位）が，名望家たる資本を理由として選挙［での勝利］や任命職［の獲得］を確実にする人々のことを本来は指している。このタームの意味は拡張され，［政治的］決定の中央部へのアクセスを独占化し，地方環境と中央権力とのあいだの避けられない仲介者として立

---

[4] フランスにおける地方名望家研究に関しては既に引用したものの他，以下の業績をさしあたり挙げておきたい。Jean-Pierre Worms, "Le préfet et ses notable", in Michel Crozier (dir.), «L'administration face aux problèmes du changement», *Sociologie du Travail*, 3/66 juillet-septembre, 1966, pp. 249-275; J. Becquart-Leclercq, *Paradoxes du pouvoir local*, Presses de la FNSP, 1976; Pierre Grémion, *Le pouvoir périphérique: Bureaucrates et notables dans le système politique français*, Seuil, 1976; Albert Mabileau, "De la monarchie municipale à la française", in *Pouvoirs* n° 73, 1995, pp. 7-17; Yves Mény, "La République de fiefs", in *Pouvoirs* n° 60, 1992, pp. 17-24.

第6章　名望家支配の持続と変容

ち現れるのに十分な政治的資源を（とりわけ［公選］委任職責や［公］職務の兼任により）蓄積している全ての人士にまで適用されることになった。」（[　]内引用者，以下引用の箇所において同じ）

サドランの定義もマビローの標準的なパースペクティブを受け継いだものであると考えられよう。

市町村長の役割変化に関しては，マビローが簡潔に指摘していたところであるが，現時点の状況をふまえて，フィリップ・ギャローがさらに精密に概念化して示している。

名望家を特徴づけるのは，第一に，公選委任職責の兼任 le cumul des mandats による加重された職権の重みとその結果生じる威信の大きさである。二つの法令が兼任状態に制限を課したが，なお実効性は疑わしい。すなわち，1985年法 loi du 30 décembre 1985 は，経過的措置を終えて1988年に全面的に実施過程に入ったのであるが，中央政界での代議士職と2万人以上の都市の市長職，州議会議員，県議会議員など地方政界での公選職責の二つの兼職までを認めるという微温的な制限であった。2000年法 loi du 5 avril 2000 は，地方執行職務（たとえば，市町村長職と県議会議長やレジオン議会議長職責など）の兼任はできないものと定め，また，地方執行職務と欧州議会議員職責との兼務もできないものと定めたのにすぎない。換言すれば，県議会議員でありかつ国会議員であることは依然として可能であり，伝統的に見られる市町村首長と国会議員の兼任 [député-maire など] は野放しである。1997年に時の首相ジョスパンは，現職大臣は，市町村長の職責について自主的に辞任するよう通達した（徹底した措置ではなく，たとえば，国会議員—市長だった政治家が大臣に任命されたときは，地方職責としては軽い役割の助役に就任すれば済むという程度のものだが…）。しかし，こうした前向きの動きはあるものの，この種の法的な規制は公選委任職責に関わる

---

5)　Pierre Sadran, "La démocratie locale" in *Les Notices: Les collectivités territoire en France*, 3e édition, La documentation française, 2005, pp. 171-175. 引用は p. 171 の注記より。
6)　Mabileau, *op. cit.*; Philippe Garraud, "Les élites politiques locales" in *Les Notices*, pp. 176-180.

155

第Ⅱ部　エリート支配と地域

ものであって，市町村間共同組織の執行部（理事会）に市町村長等が参加する際には，規制の範囲外である。こうして，顕在的，潜在的，あるいは，可視的，不可視的な兼職現象は一つの政治階級のブロックを作り上げる社会的な効果を有することになる。たとえば，ジル・ド・ロビアン Gilles de Robien 氏は，ド・ヴィルパン首相（当時）の下で，文部大臣 Ministère de l'Éducation Nationale, アミアン市第二助役 2ème adjoin au Maire d'Amiens, アミアン大都市圏域共同体理事長 Président d'Amiens Métropole を兼任していた。こうした実例は今日でも枚挙にいとまがない。法規制をかいくぐって兼任がなお根強く行われていることが伺われる。[7]

第二に，市町村における行政上のビヘイビアに着目すれば，市町村長の政治的な観点からの性格変化は明らかである。地域の政治代表職務は明らかに，「大きな意味における関係性の諸活動」activités relationnelles au sens large であり，三つの連接した側面からなる。第一は行政的な職務である。「地域の自治体は，何よりも公的サーヴィスの"供給当事者" prestataire であり，法的な規範によって規律されている一個の組織」なのである。そして，第二に，ローカルな職責を有する。「それは，自らが代表委任されている領域に関して，かつまた，この領域の人口を構成している社会的な環境〔全般〕に関して」そういえるのである。最後に，政治的な職務性である。それは，「特定の選挙領域 site における政治および選挙上における競争関係に結びついており，「全国的な種々の影響力」からの孤立生態系 un isolat を意味しない。」市町村首長こそ，地域の行動の要なのであり，市町村長は，「近隣の民主主義」における要の地位にある。[8]

こうした仲介的な職能は，時代によってかなりの変遷を経てきた。戦後の

---

7) "Circulaire du 6 juin 1997 relative à l'organization du travail gouvernemental, NOR: PRMX9702083C", in *J. O.* n° 131 du 7 juin 1997, p. 9170 （参照はネット上に正規公開されているLegifrance.gouv.fr のサイトから）。

　例示した大臣の兼任状況に関しては，以下の Web 上のデータによる，http://www.amiens.fr/citoyen/．ド・ヴィルパン De Villepin の首相任期は，2005年5月末～2007年5月15日。

8) Philippe Garraud, *op. cit.*, pp. 178-179.

1950年代においては、コミューンは一般に独自財源の幅は狭く、首長は節約・支出の縮減や債務の回避など「良き家長」"bon père de famille" としてふるまった。1960-70年代には、国家の地域への投資と介入の機会が増えるにつれて、「建設家としての市町村長」"maire bâtisseur" というイメージが前面に出る。80年代には、分権化改革などの影響もあり、「新住民のための社会的、都市的なインテグレーションを可能ならしめる諸活動を発展させることによって生活枠組みの活性化という新規の話題性を生みだす責任を負わされた被選出者たち」が、「振興策推進の市町村長」"maire animateur" のイメージを作りだす。90年代の市町村長は、「起業家市町村長」、「マネージャー」として立ち現れてきたし、現代ではさらに、地方政治は、「政治的な起業」という表現によって理解可能な時代であるとまで言われている。

　ここには、政策当事者の分権化の路線が、様々なバリエーションを生み出しつつ、新自由主義的な市場経済の重視の方向、かつまた、行政手法的にいえば、本論はじめに指摘したような、New Public Management や効率性を第一に押し出す否定的な意味におけるガヴァナンスの方向性をやはりたどっているものと思われる。

　もちろん、こうした事態の中で、新しい概念を設定することによって従来の伝統的な名望家概念に一定の修正をほどこし、これを補足しようとする動きもある。

　たとえばゴーダンは、「テクノターブル」technotables というタームを用いて現代の地域名望家＝指導層を、従来の名望家との一定の連続性と特に新しい役割を帯びた地域エリートへの変貌という二側面を併せもった存在として表現しようとしている。しかし、ゴーダンの規定は、仲介的な業務者はもはや公選職務に就いている必要はない、主要なアクターは新しい行政技術を身に付けた名望家、テクノターブルであるという主張である。新鮮な響きをもった概念であり、テクノクラシーが全能であるかの如き感を呈する今日の社会的動向を反映する表現であることは首肯できる。だが、この見解にはにわかに同調はしがたい。先のマビローの論評にもあったように、名望家は地方の公選委任職に就き、

しかも、中央の公選委任職責を兼ねることにより、強力な正統性の武器を手にし、地方的な有力者からより一般性を兼ね備えたナショナルな有力者へと飛躍する。したがって、意思決定過程への影響力だけからテクノクラート的な名望家の優位性を主張し、在来型の名望家（それ自体役割変換して生き残って行くわけだが）の多重地位兼任 multipositionalité に基づく支配的な影響力を除外することはできない。名望家（その意味内容は微妙に変遷しつつも）の存在は依然として主要なものであり、テクノターブルという新型のタームが全体の特徴を捉えたものとは考えにくい[9]。

むしろフランスの地方名望家は、世代交代を緩やかに行いつつ（かれらの政治的長寿命と安定性が前提になっている）、同じ名望家においても徐々に役割を変化させ、場合によっては、上からの政策課題に抵抗しつつ、これを骨抜きにし、場合によっては時々の行政課題を積極的に先取りし、自己の地方的な支配の主要なテコとして行政を利用してきた。分権化の結果としての地方執行権者への権限移行はむしろかれらの地域支配を強化するものであった。地方名望家、特に都市の市長職にある名望家は、新しい行政環境・政治環境に適応し、しぶとく「市町村君主制」の頂点に君臨し、「地方社会の共和制」la République locale（マビロー）を全体として構築してきたのである[10]。

---

9) Jean-Pierre Gaudin. *Gouverner Par Contrat: L'action publique en question*, Presse de sciences po, 1999, p. 196.

10) 因みにメニイはニュートラルな行政的な仲介機能が、名望家支配の下では完全にパーソナルな関係性を駆逐するものでないことを論証している（Yves Mény *ibid.*, p. 179, 邦訳 141頁以下）。なお、マビローは、「市町村権力のパーソナル化現象」の特徴として、第一に市町村長個人への権限の集中であり、第二に、中立的な法の支配に背反する権力そのものの擬人化であると指摘している（v., Albert Mabileau, "De la monarchie municipale à la française", in *Pouvoirs*, n° 73, 1995, Seuil）。

3 名望家支配の連続性と不連続面
―― 市町村間共同組織の一般化と地域民主主義の深化へ

　最後に，地域の名望家の政治的な影響力を強化している今一つのファクターである市町村間共同組織 intercommunalité の問題を簡単に指摘しておこう。先にも述べたようにコミューンの統合と再編はフランスでは進展しなかった。これらの膨大なコミューンの多様な行政上の必要に応えるために，市町村間の共同組織が発展している。市町村間共同の歴史は長いものであるが，今日の形態にまとまったのは，以下の二つの法律，すなわち，いわゆるATR法 (la loi d'orientation du 6 février 1992, relative à l'administration territoriale de la République) および，いわゆる1999年7月12日シュヴェヌマン法 (Loi relative au renforcement et à la simplification de la coopération intercommunale) によるものである[11]。

　現在の制度の概略を示せば，以下の如くに取りまとめられよう。今日の独自財源を有する市町村広域共同体の諸形態は，主要なものは以下の三種類である。すなわち，1999年法により，従来の communauté de ville や districts や SAN (syndicat d'agglomération nouvelle) などは廃止されることが決められ，la communauté urbaine (50万人以上の人口のまとまりを有する複数のコミューンを統合する形態)，la communauté de commune (主として農村部の共同形態)，la communauté d'aglomération (5万人以上のまとまりを有する複数のコミューンの統合形態) の三つに整理された。これらの新型の市町村間協調組織は，一定の固有税源を有し，飛び地を有することはできず，その領域内における唯一の財源保持者であり，また，機能上の共通の規則に服する。la loi de 2004 relative aux libertés et responsabilités locales は上記のシュヴェヌマン法をさらに厳密なものに仕上げたのであった[12]。

---

11) 実証的な研究を基礎にした Le Saout 論文が参考になった。Rémy Le Saout, "Intercommunalité et démocratie", in *Pouvoirs locaux* n° 62, III/2004.

問題はその加盟市町村が膨大化し，実際にはフランス全土を覆い尽くす勢いであることである。2009年の数値としては，市町村間組織の総数は，2,601(1999年には1,678，以下括弧内は同じ年度の数値)，包括されているコミューンの総数は34,164 (19,140)，組織の下にある住民は，5640万人 (3400万人) を数える。

独自税源を備えたEPCIに属していないコミューンの数が，2,516であり，人口は819万9千人余りである。1999年では，17,539のコミューンが未加盟で，その人口が2760万人であったことを見れば，いかに急速度でこうした市町村の連携形態が発展したかがわかる[13] (後出表7-2参照)。

だが，その反面，執行委員会である理事会には，一般的にいって加入している主要自治体の首長が座ることになり，分権化の流れの中で，大コミューンの支配力が貫徹する傾向を見せていること，また，同時に，それらの理事会，理事長に座る人士が，公選の洗礼を受けていないことである。市町村の連合組織は，中心になる相対的に大規模な市町村の首長の力を増大させ，当然の理事長職として広域の支配権を把握することになりかねない。さらに，集権化効果 l'effet de centralité はEPCIの規模に応じて強化される。ル・サウット Le Saout は結論する。

「集権化は，コミューン間的 intercommunale な競争諸構造の原則の一つ，あるいはむしろ唯一の原則的な構造なのである。代表制によって主要な市町村が供給する正統性は，市町村間領域内の最も強力な市町村の被選出者達 (市町村長，特に県都など中心都市の市長) が，理事長職の職務を占めるチャンスを得るという意味で，多数派をなすことを可能にしている。」[14]

---

12) 制度の概要は以下を参照。Jacques Buisson, "La révolution intercommunale", in «L'intercommunalité», *Regards sur l'actualité*, n° 314, octobre 2005.
13) 数値は，上掲，Christophe Demazière, p. 89 掲載の統計や DGCL Web 掲載の数表 "Évolution de EPCI à fiscalité propre du 01/01/1999 au 01/01/2009" より。
14) Rémy Le Saout 'Le pouvoir intercommunal, Sociologie des présidents des établissements intercommunaux', *Cahiers du laboratoire collectivités locales*, n° 2, Presses universitaires d'Orléons, 2000. 引用は，Pierre Sadran, "Démocratiser les structures intercommunales ?" in «Intercommunalité», *Regards sur l'actualité*, n° 314 octobre 2005 (p.44) によった。

第6章　名望家支配の持続と変容

　この場合，理事メンバーが間接的に加盟コミューンの意を受けて就任しているとして，理事会は広く市民による直接的な政治選択の意を受けておらず，正統性を十分に調達，確保することなくその任に就いている。従来は公選委任職責の兼任 cumul des mandats électifs が主要な論点であったが，これらの範疇を越える別個の兼任が増大しているという問題性をはらむわけである。

　この市町村間共同組織 intercommunalité の理事会を公選制にすることが話題となっているが，この種の組織が完全にフランス全体に行き渡っているわけではないこと，実際に時期尚早であるとの現場の雰囲気などを理由に，踏み込んだ改革にまでは至っていない。これらの組織の発展が，実際に生じている複雑で大規模な，したがって従来のコミューンの枠内では解消できない諸問題への対処の中から生じていることは分からないではないが，客観的に見て，地方の名望家の権力の寡占化，その政治的な影響力の強化が依然としてもたらされていることは否定できないであろう。名望家はその時々の必要に応じて変貌を遂げ，地方での支配力をなお手放そうとはしない。新しい市町村の共同組織への動きの加速化は，逆に旧来の市町村首長の支配力強化をもたらすというパラドクスを生んでいる。[15]

---

15)　地域民主主義と intercommunalité にかかわる論点について，さらに以下を参照。Pierre Sadran, "La démocratie locale", in *Les notices: Les collectivités territoires en France*, 3e édition, La documentation française, 2005, pp. 171-175. ; "Démocratiser les structures intercommunales ?", in *Regards sur l'actualité*, n° 314-octobre 2005, La documentation française, pp. 43-53. ; Nicolas Bué, Fabien Desage et Laurent Matejko, "L'intercommunalité sans le citoyen. Les dimentions sturucturelles d'une moins-value démocratique", in Rémy Le Saout et François Madoré (dir.), *Les effets de l'intercommunalité*, Presses Universitaires de Rennes, 2004. ; Eric Kerrouche, "L'impasse démocratique des intercommunalités françaises ou le lien manquant", in Laurance Bherer et. al. (dir.), *Jeux d'échelle et l'État: le gouvernement des territoires au Québec et en France*, Les presses de l'Université Laval, 2005.

第III部 livre

市町村間共同組織の
急激な普及と「地域の民主主義」

第7章　21世紀における市町村間共同組織の展開
　　　　浮上する「地域の民主主義」

第8章　地域自治体のガヴァナンス
　　　　「市町村間共同組織の民主主義」とコミューンの在り方

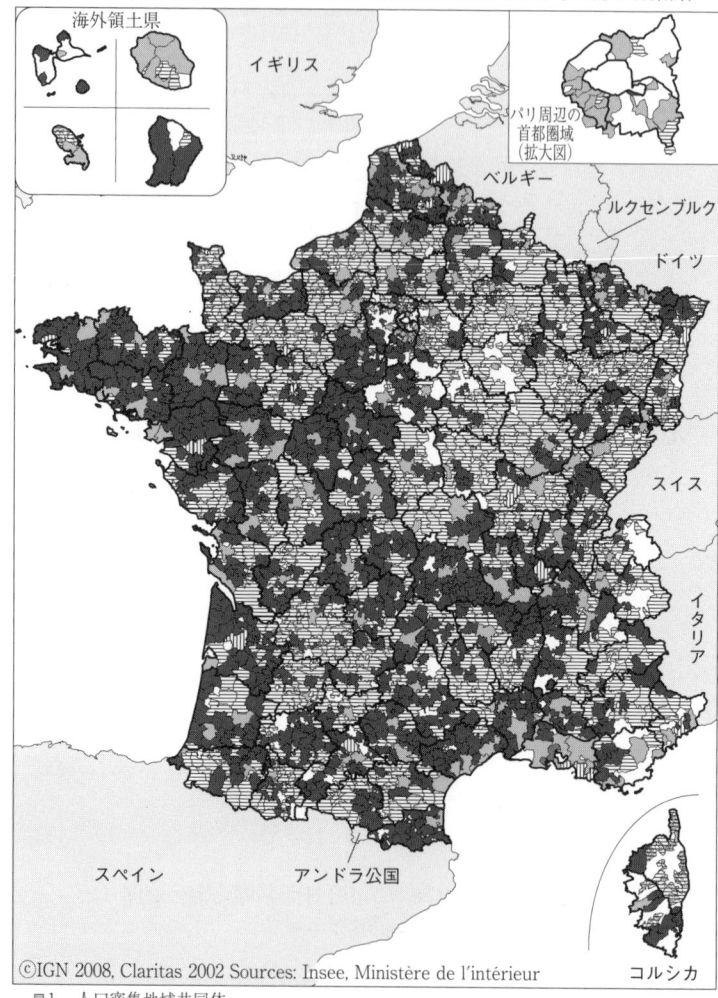

図7-1 独自税源を有する市町村間共同組織の分布（2009年1月1日集計）

©IGN 2008, Claritas 2002 Sources: Insee, Ministère de l'intérieur

- 1. 人口密集地域共同体
- 2. 税源補充による市町村共同体
- 3. 単一職業税（TPU）による市町村共同体
- 4. 大都市圏域共同体
- 5. 新人口密集地域組合

注：フランス内務省/DGCL・DESLによるWeb掲載のカラー地図により作成。

第7章 21世紀における市町村間共同組織の展開
浮上する「地域の民主主義」

1 「分権化改革」── 根本的な改革の回避とその帰結

　1981年に就任したミッテラン大統領が掲げていた政策課題のうち，その後も大統領政権の変遷やその下に組織される諸政府のイデオロギー的，党派的な別を越えて，分権化改革 décentralisation の政策路線は堅持されてきたかのように見える。この点では，欧州統合の拡大深化が十分に批判検討の機会を与えられないままに，肯定的な色合いをもった操作的シンボルとして用いられてきたこととも通底するであろう（2005年に欧州憲法草案は，フランス，オランダ両国の国民投票で否決され，まき直しの2008年ラウンドではアイルランド国民投票により欧州憲法の批准が一時頓挫したことは記憶に新しい）。

　しかし，分権化政策に話を戻せば，地方政策での左右両翼による連続面を一方的に強調することは，実態の分析からして賛成できないし，さらにはフランス地方政治の現状を過度に評価してしまい，多くの現場での問題点を見逃してしまうことになる。この間，多くの論者がフランス地方政治改革について論説を発表しつつある。フランス研究にあっても文字どおり地域論は今日では最もホットな研究領域の一角を占めている[1]。

　前向きに言えば，21世紀の初頭にあって，分権化改革の本質的な帰結のいくつかが，ようやく明らかになってくる時点に我々は立ち会っていると言うことができる。政策当事者による総論賛成・各論反対や「故意の沈黙」などという現象は，改革を行おうとする現場では普遍的に見られることであるが，フランスでの地方分権化改革がその名に値する民意を汲んだ改革であろうとすると，越えなければならないハードルはかなりのものであることがわかる。もちろ

165

ん，我々の側はと言えば，この国の一連の政治的危機に対して対岸の火事視して見物を決め込んでなどいられない。内実の伴った改革は，先進社会に課せられた共通の宿題ではないだろうか。

　フランスにおける市町村間共同組織の急速な発展は，「静かなる革命」として評価的に語られる反面，従来からの流れに沿った分権化改革の基本的な諸問題すなわち，地域の民主主義という観点からはじめて明らかになってくる深刻な状況や諸課題を浮き彫りにしつつある。本章ではそうした，市町村共同組織のフランス的な在り方に注目しつつ，分権化改革の帰結のいくつかを素描し，21世紀のフランス地方政治が示している問題性の一端に迫ってみたいと考える。関心の中心はあくまで，フランス地域政治の政治社会学的な観点からの政治過程や政治態勢のリアルな把握にあるので，市町村間共同組織の行政法ないし行政学的な立場からする組織態様の詳細な把握に関しては，その概略を示すのにとどめておきたい。

2　地方分権化改革と地域の民主主義

　第五共和制はド・ゴール De Gaulle のためのテーラー・メイドのシステムであったことは，フランス政治史の常套句である。ド・ゴール将軍がやり残したのは，上院と地域の改革であった。1968 年の危機をしのいだド・ゴールは，反転攻勢に出て，69 年に元老院とレジオン région の改革を含む大規模な法案を

---

1)　拙稿「フランスにおける分権化改革《第二幕》と公選職兼任現象：地域民主主義研究のために」，愛媛大学地域創成研究センター編『地域創成研究年報』第 1 号，2005 年。1990 年代初頭までの政治クロニクルとして，イヴ・メニイ著，岡村訳『フランス共和制の政治腐敗』有信堂，2006 年（原本は，Yves Mény, *La Corruption de la République*, Fayard, 1992）。なお，本論を執筆するにあたって，注記に挙げた文献や論文の他，主として地方分権化にかかわるものとして，以下を参照した。自治・分権ジャーナリストの会編『フランスの地方分権改革』日本評論社，2005 年。中田晋自『フランス地域民主主義の政治論：分権・参加・アソシアシオン』御茶の水書房，2005 年。久邇良子『フランスの地方制度改革：ミッテラン政権の試み』早稲田大学出版部，2004 年。

国民投票に付した。しかし，この地方政治改革と上院改革をセットにした野心的な国民投票提案は，上院や地方名望家の強固な反対の前に潰え去った。だが，地域の政治態勢を変革しようとするインセンティブは絶える事なく続き，遂に82/83年の改革を皮切りに国家の手になる分権化改革が継続して行われることになる。以後，分権化改革は保守と左翼の双方から肯定される政治的な定数項として肯定的に受けとめられるに至る。[2]

　フランスの地方問題を把握する作業は，微細なジグソーパズルを解くような仕事であるが，1990年代の半ば以降においてその様相は大きく変わろうとしていた。新型の市町村間共同組織 Intercommunalité（とりわけ「独自税源を有する市町村間共同公共施設法人」EPCI à fiscalité propre）が急成長し，その重みを一貫して増しつつあるのである。

　市町村は公選職責の兼任により国政レベルに直接人的に接合し，市町村の連合はその執行部を加盟市町村の被選出者たち（市町村長と市町村議会議員）に事実上委ねている。市町村間共同組織の研究は，まだ未解明の問題を多く抱えている。ル・サウットらが指摘するように，「市町村間共同組織は，共通の法制的な措置によって規定されてはいるものの，均一な一つの統合性を有しているわけではない[3]」。したがって，モザイクの断片をつないで絵解きをするような実証的な研究が理論研究と共に必要であろう。特に市町村間共同組織の現代的展開は急激であったために，当然ながらこの分野の研究史も短い。1990年代の初頭では，急激な改革に対応すべく，最適な市町村間共同体の制度設計を問題意識

2）　分権化改革のその後の展開については，前掲書のほかに以下を参照。財団法人自治体国際化協会（パリ事務所）『フランスの地方分権施策における国・地方の政治的イニシアティブ：第四の地方自治体』同協会 CLAIR REPORT no. 300 (30 mars 2007), 同協会 Web データより。

3）　Rémy Le Saout et Françoi Madoré, "Introduction", in R. le Saout et F. Madoré (dir.), *Les effets de l'intercommunalité*, Presses universitaires de Rennes, 2004. 財団法人自治体国際化協会（パリ事務所）『フランスの広域行政：第四の地方自治体』CLAIR REPORT n° 276 (Oct. 27, 2005) は改革の全貌を見渡す上で正確な制度紹介をしており，参考になる。ただし，本論の訳語等は同レポートとは若干異なる（参照は同協会 Web データによる）。

第Ⅲ部 市町村間共同組織の急激な普及と「地域の民主主義」

として掲げる研究が圧倒的であったという。しかし，この種の問題意識は持続しているものの[4]，90年代の末には，民主主義と市町村間共同組織の関係を問題にする論考が出現し始める。ル・サウットの研究はその先駆けをなすものであった。今日ではこのラインに従って論述する研究者が多く，正当な方向性であろう[5]。

　フランスにおける1982-83年改革は，69年にド・ゴールが国民投票にはかり，そのレフェレンダムの敗北と結局は自らの大統領任期の政治的な終焉をももたらした「レジョナリザシオン」régionalisation（ド・ゴールの場合は，同時に上院の改革がからんでいた）の構想を引き継ぐものであり，1976年のオリヴィエ・ギシャール Olivier Guichardを委員長とする報告書『共に生きる』 *Vivre ensemble* を受けているものである。また，80年代以降における政治変動の直接の端緒としては，77年における地方選での新世代の政治家達の大量進出，特に若い社会党の幹部達の政界進出に最初のはっきりとした標識を記すことができる。先に述べたように，82-83年のいわゆるドゥフェール改革は，第一に，市町村，県，レジオンをそれぞれ自治組織と位置づけ，第二に，国家の代理人である知事の後見監督制度を廃止しこれを事後の監査（そのためレジオン会計院を設置）とし，三段階の自治組織のそれぞれの執行者を市町村長，県議会議長，レジオン議会議長としたことである[6]。また，第三に，そのための管轄権限の移動が行われ，財政的な措置が講じられた。

---

4) Gérard Marcou, François Rangeon 等の諸論文（*Annuaire 2000 des collectivités locales: La réforme de l'intercommunalité*, CNRS éditions, 2000 所収）。
　François Baraize et Emmanuel Négrier (dir), *Invention politique de l' Agglomération*, l'Harmattan, 2001.
5) Le Saout の業績は多いが，差し当たり，以下を挙げておきたい。Rémy Le Saout (dir.), *L'Intercommunalité: Logiques nationales et enjeux locaux*, Presses Univercitaires de Rennes, 1997; Le Saout, "L'intercommunalité, un pouvoir inachevé", in *Revue farançaise de science politique*, vol. 50, n° 3, juin 2000, pp. 431-461; Jaques Caillosse, Patrick Le Lidec, Rémy Le Saout, Bernard Dolez, Bertrand Denaoe, "Le 'procès' en légitimité démocratique des Epci", in *Pouvoirs Locaux*, n° 48, 2001, pp. 91-97.

制度的な混乱から，権限が重複することが多々あったと言われており，特に1990年代には地方的な許認可権限の乱用等による腐敗事件も多発した。今日ではそうした過渡的な問題は幾分かは鎮静化していると言われている。

1980年代初頭に始まる二期のミッテラン大統領の任期の後に，ネオ・ゴーリストであるジャック・シラクが大統領となる（1995年）。2002年におけるシラク大統領再選を受けて首相に任命されたジャン＝ピエール・ラファラン Jean-Pierre Raffarin は，02年から04年にかけて，分権化にかかわる新たな政治キャンペーンを提起し，かくて，分権化改革「第二幕」l'Acte II de la décentralisation の政治キャンペーンが華やかに打ち出された。それに関係する憲法改正も2003年改憲法案 Loi constitutionnelle no. 2003-276 du 28 mars 2003（Organisation décentralisée de la République）の可決によって行われる。特に，共和国憲法第1条には，「共和国は分権化される」との明確な文言が加えられ，第72条から第76条などが大幅に変更を受けた。分権化改革の現段階の問題性は，既に多くの研究者によって検討の対象とされているが，「第二幕」の結果について言えば，フランスの研究者の中では批判的な論調が目立っているように見受けられる。しかし，それはいかなる理由に基づくものだろうか，研究者達の論説をたどりつつ明らかにしていきたい。

---

6) 82年法の憲法論的な問題性については，以下の判例解説がある。大津浩「地方分権の本質：地方分権法判決（1982年2月25日憲法院判決）」，辻村みよ子編集代表『フランスの憲法判例』信山社，2002年，330-335頁。2003年の憲法改正に関して，山崎榮一『フランスの憲法改正と地方分権：ジロンダンの復権』日本評論社，2006年，175頁以下を参照。

　今一つの重要な論点は，補完性の原理である。EUレベルの視点から補完性の原理を捉えたものとして，以下を参照。八谷まち子「『補完性の原則』の確立と課題：『ヨーロッパ社会』の構築へ向けて」櫻井雅夫編集代表『EU法・ヨーロッパ法の諸問題：石川明教授古稀記念論文集』信山社，2002年所収。Philippe Brault *et al.*, *Le Pricipe de subsidiarité*, in *Les études de la documentation française*, 2005; Alain Faure (dir.), *Territoires et subsidiarité: L'action publique locale à la lumière d'un pricipe controversé*, L'Harmattan, 1997.

7) 拙論「フランスにおける構造腐敗と民主主義の課題」福井英雄編『現代政治と民主主義』法律文化社，1995年所収。

第Ⅲ部　市町村間共同組織の急激な普及と「地域の民主主義」

1　地方分権化改革は地域の民主主義をもたらすのか

　地方分権化改革は即自的に地域の民主主義の方向には進まない。そこには，制度そのものの限界と，それを動かす人々，すなわち，政治的アクターとそれを選出する選挙民の政治的成熟の問題がからんでいるからである。もちろん，地域住民の政治参加を促す第一の場が地方政治の舞台であり，制度の改革と合理的な整備が必要であることは明らかである。地域の民主主義の深化は住民自治の向上と住民の福祉の充実，良好な環境の保全など民主主義的な社会・国家にとって必須の理念を地域の場において実現させることを何よりも目的にするものである。そうである以上，「地域の民主主義」は，「分権化改革」が最終的に依拠しなければならない上位概念であることは明らかである。

　1970年代のはじめに策定された社共の『共同政府綱領』における地方分権化の理念にかかわる記述を再度参照しておこう。

　　「全ての人々にかかわる諸決定において［市民］全員の真の参加 une participation réelle de tous aux décisions を確保するためには，更なる分権化への前進がなされなければならない。／このことは，地方自治体への国家の研究・決定・管理・財政上の重要な諸手段の移管による地方自治体の自治権の強化が前提とされる。／それは，地域の民主主義の発展，すなわち，これら自治体の任務への市民参加の可能性の発展を意味する（…la démocratie locale, c'est à dire des possibilités de participation des citoyens au devenir de ces collectivités)[9]。」（［　］内引用者，以下引用箇所において同じ）

---

8)　フランス分権化改革の現況について現地における調査活動をふまえて詳述した論文として，山下茂「選挙制度の特色と動態」（一）-（一二），『自治研究』78巻第12号-80巻第4号所収，2002-04年。本論に関するデータとしては（六）（79巻第6号，2003年）が参考になった。これらの論考はのちに『フランスの選挙』（明治大学社会科学叢書，第一法規出版，2007年）として上梓された。同じ著者の論文として，「フランス地方自治管見：政治家を人材調達，育成訓練，業績評価する制度的な工夫」『地方自治』653号，2002年4月号所収。「南欧三カ国の地方制度に学ぶ」『地方自治』690号，2005年5月号所収。

　　分権化改革「第二幕」の政治的批判に関しては，拙論「フランスにおける地域民主主義とガバナンス：地方名望家の構造変化」『えひめ　知の創造』所収（愛媛新聞出版部，2007年）を参照されたい。

第7章 21世紀における市町村間共同組織の展開

　この場合，重要なポイントは，分権化改革は地域の民主主義の発展と分かちがたく結びついているという根本的な確認が早くも行われている点である。だが，現実の政治過程において，地方分権化改革は「直ちに」，いわば「即自的に」地域の民主主義に直結するものではなかった。

　パトリシア・ドゥマイユによる指摘はその意味からも再三確認する必要があろう。

> 「地域の民主主義はしばしば分権化改革の思想に結びつけられている。しかしながら，分権化改革というものは何よりもまず，一種の統治技法 une technique de gouvernement なのであって，この種の技法は，種々の地域自治体の代表者達の権限と決定上の自治権限を強化する傾向をもっている。地域自治体における［政治］代表者達の権力と決定上の自律性を強化することを目的としているのである。分権化はしたがって，直接的な当然の帰結として地域民主主義の深化をもたらさない。分権化は"政治的な職業化" la professionnalisation politique［この場合，一定の職業的政治家の存在を完全に否定したものとはとりがたく，市民参加を前提にした考えに基づき，地方政治における政策当事者の職業的独占を批判するタームと理解される］と "市町村の首長支配" le présidentialisme［直接には『大統領制化』を意味するが，この場合は『地方首長による専断体制』を意味している］を強化しさえする。［現状における］地域の民主主義は，何よりも，一種の代議制民主主義，代表制の民主主義である。そこでは，市民達は，その政治代表を選出するために定期的におとずれる選挙日においてのみ［決定行為に］介入するにすぎない。」

　政策当事者達にとってこれらの論点はもちろん意識されてはいた。1982年以降の改革，特に la loi relative à l'administration territoriale de la République（A. T. R.）du 6 février 1992 は，地方自治機関の住民参加の契機を強める方向性の改革を意図したものであった。同法第10条，すなわち同法第二部の冒頭は，「地域の民主主義について」de la démocratie locale と題され，「当該コミューンの事務に関して報告され，自らにかかわる諸決定に関して諮問を受けるというコ

---

9) PSF-PCF, *Programme commun de gouvernement du parti communiste et du parti socialiste* (27 juin 1972), Éditions sociales, 1972, p. 155.

ミューン住民の権利は,地域自治体の自由なる行政と分かちがたく,地域民主主義の本質的な原理である」と規定している。[10]

地域の民主主義はまた参加の概念によって実質化する。自治的な参加は民主主義の要(かなめ)である。参加民主主義の議論を一歩深めたアントワーヌ・ブヴォールの指摘は重要である。

> 「民主主義は観客が［ただ眺めているだけの］スポーツ競技ではない。市民の参加は,社会的な絆を再生させるための諸経路の一つである。……民主主義の下においては,権力は,理論的には人民に,すなわち市民に帰属する。だが,実践的には,市民達は自らの指導者のみを選ぶにすぎない。民主主義は,人民の主権なのであり,政治代表élus の選出に限定された主権［概念］などではない。」
> 「実際,参加 la participation こそは政治的な共同体を形成している人々の全てをインテグレートするための最も有効な態様 modalité なのである。［市民］各個人の声を確認することは,連帯の第一の要素なのであり,かくて［市民の相互理解による］連帯の高まりこそが,共同体がその全成員にとって善なる目標にたち向かい,効果的に行動することを［最終的に］可能ならしめるのである。」[11]

ピエール・サドランは,分権化改革の現状において,"地域の民主主義を討議の俎上に載せること"の重要性を指摘して,次のように問題を提起している。

分権化は実際に地域の民主主義の深化に向かわなければならない。今日のフランスにおける分権化改革は,「地域の民主主義を討論の俎上にのせること」によってはじめて深化する。そのためには,「第一に,地域的なるものと民主主義との自然的かつ一体不可分の結びつき une association naturelle et consubstantelle du local et de la démocratie という考え方——それは目に余るようなお祭

---

10) Patricia Demaye, "La recherche de la démocratie intercommunale", in CURAPP/CRAPS, *La démocratie locale*: *Représentation, participation et espace public*, PUF, 1999, pp. 237-238.
参加型民主主義の地域における展開に関して,中田晋自「地域民主主義から近隣民主主義へ:フランス型地域討議デモクラシーの探求」愛知県立大学外国語学科『紀要・地域研究・国際学編』,2005 年。

11) Antoine Bevort, *Pour une démocratie participative*, Presses de sciences po, 2002. 引用はそれぞれ,同書 pp. 13-14,p. 17 より。

第7章　21世紀における市町村間共同組織の展開

り気分の中で呪文のように反復されている —— に，[あえて]異議を申し立てることである。本当のところ，フランスのケースにあっては，『地域の代表制システムが陥っている動脈硬化症』la sclérose du système représentatif local は，いまや明らかなだけに，こうした異議申立ては行いやすくなっている。第二に，これらのメカニズムは，代表制の統治の中に一定量の[市民との開かれた]討議と参加の契機を注入するのであるが，このメカニズムの範囲については[慎重に]検討しなければならないということである」。市民の参加要求は弱まっているのではなく，強まっている。政治代表への身近な市民統制への欲求は，市民全体の教育水準の向上に伴って強まる傾向にある。「だが，こうした傾向性は，それをまさに抑制せしめ，政治的なシーンに対する覇権的な，あるいはむしろ独占的な地位を保持しようとする被選出者[地方議会議員および首長]の多数による意思力 —— あるいは思惑 —— に頭をぶつける。地域民主主義を再生させようとする試みは，そこから，『[市民]参加をはぐらかす迷宮』les dédales du détour participatif の中で行き先を見失うことになる」。こうして「地域の代表制システムが陥っている動脈硬化症」la sclérose du système représentatif local の原因について，サドランは，端的に，地方政治の場面を取り仕切る「地域の君主制」monarchisme territoriale，市町村間共同組織の民主主義的運営が行なわれていないこと，公選委任職責の兼務 le cumul des mandats によるものであると断じている。[12]

　地域の君主制，公選委任職責の兼任等についてはこれまでの諸章においてある程度検討を行なってきた。したがって，本章では，市町村間共同組織の発展が明らかにしている問題点（「民主主義の負債」というべき諸問題の累積）に迫るために，まず，地方分権化改革の中での制度的改革の隘路となっている二つの点，すなわち，州改革の不徹底さと，市町村制度の改革について若干指摘しておく。

---

12) Pierre Sadran, "La mise en débat de la démocratie locale", in *Pouvoirs Locaux*, n° 62 III/2004, pp. 30-39. 引用は，p. 32 より。

2 レジオン制度改革の不徹底

　コミューン［市町村］—県—レジオンという三段階の地方行政組織は，複雑にして贅沢な組織と揶揄されるが，実態として分権化の実を挙げているか，地域の民主主義を深め強めたのかという点ではやや問題をもっているのではないか。政策的な理念レベルの整合性［しばしば政治宣伝の領域に及ぶ］と政治社会学的な視点に立った批判的でリアルな検討とは，おのずから視点の据え方を異にする思考プロセスを求めるものであろう。

　まず，分権化の成功と不首尾とを測る一方の尺度は，1982-83 年ドゥフェール改革において大いに喧伝されたレジオン Région の自治体化，すなわちレジオナリザシオン Régionalisation［州制度化］の実態である。当時内務・分権化担当大臣にミッテランにより任命されたガストン・ドゥフェールは，その生涯において，国民議会議員や大臣などを歴任した社会党の古参政治家であり，53 年から 86 年に死去するまでマルセイユ市長を国政の職務と共に兼任した。分権化改革がそれ自体，伝統的な名望家の手にかかって立案実行されたものであることは既に指摘した。同氏が主導した 82 年から 83 年にかけての分権化改革に関する諸法律は，「ドゥフェール法」Lois Defferre と称される栄をうる。ピエール・モロワ Pierre Mauroy 首相（当時）は分権化改革を《大統領 7 年任期における大事業》La grande affaire du septennat と呼んだが，市町村自治の保証と，特に改革の目玉とされたレジオンの自治制度化，すなわちレジオナリザシオンは重点的なキャンペーンの中心部分に位置づけられたのであった。平均して四つないし五つ程度の県が一つの州のもとに束ねられた。発展しつつある欧州統合の流れの中で，西欧レベルでの地域開発協力が進んでいくことをにらんでの措置であることは否めない。しかし，実際のフランスのレジオンは，ドイツのラントを想起させる地理的な規模でありながら，実際はレジオン領域内の複数の個別県組織との競合が問題になる程度の力量しかもたされなかった。レジオ

---

13) 「地域圏」との訳も用いられるが，本稿では「レジオン」ないし「州」と統一しておく。
14) ナント，レンヌへの遊説の際に述べられた言葉（*Le Monde*, 9 juin 1981）である。

ン改革の不徹底さへの批判は，CEVIPOF［パリ政治学院現代政治研究センター］パ
スカル・ペリノー Pascal Perrineau 所長とのインタビューの際［2006年3月科研
費による海外出張調査］や同氏が IPSA 福岡大会を記念して行った九州日仏学館
における講演［同年7月］などの中でも主要な論点として強調されていた。

　ブリューノ・レモン（会計院主任評定官 conseiller maître à la Cour des comptes であ
りパリ政治学院・カシャン高等師範学校教授）は，フランスの分権化政策は不徹底で
あり，特にレジオンに関して，県組織の上に漫然と小さな組織を載せている現
状に関して強い不満を表明している。レジオン行政の権限と自由度，財政規模
等の点で，EU の要求水準を満たしておらず，中央政府の一貫した政策と，地方
分権化した地域自治体の責任体制の明確化による「フランス型の連邦国家体制」
l'État républicain à la française の確立が必要であると力説している。レモンの
主張の特徴の一つとして，ゴーリスムとの強い連続性を指摘し得るし，旧来の
ジャコビニスム的集権制を絶対的な前提にしていない点で注目に値する。た
だ，この場合も，権限が［外交・国防等に］限定された中央政府を有する国家が，
「小さく・弱体な国家・政府」と単純に同一視されることは間違いだろう。加
盟諸国の主権の一部を供託して成り立っている EU の中で，依然として加盟諸
国家のコアとなる主権の行使が担保されていることにも照応する[16]。むしろ，レ
モンの見解は，EU の指導的国家としてのフランスの国力伸長の処方箋を示し

---

15) レジオナリスム régionalisme の歴史的な起源と展開については，以下を参照。遠藤輝明
「フランス・レジオナリスムの歴史的位相：人と地域と国家をめぐる相関の変遷」遠藤編『地
域と国家：フランス・レジオナリスムの研究』日本経済評論社，1992年所収。レジオナリス
ムという用語が普及したのは，20世紀初頭のフランス・レジオナリスト連盟の活動によるも
のとして，遠藤は次のごとく指摘する。このタームが示す政治的事象は結局のところ，「人間
にとって日常的な生活の場である「地域」が「国家」という政治的な国民統一体から疎外さ
れていることへの抗議にほかならない。レジオナリスムは，こうした人と国家が乖離する状
況のもとで，なによりもまず地域の生活を起点にして新たな国民的統合を模索する主張（＝
地域の精神）として成立し展開した。…それは単なる「地域の復興＝活性化」にとどまるも
のではない。地域と国家とのかかわり合いを追求しながら国家統治の根幹を根本的に問い直
していく内容をもっていた」（同書，3-4頁）。
16) Bruno Rémond, La fin de l'État jacobin ?, LGDJ. 特に同書，p. 106 より。

たものと解すべきであろう。

　レジオンの問題性は，依然として政治的な力量面でも見劣りがすることである。そのことは，政治代表の選出方法にも影を落としている。今日の如く名簿式二回投票制の選挙制度に改定する際にも，候補者名簿は la loi du 11 avril 2003 の改革によって，1999 年 1 月 19 日法の前回の改革による州単位の名簿によるものを改訂してしまった。各党派はレジオン全体の議席配分を，県単位の名簿に基づいて，県の得票率にしたがい当選者を出すという複雑な方式となっている。直接には極右政党やその他の極小会派による撹乱戦術を避け，市民と候補者との距離を縮小させるという理由によるものであった。しかし，この「後ろ向きの歩み」は，県を制度的に見て依然として自治体の中心的なものとみなす人々（県制度主義者 départementalistes）と元老院 Sénat との妥協の産物であり，当初からレジオン制度が背負わされてきた自律性を欠いた「従属的な政治アリーナ」の域を出ないものであるし，所詮は，「近代主義者の政治的アクションの出先」であるという二重性から依然として脱却できていないのだという厳しい批判を受けることになる。[17]

　また，職員数は，2006 年の公式集計で，レジオン関係有資格職員（A-C）13,516 名に対して，県関係は 224,770 名に及び，市町村間共同組織関係職員は，155,735，コミューンの職員は，880,076 名に達している。また，非資格職員は，それぞれ，8,771，44,169，56,473，270,725 名であり，いずれも州の力量が県を大きく上回っているとは言いがたいものである。[18]

---

17) Pierre Sadran, "Deux décennies de réformes territoriales en France", in Laurence Bherer et al. (dir.), *Jeux d'échelle et transformation de l'État: le gouvernement des territoires au Quebec et en France*, Les presses de l'Université Laval, 2005, pp. 25-45. 引用は，p. 35 以下。同じく，以下を参照。P. Sadran, "La Région dans la décentralisation", *Regards sur l'actualité*, n° 298, La documentation française, 2004.
　　政治制度の全体を簡潔かつ正確に見渡せる著作として，大山礼子『フランスの政治制度』東信堂，2006 年。州議会選挙制度に関して，同書，173-174 頁。
18) Sadran, 前掲 73 頁の数字はやや古いので，DGCL 前掲統計資料集により補正した（2009 年版，p. 105）。

結論をやや先取りしてしまうが、レジオンの指導力の不全は、同時に県段階での行政が依然として強固であることを暗示している。県議会の幹部達は、自らの政治的な地盤の強化に乗り出し、そのことは、別の経路からする広域の市町村間共同組織の発展の背景をなしていると言わざるをえない。なぜなら、レジオンの取りまとめの努力が効力を発揮しうる態勢であったならば、広域の市町村共同組織の中に県会議員がかくも急速に浸透する必要はなかったはずだからである（兼任の状況からして、市町村間共同組織の理事長は、加盟市町村長（非兼任）が最も大きな比率で就任するのに比して、市町村長—県議会議員の兼任者がそれに次いで大きな比率で理事長職に就いていることが指摘されていた[19]）。

3　市町村制度整備のおくれ

分権化の実態を批判する人々は、さらに、基盤になっている市町村の合併・再編の停頓を問題にする。簡単に言って、市町村の整理統合はフランスにおいて手がつけられぬまま進んできたし、その点について肝心の「分権化改革」は「故意の沈黙」を守ってきた。そこから、ジャコバン的国家の終焉が既になされたかのごとき政治的な表現に対して、厳しい否定的な見解や注文が投げかけられることにもなる。

雑誌『プウボワール・ロコー』 *Pouvoirs Locaux* に掲載された上記のブリューノ・レモンへのインタビューは、「失敗だ！」という激しい調子の表題が付けられている。レモンの批判は具体的であり、厳しいものである。その内容の一部をさらにここで見ておこう。

国家の改革が伴わない分権化改革はありえない。第一に、「改革 une réforme というものは、一連の措置とは性格を異にする。国家の分権化と改革とは、領域の再組織化 réorganisation territoriale なしに、国家制度上の再組織

---

19) Rèmy Le Saout, "L'intercommunalité, un pouvoir inachevé", in *Revue française de science politique*, vol. 50, n° 3, juin 2000, pp. 439-461, p. 449 の数表を参照。ただし、引用データは1990年代初頭のものであり、改訂の必要あり。

表7-1 コミューンの人口規模分布（本土のみ）

人口規模	コミューン数	規模別コミューン人口数
0-99	3,572	234,457
100-999	23,617	9,272,573
1,000-9,999	8,477	22,561,959
10,000-99,999	866	21,188,791
100,000-299,999	33	5,232,534
300,000 以上	5	4,326,806
総計	36,570	62,817,120

出典：DGCL, *Les Collectivités locales en chiffres 2009*, p.31 の表より（2006年調査を基準に算出した）。

réorganisation institutionnelle なしに，［中央］省庁の縮小なしに，規範的な権力の［再］配分なしには真になし得ない」。第二に，より根本的には政策当事者たちが，強力にかつ高らかに分権化を謳いながら，その実は，自らの権力の分割をおそれ，かつ，おびえつつ，「行政的な仕方でのみ自らの行動を認知」しようとしている点にある。必要なことは地域の責任者に，「真の自律性を賦与すること」である，と。最後に，レモンは，結局のところ，1992年にジョルジュ・ヴデル Georges Vedel 委員会が結論づけていた共和制の改革が必要であると強調する。レモンの挙げる改革の項目を簡単に列挙すれば，大統領7年任期の復活と再任不可の原則，棄権行為に歯止めをかける白票制度の採用，ドイツにならった立法議会への混合投票制の導入［小選挙区比例区混合投票制］，大統領が解任しえない首相制，英国風の議会野党の地位確立，元老院の改革，国家と大規模地方公共団体との間の法制定権限の分配などである。レモンの挙げる改革案は欧州段階の対応策にまで及ぶがここではそれは省略しておこう[20]。

---

20) Bruno Rémond, "En panne !", in *Pouvoirs Locaux*, n° 59 IV/2003, pp. 24-29.
   cf. ヴデル報告については本書第4章で触れた。*Propositions pour une révision de la Constitution: 15 fevrier 1993, Rapport au Président de la Rapublique*, Comité consultatif pour la révision de la Constitution, présidé par le doyen George Vedel, La documentation fraçaise, 1993.

第 7 章　21 世紀における市町村間共同組織の展開

　ブリューノ・レモンが指摘するように、領域の再組織化という論点に最も直接に結びつくのは、コミューン Commune ［市町村］の整理統合というフランスにとって頭の痛い問題である。
　ここに再確認しておくべき重い事実がある。既に述べたように、フランスは膨大な数にのぼるコミューンを擁している。今日のような市町村は大革命によって創られた行政組織に起源を有し、第三共和制下において公選制の市町村議会と当該議会の選出になる市町村長とのコンビネーションができ上がった。ここで重要なことは、第二帝政から今日に至るまで、ほとんどその総数（2009 年初頭の集計で 36,793）[21] が変わらず、しかも零細なコミューンが圧倒的多数を占めるという「市町村の細片状態」morcellement communal が克服されないまま残っているという事実である（表 7-1 参照）。
　ドゥマジエールは指摘する。

　「市町村の細片状態は、我が国の農村的性格 la ruralité de notre pays の反映であるが、それはまた、明示的かつ黙示的に、領域組織の［在り方に関する歴史的な］選択から生じている。県制度 département と同様に、コミューンもまた、フランス大革命の産物である。県相当の行政制度によって達成されるべき理想的な領域の規模についてと同様に、コミューン領域の規模についても大いに論議の的になった……。市民統制への考慮（ミラボー Mirabeau）が、人民的な意見表明を利する大［市町村］構造を創出するという提案（トゥーレ Thouret）を最終的には退けた。1790 年 1 月 15 日法 la loi du 15 janvier 1790 により制度化された 44,000 のコミューンは、旧体制 Ancient Régime のパロワス paroisse との強い連続性を示している。そして、第二帝政下までに 37,500 が維持され、それ以降の市町村数の安定性は顕著なものである……。」[22]

　同様のデータに関して、分権化改革の現状に対して精力的に検討を加えつつ

21）　詳しく申せば、本土：36,570、海外領土などにおいて 223 である。DGCL, *Les Collectivités locales en chiffres 2009*, p. 15.
22）　Christophe Demazière, "Notice 13: Les stuructures de coopération intercommunale", in *Les notices: Les collectivités territoriales en France*, coordonné par Maryvonne Bonnard, La documentation française, 2005, p. 86.

あるサドランの注記がある。サドランが挙げている数値は最新のデータとは開きが生じているが, その鋭い指摘は現在でも生きている。曰く,「フランス的例外 exception française の膨大さを示す指標」をやたらに示してもせん無いことかもしれない。

　「以下のことだけを挙げておこう。28,000 のコミューン, それはコミューン総数の 77％を占めるのだが, 1,000 人未満の住民しか有していない。反面, 1 万を超す都市は,［コミューン］総数の 3％に満たない。しかし, 明らかに 4 分の 3 のフランス人が,《都市》に生活している (4,200 万人の住民が, INSEE が定義するような 361 の「都市地域」aires urbaines に生活している)。さらに, 25 の最も主要な大人口集中地域が, 総人口の 3 分の 1 以上を集中させている。コミューンの拡散ぶりは, 公選［政治］代表の数値にも反映する。フランス人は, 住民 100 人にあたり一人の地方議員［被選出者］un élu local をもっているのに対して, ベルギーでは, 780 人, デンマークでは 1,000 人, ポルトガルやイギリスでは大体, 2,600 人に一人の地方議員を有している (数字は全て概数。欧州連合の拡大は, こうした対比関係を変えるものではない。ポーランド人は, 680 人の住民当たり, マルタは, 580 人に一人の地方議員である)。」[23]

2009 年版のフランス内務省／DGCL の統計書によってサドランの議論を補足しておこう。DGCL は言う。「小コミューンは圧倒的な多数を占めるが, それらは人口の微弱な部分しか引き受けていない」。27,199 のコミューンが, 1,000 人未満の住民を有する。それは相当する自治体総数の 75％に当たるが, 人口のわずかに 15％を占めるにすぎない。他方では, 40 のコミューンがそれぞれ 10 万人以上の住民を擁する。「36,682 のフランスのコミューンは多様な規模にわたっている」。898 のコミューンが, 50 人未満の住民を有しており, 住民 1 万人以上を有するコミューンは 949 を数え, パリは 200 万以上の人口を有する。概略二つに一つのコミューンが 400 人弱であり, 四つに一つが, 200 名弱である。また, 概ね, 四つに三つのコミューンが 1999 年から 2006 年にかけて人口を増大させた, と。[24]

---

23) Sadran, "Deux décennies de réformes territoriales en France", in Laurence Bherer et al. (dir.), *op. cit.*, pp. 25-45.

市町村事務が多くの面において行き詰まりを見せる中で，市町村間共同組織の発展が見られる。この組織形態の最近における発展は目覚ましいものがあるが，こうした組織の発展は，基礎組織であるコミューンの整理統合が放置された中で進んでいるだけに，問題をはらんだものとなっている。また，最近の市町村間共同組織は，公共施設法人の法的地位を与えられているために（EPCI），当該の理事会は市民が直接介入できない場となっており，地域の民主主義にとっても影を投げ掛けている。また，本来は対等であるはずの加盟コミューン間の関係も，制度的な［見かけ上の］均一性とは裏腹に，規模の極端な差はそのまま残され，したがって，市町村間共同組織の管理理事会の中での力関係，影響力の発揮にもコミューン間では大きな差が生じているという。二重の民主主義的な問題性を市町村間共同組織 intercommunalité のあり方は示しているのである。以下では，これらの「民主主義の負債」と呼べる諸課題に触れておこう。

3 市町村間共同組織の法制的整備と普及

1 市町村再編の挫折

多くの EU 加盟の西欧諸国が戦後，市町村行政合理化の改革に成功したのにもかかわらず，フランスでは旧来の組織が温存され，1982年の分権化改革にもそうした隘路は手つかずに終わっている。

1971年のレイモン・マルセラン Raymond Marcellin ［1914-2004, 内相（68-74），国会議員］による試みの悲劇的な結果については，フランスの論者が必ず触れる事例である。フランスではあらゆるコミューンの統合への試みは失敗に帰したが，マルセラン内相（当時）による1971年7月16日法（loi du 16 juillet 1971）の試みもそのうちに含まれよう。他の欧州諸国の改革と機を一にするものであり，フランスもまたそれに刺激を受けた。同時にマルセラン内相（当時）の強い意向がそこに働いた。マルセラン改革は，地方被選出者によって県段階で決めら

---

24) DGCL, *op. cit.*, p. 30.

第Ⅲ部　市町村間共同組織の急激な普及と「地域の民主主義」

れたプランに従って，コミューンの合同を予定していた。同法適用は地方被選出者達の激しい抵抗にあう。県段階のプランでは1万あまりの適応対象が挙げられていたが，わずかに2,000のコミューンのみが合併した。これらのうちのいくつかは，数年後の「分離作業」《défusions》の際に，再び元の形に復活してしまう。

強固な小村規模での郷党意識の枠組み，すなわち，esprit de clocher［直訳すれば「〔村の〕鐘の精神」］の存在を我々は確認することができる[25]。

ドゥマジエールは，比較行政学的な視点から簡潔に次のように西欧大国の対応状況を述べている。

「フランスとは異なり，EUの他の全ての加盟諸国は，そのコミューンの数を大幅に削減する政策を成し遂げることに成功しており，多くの場合，それは，地方公共サービスの保証を可能ならしめる最適の財政基盤を［コミューンに］与えるためであった。たとえば，ベルギーのコミューン数は70年と77年との改革によって組織された二大合併作業によって4分の1に減らされたのだが，リエージュLiègeの様な一定の大都市には両義的な効果をもたらし，そこでは債務がうなぎ登りになった……。スウェーデンは40年から70年の間に，90％に近いコミューン数の削減を行ったが，このことがもたらしたものは，運輸，教育，社会的援助といったサービスに関する管轄領域の再組織化と，言うまでもない，地方議員数［被選出者数］の劇的な削減であった[26]。」

サドランも同様に別の指標を挙げて市町村行政の近代化に関する欧州連合加盟主要国の動向を指摘している。

「1950年から92年にかけて，市町村数に関して，連合王国は76％減，ドイツ（西独）は67％減，ベルギーは78％，スペイン12％，スウェーデン87％の減だった。ポルトガルやイタリアでは若干の市町村数の増大があったものの，一市町村当たりの人口数は，それぞれ，32,300人，7,130人であり，それに比してフランスは，1,580人の住人を有しているにすぎない[27]」，と。

---

25) Demazière, *op. cit.*, p. 86.
26) *Ibid.*.

182

第 7 章　21 世紀における市町村間共同組織の展開

2　古典的共同組織から近代的な行政課題の受け皿へ

　しかし，近代的な市民生活にかかわる要求水準の高まりと国の工業化，都市化の進展は，従来の市町村行政の枠組みを古い割拠状態に放置する可能性を奪ってゆく。その唯一の対処策は，従来の市町村の枠組みに手を付けないものとするならば，市町村間共同組織 intercommunalité による行政任務の集約化・一括化しか考えられなかった。

　ドゥマジエールによれば，市町村間共同組織の発展を促した要因は総体的に見て二つに分けられるという。

> 「第一に，一部の農村部分の極端な人口減少であり，他方での都市部の人口増大であり，かつまた，一定の人口密集地域，特に都市の周辺領域に対して行政サービスを強化する必要性である。第二に，人口的には，36,000 にのぼるフランスのコミューンは，[それぞれの規模において] 極端な対比をなしており，そのことが個々のコミューンの行政能力における極端な格差を生んでいる。」

　先ほども示した規模の不ぞろいを，再び別の角度から確認することになるが，「全体の四つのうちの一つに当たるコミューンが 200 人未満の住民からなっており，二つのうち一つが，400 人未満である。反対に，住民 1 万人を超える 900 のコミューンが，全体として 3000 万人の人口を擁しており，残りの 35,600 あまりのコミューンが残りの 3000 万人あまりの構成員を分かち持っていることになる」。かくして，コミューンは『市町村法典』により法的にはすべて均一な権限を有していることにはなるが，規模の狭小さからして，財政的に十分な力量を有するコミューンはごくわずかである。コミューン間の広域行政共同組織，すなわち市町村間共同組織 intercommunalité が普及する必然性がそこにあった。19 世紀の末以来，コミューンはその必要性を満たすために，多様な権限を有する自主的なアソシアシオンに参加しており，20 世紀の末には，平均し

---

27)　Conseil de l'Europe, "la taille des communes, l'efficacité et la participation des citoyens", *Communes et régions d'Europe*, n° 56, 1995 cité par P. Sadran, "Deux décennies de réformes territoriales en France", *op. cit.*, p. 26.

第Ⅲ部　市町村間共同組織の急激な普及と「地域の民主主義」

て一つのコミューンが四つのタイプの市町村間協力の組織構造にかかわっているという状態である。[28]「細分化，資源の貧しさ」に加えて，現代ではさらに，新しくかつ複雑な地方政治の現場での諸問題に対処するための「専門的能力の欠如」が，コミューンのまえに主要な困難として立ちふさがることになる。[29]

次に，市町村間組織のこの間における変遷をアウトラインにおいてながめておこう。

（１）　古典的な形態の市町村組合

コミューン段階においてフランスの行政が手をこまねいてその細分性を傍観していなかったことは事実である。

フランスにおいて市町村自治の基盤を据えたとされている 1884 年法 La loi municipal du 5 avril 1884 は，市町村間の協力 la coopération intercommunale について沈黙しており，ただ，臨時的な必要に応える「市町村間会議」conférences intercommunales（art. 116 et 118）に触れていただけである。1890 年法によって，はじめて恒久的な市町村間の共同サービスの管理を目指した組織の法制化が行われる。すなわち，1890 年 3 月 22 日法 la loi du 22 mars 1890 によるものである。戦後は，50 年代末から 70 年にかけて，都市圏 districts urbains［ただし，1970 年の制度改革により単に地域圏 district に］や都市圏域共同体 communauté urbaine（CU）や新人口密集地域組合 syndicats d'agglomération nouvelle（SAN）が特に都市問題に対処するために創設される。60 年代には，コミューンには公共施設法人 établissements publics の性格を有する市町村組合 syndicat を創設することが可能とされた。それらの市町村間における共同組織が公施設法人の形態をとることから，EPCI（établissement public de coopération intercommunale，市町村間共同公共施設法人）や communauté intercommunale（市

---

28)　Demazière, *op. cit.*, pp. 86-87.
29)　Avis et Rappouts du Conseil Économique et Social, *Communes, Intercommunalités, Quels Devenir ?*, Rapport présenté par M. Pierre-Jean Rozet, Les éditions des Jounaux officiels, 2005, p. 103.

町村間共同体）の名称が用いられることもある。独自財源を有するこれらの公施設法人は，「組合」の業務限定的な在り方よりも広範な権限と機能を有する[30]。

このように，歴史的に見て最も早く手を付けられたのは，共同事業管理の為の市町村間共同組織 l'intercommunalité de gestion である。その後の SIVU, SIVOM とそれに近い諸形態の展開がそれである。

まず，第一に，市町村組合 Le sydicat intercommunal すなわち，固有の税源を有しない公共施設 établissement public sans fiscalité propre は，特に，農村部の環境において最も支配的な市町村自治体の集合形態である。

それは，三つの主要な形態に分かれる。ドゥマジエールの簡潔なまとめに拠りつつ，それぞれの制度の概略を見てみよう。

（1）まず，単独目的市町村組合 SIVU（syndicat intercommunal à vocation unique）である。1890 年 3 月 22 日法 la loi du 22 mars 1890 が，フランスの行政史上はじめて，その設置を可能にした。コミューンの自治権を最大限保証しつつ，「唯一特定の活動」une activité précise（電力供給，浄水供給，学校生徒の通学送迎…，）を協同して遂行する目的を有している。

内務省／DGCL 統計によれば最盛期の 1999 年時点で，14,885 を数え，2009 年で 11,179 となっている。

（2）次に，1955 年 1 月 5 日オルドナンス une ordonnance du 5 janvier 1959 が設置を可能にした，複数目的市町村組合 SIVOM（syndicat intercommunale à vocation multiple）である。先の SIVU が唯一の問題に対して応えるべく創設されるとすれば，SIVOM は，相異なる複数のミッションに当たるものであり，道路，運輸，家庭ゴミ……等の諸問題に対処することを目的とした。この種の組織としては，最盛期の 92 年に約 2,500 組合が創設される（2009 年に 1,445）。各組織には，大略 10 余りのコミューンが加入し，カントン canton レベルでの組織が多いと言われる[31]。

---

30) Jacques Buisson, "La révolution intercommunale", in «L'intercommunalité», *Regards sur l'actualité*, n° 314, octobre 2005, p. 5-7; Demazière, *op. cit.*, p. 87.

第Ⅲ部　市町村間共同組織の急激な普及と「地域の民主主義」

(3) 市町村組合の中でより少ない諸形態も存在する。1955年以降，syndicats mixtes は，県，レジオン，他の公施設における，——また，その中には市町村組合までも含まれる——単一のまたは複数のコミューンを協同化させることを可能にした（1999年に1,454，2009年に3,064）。

これらの旧型の，組合組織の形態による市町村間共同組織は1992年以降，改革の影響を受け，数的には徐々に減少し始め，法制度の改変により統合の度合いの強い，市町村共同体 la communauté de communes（CC）に変化し始める。だが，1999年初頭にはなお，2,165のSIVOMが存在した。[32]

「SIVUやSIVOMは，関係する全コミューンの協議によるか，あるいは，県議会の了解の下に，それらの関連する一部分の了解の下に創設され得る」。すなわち，「参加コミューンの3分の2が人口の半数を代表するか，あるいは，3分の2の人口を半数のコミューンが代表するか」という原則である（《過半数／3分の2》の法則）。

「両組織は，各コミューンの同数の代表達——一般には2名ずつ——からなる一つの委員会によって管理される。平等な代表制，したがって，対等な扱いを保証していることによって，このシステムは，同じ規模のコミューン［の連合］に適応していた。」

二つの面からの制約がこうした組織形態の上にかかってくる。

第一に，農村部からの人口流出と大規模な都市化の波とは，状況を根本から変えてしまい，このシステムの利点を弱めてしまう。

---

31)「小郡」canton とはフランス全土で約3,000存在し，大郡 arrondissement と市町村 commune との中間に位置する地方行政区画であり，地方自治体を構成せず，法人格も有しない。県議会の議員選挙の選挙区ともなっている。山口俊夫編『フランス法辞典』の「canton」の項を参照。

32) オン・ライン版のDGCL資料によれば（http://www.dgcl.interieur.gouv.fr/donneeschiffrees/interco_SETL/intercochiffres.htm における "Evolution du nombre de groupements depuis 1972"），1999年におけるSIVU, SIVOM, Syndicat mixte の現勢は，それぞれ，14,885，2,165，1,454と記されており，それ以降は不明となっている。Demazière は2000年時点での数値としているが，数値はDGCLが掲げる年度のものと考えた。本章の表7-2を参照。

第二に，財政上の態様にかかわる弱点である。

「各委員会 comités は，加盟コミューンによって払い込まれた税納付額 des contributions versées を受け取るが，それら納税額は，加盟コミューンの選択により，市町村予算の中で天引きされるか，財源化されるかである。すなわち，相異なる財源比率を適用することによって，加盟コミューンの納税者そのものの税サービスによって天引きされるものである。市町村組合 le sydicat intercommunal は，税率を表決する権限をもたないし，税を天引きする権能も有しない。それは，完全に，加盟時も，かつまた，権限の行使に当たっても，コミューンに依存している（税納付金は，隔年において固定されている）。この文脈において，市町村組合のあるものは高率の負債を抱えている場合があるが，それは，市町村収入の減退が主な原因であるとすることはできない。かくして，SIVU や SIVOM に固有の柔軟性は，かえって一定の不都合を伴わないとはいえない状況なのである。」

1983年7月13日法 la loi du 13 juillet 1983 によって創設された Syndicats d'agglomération nouvelle（SAN）は，新都市 Villes nouvelles の需要に応えるためのものだった。今日でも存続している六つの SAN は，SIVOM の中でも特に，都市計画，住宅，新交通網に強く向けられた権限に照応している。最後に，1988年1月5日法 la loi du 5 janvier 1988 は，「選択加入型の組合」"sydicalisme à la carte"を可能にした。この措置は，一定の市町村組合に，それがふるう権限の一部分にのみ特定のコミューンが参入することを法認するものであったが，その必要は理解できるものの，このことは，市町村間および諸地域の行政構造をよりいっそう複雑にしてしまった。[33]

（2）　市町村間共同組織の整理と現代化

我々は，市町村間共同組織の展開を簡単に眺めてきた。市町村間の共同組織の在り方は，戦後フランスの地域開発の位置づけとも微妙にからんでくる問題である。ドゥマジエールはこの市町村間共同組織 intercommunalité の歴史的な変化を簡潔に次のように述べている。

---

33)　以上の制度的なアウトラインは，引用を含め，Demazière（*op. cit.*, p. 87）によった。制度の全体にわたっては，山崎榮一・前掲書，86頁以下に簡潔な整理がある。

第Ⅲ部　市町村間共同組織の急激な普及と「地域の民主主義」

「しかしながら，基礎的なサービスの共同管理（たとえば，水の供給ないし，浄水）から始まって，共同プロジェクトの役務実施――かつて加えて財政レベルにおける統合された制度の枠組みの中において――に至るまで，市町村間共同組織 intercommunalité は，徐々にその性格を変えていった。地域開発 aménagement du territoire の課題が市町村間共同組織のレベルに統合されるのと同時に，多様な変化を有する地勢のもとにある領域の弾力性――この組織の諸形態が持っていた特徴――は，《領域の凝集性 cohérence territoriale》（飛び地がない，地続きの地域によって"少なくとも" a minima 実現される），権限の可視化，資源の成長などを最優先課題としておしだしたのであった。」

同時に，市町村間の協同が，大半の場合において，市町村の被選出者達によって実行されたとしても，分権化改革以降は特に，政府の立法化が相伴ったことは事実である。

「この15年の間に，経済発展の問題と，地方レベルで手にしうる政治制度的な用具との間のズレがますます大きくなっていることにより，市町村間の共同組織化は，極めて強く奨励されたのであった……。[34]」

他方，ビュイッソン論文は，単なる市町村組合方式から，資源の共同利用，供託に歩を進めなければならなかった理由を次のようにまとめている。

ビュイッソンによれば，現代的な市町村の共同組織である市町村間共同組織への傾斜は色々な原因が考えられるが，以下の三つが主要な要因であるとしている。

第一に，市町村組合形式の組織の数的な増大は，住民へのより良いサービスの提供のために手段を共用化する必要性を生んだということである。

第二に，「1960年から80年にかけてフランスにおこった人口的，経済的な発展が，国家単独で引き受けられないインフラストラクチャーやサービスの発展を課したことである。分権化法によって，地方自治体が引き受け手となり，国家のパートナーとなった。だが，いちはやく，コミューン間の協同の必要性が

---

34) Demazière, *op. cit.*.

明らかとなる」。その場合,「中心都市プロジェクト」《villes-centres》のケースをビュイッソンは指摘する。VC は相当の装備を有し,重い管理任務を引き起こしていた。他方では,その周辺にあって,これらの同じ装備の恩恵を被っていたコミューンは,職業税 la taxe professionnelle の税源を有し,この税源は必ずしも,VC が手にはしていなかったものである。「かくて,両者の側に協力関係の樹立が不可欠となる。共同体組織 communautés の創設による市町村間共同組織 intercommunalité の形成は,コミューンの公共的作業を遂行する上で先導的な手段 le moyen de pilotage となる」。

　第三に,「市町村間共同組織 intercommunalité は,他の欧州諸国の全体 [EUを含意] とフランス行政制度の一貫性・整合性をもたらす一手段として立ち現れる。市町村間共同組織は,一方で,コミューンの細分化とたたかう為に,他方で,人口的,経済的な変化発展を考慮に入れて公共的諸手段をより効率的なやり方で用いるために役立つはずである」[35]。

4　市町村間共同組織の現代的な展開

　次に,市町村間共同組織の現代的な展開について概要を記しておこう[36]。

　上に概説したように,膨大なコミューンの多様な行政上の必要に応えるために,現代的な共同組織の整備が政策当事者によって意識されたわけであるが,市町村間の共同組織が,今日見られるような形態にまとまったのは,以下の二つの法律,すなわち,いわゆる ATR 法 la loi d'orientation du 6 février 1992, relative à l'administration territoriale de la République および,1999 年 7 月 12 日シュヴェヌマン法 Loi relative au renforcement et à la simplification de la coopération intercommunale によるものである。二つの法律によって,独自税

---

35)　Buisson, *op. cit.*, pp. 14-15.
36)　以下,前掲 Demazière による "Notice 13" (pp. 88-90) の制度解説からその主要部分を引用しておきたい。

第Ⅲ部　市町村間共同組織の急激な普及と「地域の民主主義」

源を有する市町村間共同の広域組織形態が可能となった。

　ATR 法（1992）による改革をまず見ておこう。地域自治体に大幅な自治権を与えたいわゆるドゥフェール分権化改革から 10 年経った 1992 年に，「共和国の地域行政に関する 1992 年 2 月 6 日法」la loi d'orientation du 6 février 1992, relative à l'administration teritoriale de la République（loi ATR）が，新たな市町村間共同組織を根付かせる上で飛躍をもたらした。革新的な点は，本法が，「"連帯領域"の内部において，領域空間の発展と開発の"共同プロジェクト"を策定するために協調するようにコミューンに提起していたことである」。そのため二つの方策が提起された。市町村共同体 la communauté de communes および都市共同体 la communauté de villes である。

　(1) 市町村共同体 la communauté de communes（CC）は，規模的には農村部に照準をおいたものであり，義務的な権限としては，地域開発 aménagement de l'espace と経済開発が規定されている。選択的権限がそれに加わる。法律に挙げられている四つのうちから少なくとも一つを選び取らなければならない。環境，住宅・生活基盤政策，道路，文化・スポーツ・教育装備の事務である。

　　「……この種の公共施設は，［独自の税源を備えることが許され］自らが管轄する活動ゾーン les zones d'activités における単独の比率による，ゾーン職業税 une taxe professionnelle de zone を制度化するか，あるいはまた，全領域に単独比率による職業税を一律に課すこともできる。」

　この基盤上に，2,406 の CC が創設され，そこには，既に存在した SIVOM からの転換と，その他の形態からの乗り換えを含んでいる（数字は 2009 年 1 月 1 日現在）。

　(2) 都市共同体 la communauté de villes は 2 万人以上の住民を有する人口密集地域 agglomération の発展を企図している組織である。ただし，この組織態様は，良く知られた失敗例であり，フランス全国で，ただ五つが創設されたにすぎない。「この組織形態は，CC より，また，都市圏 le district urbain よりも集約的であるが，20 世紀末の人口密集地帯の現実に頭をぶつけてしまった。

すなわち，社会─空間的な分離差別 ségrégation socio-spaciale，経済活動ゾーン周辺のコミューン間の競合，政治的な不和 mésententes politiques，中心主要都市がもつものと想定されるヘゲモニーに対する不信感，コミューン間協力にとって重要な財政的な諸問題……である」。1990年代末になっても，ニースやトゥーロンに匹敵する人口密集地域は，市町村間協力形態を欠如させたままであった。マルセイユやオルレアンは，上記の市町村間共同組織の上に乗っていたままであり，他の人口密集地帯は，依然として SIVOM と共に機能していた。同時期に市町村間における協調 coopération intercommunale の相異なる諸形態が 19,000 余りのコミューンを結集し，人口3400万を擁していた。「市町村間共同組織 intercommunalité はそれ自体，有効性を立証していたが，それは時に，読み取り不可能だったり illisible（カテゴリーやバリエーションの多様さによって），特に都市圏においては，見えにくいもの invisible でもあった」。

　1999年法によって主要な形態は三種類に整理される。現在の制度の概略を示せば，以下の如くにとりまとめられよう。

　すなわち，従来の都市共同体 la communauté de ville や地域圏 districts や新人口密集地域組合 SAN（syndicat d'agglomération nouvelle）などは廃止されることが決められ，大都市圏域共同体 la communauté urbaine（50万人以上の人口のまとまりを有する複数のコミューンを統合する形態，CU と略記），市町村共同体 la communauté de commune（主として農村部の共同形態，CC と略記），人口密集地域共同体 la communauté d'aglomération（5万人以上のまとまりを有する複数のコミューンの統合形態，CA と略記）の三つに整理されたのであった。これらの市町村間協調の為の組織は，一定の固有財源を有し，飛び地を有することはできず，その領域内における唯一の財源保持者であり，また，機能上の共通の規則に服する。

　2004年法 la loi de 2004 relative aux libertés et responsabilités locales は上記のシュヴェヌマン法をさらに厳密なものに仕上げた。基本的にはシュヴェヌマン法によってもたらされた画期的な変化をより詳しく見てみよう[37]（表7-2および章末表7-3参照）。本法は，当事の内相ジャン＝ピエール・シュヴェヌマン

第Ⅲ部　市町村間共同組織の急激な普及と「地域の民主主義」

表7-2　独自の税源を有する市町村協同組織の展開（概況）

	1993年	2000年	2004年	2009年
CU	9	12	14	16
CA		50	155	174
CC	193	1,533	2,286	2,406
SAN	9	9	6	5
Ditricts	252	241	—	—
CV	3	0	—	—
独自の税源を有する組織総数	466	1,845	2,461	2,583
加盟コミューン数	5,071	21,347	31,428	34,164
包括人口数（百万人）	16.1	37.1	50.7	56.4

注：詳細は章末に掲げる表7-3を参照されたい。
出典：DGCL/Ministère de l'Intérieur, de l'Outre-Mer et des Collectivités Territoriales, *Les Collectivités locales en chiffres 2009*, p.21 および各年度版などによる。

　Jean-Pierre Chevènement の指導下に準備され，1999年7月12日に表決された法律であり，国家によって，従来の基盤の上に，市町村間共同組織発展の「新しい推進力」が賦与される。その野心的な内容は，法案のタイトルである「市町村間協力組織の強化と簡略化に関する法律」"Loi relative au renforcement et à la simplification de la coopération intercommunale" という表現にも伺える。まず，市町村間共同組織の合理化への努力は，districts と communautés de villes を解消する決定の中に明示され，これらは，2002年1月1日までに組織転換されると規定された。
　人口の基準は以下のごとく実態に即すべく改められると共に，新たな組織が提案される。
　(1) CU への人口境界は，50万人以上と見直され，CC に関しては，5万人未満と規定される。
　(2) 人口密集地域共同体 CA の新設がなされる。中間的な人口集中地域 les agglomérations moyennes について，本法は新しい制度的な用具である CA を

---

37) Demazière, *ibid.* p.89.

提案したのである。それは、住民 15,000 以上の中心コミューン commune-centre, 県庁所在地コミューン la commune chef-lieu de département または、県の最も重要なコミューンの周辺に組織された、少なくとも5万人の住民を包括する空間において形成されうる。

刷新された CU として単一職業税 la taxe professionnelle unique = TPU の税源保障の下におかれる結果、CA は、以下四つの権限を必須の課題として遂行しなければならない。

① 経済発展政策 le développement économique
② 市町村共同組織空間の整備開発 l'aménagement de l'espace communautaire（以上の二つは、CC にも同じように割り当てられている権限である）
③ 住宅環境上の社会的衡平性の確保 l'équilibre social de l'habitat
④ 都市政策 la politique de la ville

かてて加えて、加盟市町村に代わって、以下五つの項目の中から三つの選択的な権限を行使しなければならない。浄水、給水管理、環境および生活基盤の保護と評価、道路・駐車場の整備・維持・運営、市町村共同組織の利害にかかわる文化・スポーツ装備の整備・維持・運営である。

「特徴的なことは、市町村間共同組織の構造が有している介入の伝統的かつ歴史的な領域——都市の技術的なネットワークとサービス機能の実施と管理——は、ある程度自由に選択できるという印象を与える反面、人口密集地域の将来にとって今日では戦略的と判断されている諸領域——経済発展、開発、住居——は、加盟コミューンから新組織に自動的に権限委譲されていることである。」

1999 年、法律が制定されたとき内務省は、その時点から 2004 年にかけて CA の創設は 50 と踏んでいたという。しかるに、2009 年 1 月 1 日時点において、内務省／DGCL [la Direction générale des collectivités locales] によれば、174 の CA が実現し、包括人口は 2100 万人を超している。「本法の第一の目的——都市環境下における市町村共同的なネットワークの強化 renforcer le maillage intercommunal en milieu urbain——は、したがって、達成されている。なぜならそ

第Ⅲ部　市町村間共同組織の急激な普及と「地域の民主主義」

こに，2000年のマルセイユおよびナントにおける創設を加えて，500万人以上の住民を結集している14のCU［DGCLによれば2009年で，16］を付け加えなければならないからである[38]」。

　問題はその加盟市町村が膨大化し，実際にはフランス全土を覆い尽くす勢いであることである。2009年1月時点での数値としては，固有税源を有する市町村間共同組織の総数は，2,601（1999年初頭には1,678，以下括弧内は同じ），包括されているコミューンの総数は34,164（19,128），組織の下にある住民は，5640万人（3,401万人）を数え，総人口6389万あまりの88.4％を包括するに至っている。

　市町村間共同組織に含まれないコミューンの数が，約2,600であり，人口は750万人あまりであるが，1999年には，17,551のコミューンが未加盟で，その人口は2762万人弱であったことを見れば，いかに急速度でこうした新しいタイプの市町村の連携形態が発展したかが理解しえる（表7-2より詳しくは表7-3参照）。

　これはあくまで理想的にことが運んだとしての話だが，共同組織のメリットは，何といっても，小コミューンが圧倒的なフランス自治体の底辺部分において一定の市民サービスの量と質とを維持し，併せて重複した投資をコミューンが競って行うことを防ぐ効果を有していることであろう。市町村間共同組織は，市町村レベルの市民施設・装備や公共サービスを共同で管理し，単独のコミューンよりもより広大な領域に基盤を置いた地域的経済発展のプロジェクトを策定することを可能にする。

　まさに，「隣り合ったコミューンがそれぞれに映画館や劇場やスポーツ・アリーナをもつ必要はない。共有するということはまた，上手に分かちもつことを可能にするのだ」と，ブリューノ・ヴィジエ Bruno Vigier［アルデッシュ県レ・ヴァンス（人口2,700）の首長＝当時］は言う[39]。これらの組織形態を擁護するポピュラーな表現であり，事実そのとおりでもあろう。また，住宅，給水・浄水，家

---

38)　*Ibid.*, p. 90.

庭廃棄物処理や学校児童の送迎など，より生活に密着した場面において個々の小コミューンの手にあまる問題に対して市町村が連合し共同の措置を講じることが有効であることは間違いない。

ここ当分の地方公共団体（市町村間共同組織を含む）の支出総額の割合を見ても，独自の税源を有するEPCIの急成長は目を見張るものがある。1984年の総支出中に占めるコミューンの割合は，64.6％を占めていた。それに対して，2007年度の支出内容を見ると，コミューンとその共同組織の合計は，全体として60.5％を占めるにすぎない。地方関係の総支出中におけるコミューンの相対的な地位の低下が言われる所以である。また，コミューンと市町村間共同組織の棲み分けは，93年当時では，57％と5％だったが，コミューンと独自の税源を有するEPCIとはそれぞれ46.6％，13.9％という比率を占めるに至っている。県とレジオンは，84年には，26％，4％であったが，2007年には，28.3％，11.2％へとそれぞれが伸長していることがわかる。ちなみに，レジオン予算のシェアを市町村間共同組織のそれが追い抜いたのは，2000年のことであった。[40]

市町村間共同組織の驚異的な発展が，「静かなる革命」と言われていることも，納得できることであろう。

市町村間共同組織の華やかな成功は，分権化改革の成果の一覧表に華を添えるものである。intercommunalité［市町村間共同組織］ないしEPCI［市町村間共同公共施設法人］などのターミノロジーは，分権化「第2幕」における「住民参加」や「地域の民主主義」概念の深化による代表民主制の欠陥に対する参加型民主主義に関する論議と並んで，フランス地方政治にかかわる論壇をにぎわしたのである。[41]

---

39) Nabil Wakim, "...ou bientôt remplacés par l'intercommunalité ?", *Le Monde*, 18 décembre 2007.
40) 以上，数値は，DGCL, *Les Collectivités locales en chiffres 2007*, pp. 55-57，および，最新の資料については，同2009年版で補完した。

5　市町村間共同組織の問題性

1　システムの混在と財政的限界

　組織的な普及とは別の角度から，制度上の混乱と限界を指摘する向きもある。「市町村間共同組織 intercommunalité によってもたらされた成功は，それが遭遇している困難を隠蔽するものではいささかもない」との指摘には注目しておきたい。[42]

　市町村共同組織の現代的な展開に対して，まず，構造的，財政的な諸問題を指摘し得る。ビュイッソンによれば次のとおりである。

　(1)　第一の大きな問題点は，機能上の錯綜と，形式的な設置による機能停止などの組織構造上の脆弱さである。「余りにも多彩な機能」が盛り込まれた結果，法制的に目まぐるしく多様な組織機構が目立つ反面，個々の共同組織 communauté については以下の四つの皮肉な類型分けが可能となっている。

　①「空の貝殻」共同組織 les communautés«coquilles vides»と呼ばれるものであり，CC，CAのうち，権限が法的なミニマムにまで切り下げられ，動員できる諸手段が乏しいものを指す。②「特定任務にのみ動く共同組織」les communautés«de mission»があり，内容が極めて限定され，絞り込まれたプロジェクト projets très ciblés を策定するためにのみ作られた共同組織であって，管理を行う任務を有さず，市町村サービスへの主動的な仕方での指示を行わないという問題点を有する。③漫然とコミューンへの資源供給を行う役割におとし

---

[41]　第1期シラク大統領政権の後半はジョスパン氏（PS）を首相とする保革共存政権であった。ジョスパン政府は多くの改革的な業績（特にシュヴェヌマン法など）を成し遂げたが，保革共存政権の限界からその政治手法は控えめだったと評されている。保革共存期の最後の段階で出されたモロア報告にはその後も多くの論者が言及（特に市町村共同組織の公選制など）。Commission pour l'avenir de la décentralisation présidée par M. Pierre Mauroy, *Refonder l'action publique locale*, La documentation française, 2000.

[42]　以下本節は Buisson の前掲論文によった。pp. 15-16.

められた「商品販売店舗」型の共同組織 les communautés«magasins»である。これら類型に属する共同組織は、コミューンへの「資源センター」centres de ressources（サービスの給付 prestations de services, 協調的資金の供給源 fonds de concours...）などと認識されてしまい、重要な諸手段を措置し得るが、共同体のサービスや装備の発展を自らは求めないという消極的な存在になってしまっている。④最後に、「超市町村」型共同組織 les communautés«supracommunales»であり、このグループは、加盟コミューンがその権限と、その諸手段の主要部分をそっくり移管してしまい、このことは、共通のサービスの実施を意味するものの、ほとんど市町村側からは白紙委任状態をもたらしかねない。

「こうした機能上の多様性は、市町村間共同組織 intercommunalité という現象の［制度上の］複雑さをあらためて示すことになり、あるいはむしろその不透明性 l'opacité を際立たせる」ものであるとのビュイッソンによる批判は、制度上の問題点の指摘としては深い点を付いているものである。

(2) 第二の大きな問題は、自主財源を有する市町村間共同組織に与えられる税源、すなわち職業税 la taxe professionnelle の問題である。市町村間共同組織 intercommunalité は、いずれにせよ、「コミューンとの関係において、その上に重ね合わされたもの une superposition にほかならない」のであり、地方直接税財源の欠損と不足に悩むことになる。独自の税源を有する市町村間共同体公共施設法人 EPCI à fiscalité propre の税収入は、90％が職業税であって、この税源措置は、二つの主要な欠陥、すなわち、産業活動を不利にし、コミューン間の競争を引き起こすファクターの一つとなっている。なぜなら、工業的・商業的活動を集約している豊かなコミューンは、新しい企業を集めようと税率を引き下げることが可能であり、貧しいコミューンの共同体はその逆となるからである。

「これらの批判は、周期的に改革の提案を呼び起こす。その結果、EPCI は、自らの側からは、家計への課税すなわち、住民税・土地所有課税 taxe d'habitation et taxes foncières を強化し、それらを通して、地方財政圧力を増大せしめようと図るのである」。もちろん、この分析を行った著者は断っている。

第Ⅲ部　市町村間共同組織の急激な普及と「地域の民主主義」

「我々は同時に想起しなければならない，市町村間共同組織 intercommuna-lité は財政的なレベルにおいて地方の連帯性を強化したことを。なぜなら，それは，コミューンの間の格差を概略 80％減少させた，この格差は，1 から 8,500 にまでおよんでいたことを認識することが重要だ！」と。数値の根拠はややあやふやではあるが，自治体間の連帯性についてその重要性を確認すべきだという論点はなお生きていると言えよう。

2　地域名望家の支配強化か，市民政治参加の進展か？

限定的ではあるとはいえ課税権をもっている EPCI の執行組織（理事会）が，その反面，直接普通選挙の洗礼を浴びていないことは多くの場で批判の対象となっている。また，公選委任職責の兼任が一般的な中で，市町村間共同組織の理事職，理事長職は法的な制限の外（1985 年，2000 年兼任制限法）にあることから，公選委任職責の兼任において最近では主な抜け道として使われる傾向がある。執行委員会である理事会には，多くの場合，加入している主要自治体の首長が座ることになり，分権化の流れの中で，大コミューンの支配力が貫徹する傾向を見せている。当然の成り行きとはいえ，分権化改革が市民の側からの民主主義的統制の明瞭化と具体化，別の言葉で言えば「市民参加」の契機の決定的強化を意味するのだとするならば，1999 年法改革に至る流れは，「媒介された民主主義」の要素を強め，「地域の民主主義」に背を向けたとも言えるであろ

---

43)　Buisson, *op. cit.*, p. 16.
44)　以下の論説は極めて早い段階において，市町村間共同組織の理事職と他の公選職責との兼ね合いの問題を指摘している。Michel Carraud, "Décentralisation du pouvoir sans contrôle des citoyens", *Le Monde diplomatique*, novembre 1992.
　　メニイ『フランス共和制の政治腐敗』(p. 69) では次の如く指摘している。「特に，議員が政治的な起業家である場合は，地方公職務の行使は果てしなく膨張しうる。もし議員が州や県の中心都市 une ville-centre の市長でもある場合は，この人物は，都市圏共同体 la communauté urbaine [1966 年以降] や地域圏 le district [1959 年以降] といった組織が存在する場合には，それを主宰することを求めるだろう。さもなくば，……この人物はひとつ（または複数！）の市町村共同組合 syndicats de coopération intercommunale を主宰する。」

う。さらに,「集権化効果」l'effet de centralité は EPCI の規模に応じて強化される。ル・サウットの結論は注目に値する。「集権化は,市町村間の共同における競争構造の原則の一つ,あるいはむしろ唯一の原則的な構造なのである。代表制によって主要な市町村が供給する正統性は,市町村間共同組織がカバーしている領域内の最も強力な市町村の被選出者達(市町村長,特に中心都市の市長)が,理事長職の職務を占めるチャンスを得るという意味で,多数派をなすことを可能にしている[45]」。

　もちろん,政治的な男女共同参画の規定は,この種の組織における理事会の構成について規制を及ぼしていないので,女性の管理理事会への進出は微弱である。また,同時に,理事会,理事長に座る人士が,公選の洗礼を受けていないこととあいまって,各市町村からの間接的な選出によっている以上,各市町村での少数野党の地位が理事会内部において極めて弱められ,あるいは完全に理事会では無視される構造ができ上がるということである。市町村連合組織は,中心になる相対的に大規模な市町村の首長の力を増大させ,当然の理事長職として大市長が広域の支配権を把握することになる。この場合,理事メンバーが間接的に加盟コミューンの意を受けて就任しているとしても,理事会そのものは広く市民による直接的な政治選択の意を受けておらず,民主的な正統性を十分に調達することなくその任に就いている。従来は公選委任職責の兼任 le cumul des mandats électifs が主要な論点であったが,これらの範疇を越える別個の兼任(公選委任職責と公施設法人理事や理事長職との兼任)が増大しているという問題性をはらむわけであり,かつまた,住民を民主的な決定プロセスから客観的に見て遠ざける仕組みを作り上げてしまっている。

　少し長くなるが,フランスとケベックの研究者達による共同研究報告におけ

---

45) Rémy Le Saout "Le pouvoir intercommunal: Sociologie des présidents des établissements intercommunaux", *Cahiers du laboratoire collectivités locales*, n° 2, Presses universitaires d'Orléons, 2000. 引用は,Pierre Sadran, "Démocratiser les structures intercommunales ?" in «Intercommunalité», *Regards sur l'actualité*, n° 314, octobre 2005 (p.44) によった。

るエリック・ケルッシュの論点を引いておこう。

　ケルッシュは言う。EPCI の全フランス領土における普及によって課せられた諸問題の中でも,「市町村間共同組織の代表者を普通選挙によって任命するという可能性」は, 表題に謳われていながら歌劇の舞台に一度も現れない「文字どおりのアルルの女」になりかねない。1992 年法や 1999 年法の制定に際しても, 修正案はあったものの, 市町村間共同組織議員［理事］の直接公選制の問題は, 脇に押しやられた。この問題は, 上院によって,「近隣の民主主義に関する法」loi sur la démocratie de proximité の法案からも削除された。「しかしながら, 主要な政策当時者の言説においてと共に, 世論調査の対象となったフランス人の多数も, 市町村間共同組織の代表者の普通選挙による選出の原則に関して相対的なコンセンサスが存在することを示している」。たとえば, やや古い調査になるが, 2000 年 12 月に行われた IPSOS-AMF の世論調査によれば, 73％のフランス人が, EPCI の政治的責任者 personnel politique の普通選挙制による選出を好ましいとしている。

　さらにケルッシュは最近の市町村共同組織において採用された組織原理である公共施設法人 l'établissement public という法的な形態を問題にする。この制度の客観的な効果は,「被選出者達による市町村間組織の民主主義を間接化することであり, 市民達を［民主的決定過程から］遠ざけること éloignement des citoyens であった。行政法においては, 公共施設法人 un établissement public とは,《公的な一定の組織に役務が委託されることに伴い, 法人格という形式の下である種のオートノミーをうけとるという事実によって特徴づけられる, 公共サービス管理の一様式》(De Laubadère et Venezia, 1999) である。この定式は, 否定しがたい利点を含んでいる。公施設法人の運営機関は, 任命されるのであり, 公選されるのではない」。これは,「法律的なフィクション」la fiction juridique ではないのか。実際, EPCI の権限に関する解釈は, 明瞭に上記の公施設云々のことを裏切っており, EPCI は一定のオートノミーを享受するどころではない。ある種の特権さえ有しているではないか。

　「EPCI が,『代表なくして課税なし』no taxation without votation という良く

第 7 章　21 世紀における市町村間共同組織の展開

知られた原理に逆らって，課税額を引き上げることが可能であるだけに，状況はなおのこと異常である」。なぜなら，「一般財源から独自財源を保証されたEPCI への財政的な控除額は，2002 年には既にレジオンのそれに匹敵しており，その増加率は年率 10 ％に及ぶ」勢いであるからである。ケルッシュの結論はさらに厳しいものがある。「EPCI は二段階目の代表からなっており，確かに自らのコミューンからの選出を受けているが，1999 年以降は，市町村会の中からのみ選ばれているにすぎない。市民の参加を拒む民主主義の隔絶化 l'éloignement démocratique vis-à-vis du citoyen は確実であり，任命の方式はなおさらに地方［政治 - 行政］制度上の不透明さを増大させている」[46]。

　市町村間共同組織 intercommunalité の理事会を公選制にすることが 2008 年に予定されている市町村一斉選挙とのからみで話題となっていたが，この種の組織が完全にフランス全体に行き渡っているわけではないこと，実際に時期尚早であるとの現場の雰囲気などを理由に，踏み込んだ改革に踏み出す見通しは立っておらず，実際，この点は無視されてしまった。ル・サウットやサドランはこの市町村間共同組織の理事，理事長らの公選制に関して，これを否定する動きについて批判的に分析している[47]。

　なお，公式の報告書では，以下の二つが市町村間共同組織の公選制を提起している。まずモロア報告は次のように述べる。2007 年の統一市町村選挙にあたって，「相異なる公施設法人と［市町村］共同組織は，一方で職業税によって潤され，都市も農村も主要な投資を実現することから，民主的な投票によって選

---

[46] Eric Kerrouche, "L'impasse démocratique des intercommunalités françaises ou le lien manquant", pp. 399-426, in Larrence Bherer et al. (dir.), *Jeux d'échelle et tranformation de l'État: Le gouvernement des territoires au Québec et en France*, Les Presses de l'Université Laval, 2005, pp. 409-410.

[47] Pierre Sadran, "Démocratiser les structures intercommunales ?", in *Regards sur l'actualité*, n° 314, octobre 2005, pp. 43-53; ——, "La 'République des proximités' contre la démocratie participative", in *Pouvoirs Locaux*, n° 59 IV/2003, pp. 52-57; Rémy Le Saout, "Intercommunalité et démocratie: Un enjeu interne au champ politique", in *Pouvoirs Locaux*, n° 62 III/2004, pp. 67-73.

第Ⅲ部　市町村間共同組織の急激な普及と「地域の民主主義」

ばれなければならない。この時点において市町村間組織の理事会 les conseils intercommunaux は，いわゆる PLM《パリ―リオン―マルセイユ》法の原理に従って奨励された投票方式に従って普通選挙により選出されるだろう[48]」。

　極めて楽観的な予想は現在までのところ，実現の見通しが立たないままである。

　次に，「経済社会評議会」報告書に出された提言に注目しておきたい。

　　「市町村間組織の代表者 élus を任命するために直接普通選挙制を導入することが，代表者の正統性を有権者の選択に立脚せしめ，住民に対してとられた諸決定をよりいっそう透明性の高いものにすることを可能にする解決策として，しばしば提言されている。いずれにせよ，コミューン／コミューン間組織のダイナミズムを損なわないためにも，現行のコミューン選挙は，市町村間組織選挙と組み合わされ，個々のコミューンの代表制を保障しなければならない。[49]」

6　地域の民主主義 ―― より根源的な問いかけへの糸口

　しかし，他方で，基底組織のコミューンの整理を手つかずのまま放置しておいて，コミューン，県，レジオンという公選組織の階梯をコミューン，市町村間共同組織，県，レジオンというように多段階化することは果たして得策か。「柔軟性を備え，権威づくの行動を伴わないので，市町村間共同組織 intercommunalité は，コミューンの融合へと導くことによって，フランス的な行政の風景を作り直しつつあり，その結果として，多かれ少なかれ長期の視点に立てば，フランスの 36,565 のコミューンは，同時に過去のものであり，縮減すべき数字にすぎなくなるということである[50]」[数字は当時のもの]という指摘は時期

---

48) Premier Ministre/Commission pour l'avenir de la décentralisation, *"Refonder l'action publique locale"*, Rapport remis le 17 octobre 2000 au Premier Ministre, Lionel Jospin, p. 8. La docmentation française より引用。

49) Conseil Économique et Social, *Communes, Intercommunalités, Quels Devenir?*, Rapport présenté par M. Pierre-Jean Rozet, Les éditions des Journaux Officiels, 2005, p. 105.

尚早だとしても，伝統的な小村落でのコミューン自治の尊重と現代的な行政手法の展開との折り合いをどうつけるべきかという難問はなお残ることになる。[51]

これらの共同組織の発展が，実際に生じている複雑で大規模な，したがって従来のコミューンの枠内では解消できない諸問題への対処から生じていることはわからないではないが，客観的に見て，地方の名望家の権力の寡占化，その政治的な影響力の強化と市民の行政現場からの疎外が効果としてもたらされていることは否定できないであろう。

ケルッシュは言う。この間の市町村間共同組織によるコミューンの置き去り状態は，結局のところ，資本主義的なシステムに地方政治を任せてしまう結果から生じている。EPCIの現代的な動きは，1992年法と1999年法が敷いたマネジメント的な着想に基づいており，「公と私の双方向的なモード」の上に実施されている。だからこそ，これらの改革は，「市町村長とその下にある住民との伝統的な近隣性による諸関係」を破砕しつつある。それは，より《合理的》で，より脱人格的な管理運営の手法を実践することによって，「EPCIがもたらすと考えられている専門的［行政］能力」の影の部分において，「政策責任の希薄化」，「［選挙によって正統性を賦与された］政治代表者élusの消滅」という事態をもたらしているのだ，と。[52]

レフェレンダムと請願権の問題は，これらの「民主主義の負債」という問題点に隠れて，そのシルエットをはっきりと捉えることがますます困難になりつつある。いずれにせよ，有権者たる「市民」citoyenは「統治対象」administréという消極的な規定に押し込められるべきではない。「より根本的には，市町

---

50) Jacques Buisson,' *op. cit.*, p. 16.
51) 「フランスは既に地域統治の三つの『段階』［コミューン―県―レジオン］を有しているのにもかかわらず，市町村間の共同組織の発展に伴って，行政の今一つの補完的なレベルが，設置されようとしている。……冷静な統制力にもとづかない恣意的な［行政組織の］展開は，混乱のひとつのファクターとなる。」Daniel Gaxie, "Stratégie et institutions de l'intercommunalité: Remarques sur le développement cotradictoire de la coopération intercommunale", in CURAPP, *L'Intercommunalité: Bilan et perspectives*, PUF, 1997, p. 48.
52) Kerrouche, *op. cit.*, p. 419.

第Ⅲ部 市町村間共同組織の急激な普及と「地域の民主主義」

表7-3 独自税源を有する市町村間共同組織（EPCI à fiscalité propre）の展開（1999-2009年）

各年1月1日付けの数字		1999	2000	2001
大都市圏域共同体		12	12	14
Communautés urbaines (CU)	グループ数			
	加盟コミューン数	309	311	348
	加盟人口数	4638381	4638748	6193991
内 TPU*に財源をよっているもの	グループ数	—	2	7
	加盟コミューン数	—	39	133
	加盟人口数	—	302791	3015602
人口密集地域共同体		—	50	90
Communauté d'agglomération (CA)	加盟コミューン数	—	756	1435
	加盟人口数	—	5992185	11491120
コミューン共同体		1347	1533	1733
Communautés de communes (CC)	加盟コミューン数	15188	17549	20075
	加盟人口数	18032198	19255233	18561250
内 TPU*に財源をよっているもの	グループ数	95	236	405
	加盟コミューン数	875	2338	4094
	加盟人口数	2804023	5467239	5517871
新人口密集地域市町村組合	グループ数	9	9	8
Syndicats d'agglomération nouvelle (CAN)	加盟コミューン数	51	51	47
	加盟人口数	715025	715025	634536
Dicstricts*	グループ数	305	241	155
	加盟コミューン数	3493	2680	1592
	加盟人口数	10271062	6457148	3477011
内 TPU*に財源をよっているもの	グループ数	2	9	1
	加盟コミューン数	45	105	19
	加盟人口数	372999	683250	55210
Communautés de villes*	グループ数	5	0	0
	加盟コミューン数	87	0	0
	加盟人口数	356580	0	0
総 計	グループ数	1678	1845	2000
	加盟コミューン数	19128	21347	23497
	加盟人口数	34013246	37058339	40357908
内 TPU*に財源をよっているもの	グループ数	111	306	511
	加盟コミューン数	1058	3289	5728
	加盟人口数	4248627	13160490	20714339
市町村間地域共同組織に属さないもの	コミューン数	17551	15333	13180
	人口数	27619239	24574146	21304032

* la loi du 12 juillet 1999 は，districts や Communautés de villes の廃止を規定し，遅くとも2002年1
** 人口統計は1999年の国勢調査による。必要ある場合は，一部補正。TPU=Taxe Professionnelle Uni-
出典は，Web上のDGCL/DESL公表のデータによる。

第 7 章 21 世紀における市町村間共同組織の展開

2002	2003	2004	2005	2006	2007	2008	2009
14	14	14	14	14	14	14	16
357	354	355	355	356	358	360	409
6201802	6203043	6209160	6210939	6219688	6251230	6263969	7596835
10	*11*	*11*	*11*	*11*	*11*	*11*	*13*
266	*322*	*322*	*322*	*323*	*325*	*327*	*376*
4681930	*5869774*	*5870605*	*5872185*	*5880590*	*5911916*	*5924265*	*7266403*
120	143	155	162	164	169	171	174
2015	2441	2632	2753	2788	2946	3003	2983
15957444	18250455	19712128	20397780	20679874	21173675	21377932	21016706
2031	2195	2286	2342	2389	2400	2393	2406
24455	26907	28407	29166	29735	30080	30246	30745
22259518	23698136	24480505	25133753	26078155	26475824	26596373	27497914
607	*772*	*856*	*924*	*980*	*1014*	*1037*	*1071*
6833	*9143*	*10374*	*11295*	*11985*	*12550*	*12978*	*13576*
8401619	*10570545*	*11824228*	*12839086*	*13955688*	*14394654*	*14817044*	*15682757*
8	8	6	6	6	5	5	5
47	52	34	34	34	29	29	29
648641	673678	346460	352573	357216	318959	322995	317625
0*	0	0	0	0	0	0	0
0	0	0	0	0	0	0	0
0	0	0	0	0	0	0	0
0	0	0	0	0	0	0	0
0	0	0	0	0	0	0	0
0	0	0	0	0	0	0	0
0	0	0	0	0			
0*	0	0	0	0			
0	0	0	0	0			
0	0	0	0	0			
2174	2360	2461	2524	2573	2588	2583	2601
26870	29754	31428	32308	32923	33413	33638	34166
45067405	48825312	50748253	52095045	53341720	54219688	54561269	56429080
745	*934*	*1028*	*1103*	*1162*	*1199*	*1224*	*1263*
9161	*11958*	*13362*	*14404*	*15145*	*15850*	*16337*	*16964*
29689634	*35364452*	*37753421*	*39461624*	*40918530*	*41799204*	*42442236*	*44283491*
9809	6924	5254	4376	3762	3270	3045	2516
16625913	12960479	11199336	10034150	9063190	8466158	8378892	8199071

月1日までには，CU，CA または CC に転換することを決定した。
que 単一職業税

第Ⅲ部　市町村間共同組織の急激な普及と「地域の民主主義」

村間共同組織にかかわる民主主義的な諸課題は，市町村間共同公施設法人 EPCI の内奥におけるこの危機の深刻さと特種性がいかに顕著なものであろうとも，それは，統治と決定の断片化 la fragmentation des espaces de gouvernement et de décision の被害を被った代表制システムの諸困難の一様式であり，一つの現れであるにすぎない。確実なことは，ガヴァナンス gouvernance〔住民参加型の統治・自治〕の手続きの確認は，ますます変化に富み，もはや所与のものとはならなくなっている統治や代表制による諸制度の役割を，結果的には変換することになる，ということである……」。問題は，市民参加の統治の新しい地平の獲得だというケルッシュの視点には共感を覚えざるをえない。[54]

---

53) Kerrouche, *op. cit.*, p. 422.
54) フランスの現状を理解するための参考文献として，註記に挙げたものの他，主として以下の文献を参照した（原則として発行年次の新しい順に表記）。

　葉山滉『フランスの経済エリート：カードル階層の雇用システム』日本評論社，2008 年。マリー・ドゥリュ＝ベラ著，林昌宏訳『フランスの学歴インフレと格差社会』明石書店，2007 年。レジス・ドゥブレ，樋口陽一，三浦信孝，水林章『思想としての《共和国》』，みすず書房，2006 年。渡邊啓貴『ポスト帝国：二つの普遍主義の衝突』駿河台出版社，2006 年。廣澤孝之『フランス「福祉国家」体制の形成』法律文化社，2005 年。アラン・ジョクス著，逸見龍生訳『〈帝国〉と〈共和国〉』青土社，2003 年。中山洋平『戦後フランス政治の実験：第四共和制と「組織政党」1944-1952 年』東京大学出版会，2002 年。西永良成『変貌するフランス』日本放送出版協会，2002 年。福岡英明『現代フランス議会制の研究』信山社，2001 年。樋口陽一『近代国民国家の憲法構造』(第二刷版) 2001 年。土倉莞爾『現代フランス選挙政治』ナカニシヤ出版，2000 年。岩本勲『現代フランス政治過程の研究 1981〜1995』晃洋書房，1997 年。畑山俊夫『フランス極右の新展開』国際書院，1997 年。中谷猛『近代フランスの自由とナショナリズム』法律文化社，1996 年。中野祐二『フランス国家とマイノリティ：共生の「共和制モデル」』国際書院，1996 年。桜井陽二編『フランス政治のメカニズム』芦書房，1995 年。只野雅人『選挙制度と代表制：フランス選挙制度の研究』勁草書房，1995 年。

第8章 地域自治体のガヴァナンス
「市町村間共同組織の民主主義」とコミューンの在り方

1 サルコジ政権と地域の矛盾

1 地方分権化改革：長いみちのり

　2002年に始まる第二次シラク大統領政権は極右の攻勢の前に保守・左翼両陣営の合作による危うい勝利の結果であった。シラク氏は勝利を手にしたものの，政治的正統性の調達に悩まされる。ラファラン首相の下でとられた各種の地方政治改革は，切り札としての「地域的価値の再発見」の路線を中央政権に課したものであった。その政治的な本質は，地方政治生活における近隣の権威として市町村長が有している統合的な役割を，中央政権の正統性の源として利用しようとするものである。[1]

　2007年の大統領選を控えた保守陣営においてシラク陣営との確執を力で制したサルコジ氏は，右派の代表として決選投票でロワイヤル候補に大差で勝利し，同じくその直後の国民議会でも右派勢力は勝利し，同氏の政権基盤は強化されたかに見えた。

　ロワイヤル候補が大統領選挙戦の後半に特に強く訴えた「参加民主主義」は，住民諮問の実質化や市町村間共同組織の公選制を意味するだけに，地方の名望家には複雑な反響を呼んだという。しかしもちろん大統領選の論争の経過にお

---

[1] Pierre Sadran, "La mise en débat de la démocratie locale", in *Pouvoirs Locaux*, n° 62 III/2004, pp. 30-39. 以下の拙論では，サドランやブヴォールらの見解に基づき若干の展開を行っておいた。「フランスにおける市町村共同組織の展開とその問題性：『地域の民主主義』とガバナンス」地域創成研究年報，第2号，1-23頁。なお本書第7章を参照。

いて突然に持ち出されたのであって，一定の波紋を起こしたとはいえ，地方政治当局は自らが既により《ソフト》な参加民主主義を実現しているのだと考えており，冷ややかに受け止められたという。国政レベルの政治家の信用失墜に対して，依然として「最も人気ある被選出者」としての市町村首長が現場で確保している「信用価値」は不変のままであると評されている[2]。だが，その後のサルコジ政権成立の経緯は，安定政権樹立のイメージからはほど遠い。

　サルコジ氏は選挙戦後半，福祉型政策強化を訴え始めたロワイヤル氏に対抗するため，ポピュリズム的な手法に訴える。経済の浮揚，民生の底上げ策を提案したのであった。しかし，サルコジ政権の本質は競争力の強化であり，競争力が強い人々がよりいっそうの成果を獲得すれば良いのであって，結果的には経済発展をもたらすという市場中心主義，経済活動における開放性の強調にあった。だとすると，二つに分岐するはずの政策理念が，無理やり選挙勝利のために撚り合わされたとの印象を否めない（右カーブを切っていたロワイヤル氏が終盤戦において若者票の獲得をもくろみ，社会政策的な傾斜を強めたのと機を一にする）。支持調達のための派手なパフォーマンスの反面，実際にはサルコジ政権の政策路線ははっきりとはしない（ロワイヤル候補の掲げた政策のインパクトの無さとも通底するのだが……[3]）。

　本論の主題に戻れば，サルコジ政権の地域政策はまだ全面的にその実態を表しているとは言い難い。しかし，地域の名望家をおだてる事はもはやできなくなり，政権と地方自治体当局との矛盾は深まっていると言われる。ここでは，フランス地方分権化改革についてその理論的な諸問題を検討するために，特に

---

2) "Les nouvelles attentes des maires", in *Le Monde*, 18 novermbre 2007.
3) 2007年大統領選挙に至るフランス現代政治の底流を理解するために，最近発表された以下の論文や文献を参照。土倉莞爾「現代フランスの極右とポピュリズム」『関西大学法学論集』第56巻・第5・6号，2007年。畑山敏夫『現代フランスの新しい右翼：ルペンの見果てぬ夢』法律文化社，2007年。共和制とフランス型の民主主義にかかわる諸問題について，総括的にまとめた論考として，中谷猛「思想としてのフランス共和主義とジャコバン主義の問題：フランスの政治文化の特徴についてのノート」『同志社法学』第59巻第2号（321号），2007年。

新聞，雑誌記事や，フランス人研究者らのモノグラフを中心的な素材として用いて地方政治のアクチュアリティを分析してみよう。特に市町村合併を避けた特異なフランス的地方行政改革と地域の民主主義との接点について市町村間共同組織に注目し，ジャーナリスティックな素材も敢えて読み込みつつ，批判的に摂取し検討を加えることにする。

　西欧政治は社会の近代化を目指していた日本人にとって模範でありお手本であった。だが，現代社会の矛盾の実体に着目し，フランスを分析対象と設定しつつ，そこを起点として西欧社会の問題性を正面から分析し，個々の問題領域で鋭く切り込もうとする姿勢を最初に示して見せたのは，社会学の専門家達であろう。もちろん政治学分野からすればさらに正統性の調達に関する問題への切り込みが不可欠であった[4]。

　社会的諸問題の核心には常に政府や公的な機関の在り方，より抽象的には権力の正統性の論理が浮かんではこぬか。周知のとおり，フランスは官僚大国である。また，市民生活そのものも建て前に強く依存する体質を有しており，国家の市民生活への強力な介入を特色とする社会である。20世紀はその末期において，ソ連邦をはじめとする東欧政治圏の西欧的原理への編入という事態を迎えた。換言すれば，ソ連東欧圏を一体としてきたソ連型「社会主義」の崩壊である。フランス勤労者の精神的支柱の一角を形成していたレジスタンスの栄光につらなる社会主義／コミュニズムのイメージは傷つけられ，新自由主義の跳梁が始まった。「効率性」éfficacité という言葉はほかならぬ社会党政権を支えた国家官僚エリート達の常套句になった。だが，21世紀の初頭はこの新自由主義の病理と限界をも短時日のうちに我々に示しつつある。資本主義は情報化

---

[4]　1980年代に多くの示唆を受けた邦語文献として，宮島喬，梶田孝道，伊藤るり『先進社会のジレンマ：現代フランス社会の実像をもとめて』有斐閣選書，1985年；中木康夫編『現代フランスの国家と政治』有斐閣選書，1987年。なお，宮島の近著には『移民社会フランスの危機』(岩波書店，2006年）がある。オクシタン運動の最近の動向について，福留邦浩「『オクシタン運動』の再検討に向けて：オック語復興に対するトゥレーヌの考察を中心に」『立命館国際関係論集』第5号，2005年。

第Ⅲ部　市町村間共同組織の急激な普及と「地域の民主主義」

革命の最先端の装備を必要とし，それゆえにこそ投機をはじめとする手段を選ばぬ最大利潤の追求は，市民生活と国際関係の現況がはらんでいた問題性を急速に激化させ，矛盾を露呈させる。グローバリズムは大量の競争から排除された人々と社会的な弱者を産み出し，社会的格差問題を可視化して見せる。しかし，21世紀の初頭，オランダを含む北欧諸国の着実な改革の歴史は，我々をして別種の可能性を感じさせ始めていることも事実である。フランスはその中にあって行き悩んでいるかのごとくである。この国はどちらに向かって舵を取ろうとしているのであろうか。1981年に政権についた社会党を主軸にする左翼政権の基本方針は重要企業および銀行の国有化・分権化改革・各種の社会的措置の強化などの政策であった。フランス社会党政権はソ連東欧圏の衰退とついには崩壊の中に社会主義の旗を掲げるという悲劇的な命運を担わさせられる。ミッテラン大統領政権の政策的混迷は多くの政治腐敗事件の露呈と共に，社会党政権への信頼性を大きく損なってゆく。

　実は，最後の古典的な社会主義路線をミッテラン政権は掲げて見せたのかもしれない。問題はそれから先である。先年の欧州憲法草案批准のフランス等における否決 (2005年) は，特にこの国において，伝統的に用いられてきた政治的なシンボル操作の安定性に衝撃を与えるものであった。また，分権化は良いが，兼任現象は何とかすべきだ云々という留保的な批判の調子が後景に退き，分権化改革の限界あるいはその「見当違いぶり」も論者達によって厳しい批判的な検討の対象となる。特に，市町村の統合的な政治機能が操作的なシンボルとして政治利用されるに至って，また，実務的にも市町村間の共同組織が事実上の地方分権化の総決算的な内容を帯びてくるだけに，したがって，この共同組織の執行部が大衆の目にさらされず，「民主主義の負債」というべきファクターを構成しているだけに，分権化改革への価値評価はさらにデリケートな状態にさらされている。

　フランス政治生活の全般的な危機の深さとも相まって，フランス地方政治生活の側面にもその危機はあらわに進行しているのではないか。

　民主主義は，観客として市民が政治的な出来事をながめていればそれで十分

第8章　地域自治体のガヴァナンス

だとは言えない。参加の契機が重視される所以である[5]。地域の民主主義は，民主的な自立の第一歩であると共に，国政レベルの政治路線がまともに省察の機会をうる政治的な最終端末でもある。国政レベルの民主主義は国際的な連節による機制の下におかれる。国家は国際化のアクターであると同時に国際化の犠牲者ともなる。地域政治と国政レベルおよび国際関係の政治的インターフェイスは，それぞれの国情によって差異はあるものの，我々が考えているほど迂遠なものでもない。

　国際競争は上記の「行政的領域」territoireの考え方を導入すれば，巨大都市間の国境を越えた大競争時代だともとれよう。上海と東京はアジアでの主導権を巡り覇を競う。パリとフランクフルトは知らぬうちにEUメトロポールのトップランナーとして重責を担わされる。大都市圏域の民主主義に関して楽観的な見方もあるが，果たしてそのとおりか。ケベックとフランス両地域に拠点を置く研究者たちの熱い討論は極めて興味深い論点を我々に示している[6]。

　合理的かつ人間的な地方自治と国際秩序が全く同じ公共性を基盤とする市民生活の観点から追求されなければならないことがこのフランス語圏の国際シンポジウムから学びとることができる。ナショナルなモメントがこれらの連接と連動の開放的なシステムに今後はどのようなバイアスをかけていくのだろうか。

　地方行政改革の流れを振り返ってみれば，1982/83年のミッテラン大統領政権下で始まった地方分権化改革は，伝統的なコミューン（市町村）と県との組み合わせの上に自治組織としてのレジオンを設置し，三段階の地方自治行政シス

---

5) Antoine Bevort, *Pour une démocratie pariticipative*, Presses de sciences po, 2002, pp. 13-17.
6) Serge Belley, Anne Mévellec, Emmanuel Négrier et Paul Y. Villeneuve, "Introduction: La recherche des territoires"; Emmanuel Négrier, "Conclusion: Vers des régimes politiques métropolitains ?", *in* Laurence Bherer, Jean-Pierre Colin, Éric Kerrouche et Jacques Palard (dir.), *Jeux d'échelle et transformation de l'État: Le gouvernement des territoires au Québec et en France*, Les presses de l'Université Laval, 2005. 極めて興味深いケベック／フランス間の研究者交流シンポジウムの報告論文集である。

テムを完成するとともに、知事の市町村への後見監督を廃止し、監査は新たに設置されたレジオン会計院にまかされた。市町村（コミューン）と県とレジオンとは地方自治体 Collectivités territoriales ［直訳すれば「地域の自治体」］という位置づけがなされ、自治的な地方公共団体の地位を勝ち得たのである。

　なお、レジオン Région に対して、「地域圏」との訳もあるが、簡便に表記する場合は、ドイツの Land を意識して設置された行政段階の呼称として一応「州」と訳すことが適切であると考えてきた。しかし、カナダ・ケベックとフランスとの地方自治体制の比較分析などの場合、混乱が起こる事が明らかになった。カナダの場合は、邦訳の「州」は連邦国家構成の州政府領域［プロヴァンス province］を指し、その下にフランスと同じ呼称のレジオンが存在する。したがって、アメリカ大陸フランス語圏との比較政治的な作業なども研究の視野に含めねばならない傾向からして、原音表記に近いレジオンを当てることとしたい。

　良く知られているように、日本とは異なり、フランスの地方行政改革においては、慎重にもコミューンの統廃合は行われなかった。この点は、地方行政構造における他の EU 加盟諸国との鮮明な対比をもたらしている。もちろん、住民サイドのニーズに沿わない市町村合併が種々の問題を醸し出すことはもちろんである。しかし、地域レベルにおける行政サービスの内容や質を落とすことなく、地域の活力を合理的な再編成によって生み出そうとするまともな取り組みの探求は、避けては通れないものであろう。

2　地方政治の要としての市町村長

　市町村長の権限とは何か。有名な「二重の制帽」double casquette をかぶっていると評された知事の権限は、分権化改革によって国家の代理人として一本化された。かつての知事はあるときは国家の代理人であり、あるときは自らが執行責任者である分権化された公法人たる県ないしレジオンを代表していたのである。改革は、県議会議長やレジオン議会議長に執行権者の権限を与えた。だが、分権化改革は他方において市町村長に「二重の職務」を明確に課したの

第 8 章　地域自治体のガヴァナンス

であった。市町村の首長は，一方で市町村住民を代表する公人であり，他方で，国家を当該市町村において代表する。警察権を含む市町村長の権限は広範囲にわたり，規模の大小にかかわらずその権限は強力である。市町村長の選出に先立つ市町村議会の選挙においては人為的に安定与党が形成される仕組みがなされ，市町村長は一般的には同僚の議員の中から選出される。政治的にみてもその安定性と権力は強大である。市町村長の「大統領化」présidentialsation という現象はここに由来する。[7)]

　サドランは，地方分権化改革によって「すべてが変わり，しかも何も変わらなかった」というパラドクスに陥っている現状を厳しい調子で分析している。批判的なリアリズムを研究の分野で発揮している好例をここに見い出すことができる。[8)] 上院はコミューンなど地方政治の代表者によるものであり，国会議員は一般的に市町村長などを兼任することが多かった（現在でも基本的に事態は変わらない）事情によるものであった。1969 年におけるドゴールの蹉跌を見るまでもなく，[9)] 地方改革に着手したミッテラン左翼政権は何より地方からの支持の調達に神経を使わざるをえなかったのであり，政権の転換による保守政権や保革共存政権などによっても事情はあまり変わらない。

　なお，collectivités locales と collectivités territoriales との名称が混在していることがフランス行政学関係の文献にもまま見られる。参画していた愛媛大学

---

7)　法制的な説明は，Jean-Bernard Auby et al., *Droit des collectivités locles*, 3e édition refondue, PUF, 1990, pp. 133-136.
　　政治社会学的な研究として，以下を参照。Christian Le Bart, *Les Maires: Sociologie d'un rôle*, Presses Universitaires du Septrion, 2003.；Claude Sorbets, "Est-il légitime de parler d'un présidentialisme municipal ?", in *Pouvoirs*, n° 24, 1983；Albert Mabilesu, "de la monarchie à la française", in *Pouvoirs*, n° 73, 1995.
8)　Pierre Sadran, "Deux décennies de réformes territoriales en France", in Laurence Bherer et al. (dir.), *Jeux d'échelle et transformation de l'Etat: Le gouvernement des territoires au Québec et en France*, Les Presses de l'Université Laval, 2005, p. 26
9)　"Projet de loi constitutionnelle rejeté par le référendum du 27 avril 1969", in Maurice Duverger, *Constitutions et Documents Politiques*, 11e édition, PUF, 1987.

地域創成研究センターの比較国際地域研究に関わる研究会における議論でも同僚のフランス人教員を含めて話題にのぼる事があった。一般的に言って，ル・ロカール le local［ローカルなるもの，地域的なるもの…］は，国家に包摂された分野や領域である「ナショナルなるもの」｜ le national の対語であり，「そこにある特定の場」をニュアンスとして意味する。その意味合いに限定すれば，国家たるフランスに対して自治体のパリもローカルな場である。ル・テリトワール le territoire［領域，国土，地域，領域的なるもの…］は広概念である。この場合は単なる地域ではなく，権限や管轄のニュアンスがつきまとう。[10]

　人間の恒常的な営み，とりわけ権力や行政制度はいかにその構想と概念付けがイデオロギー的であったとしても，制度を運用する場合，その制度の本拠が空中に常時浮遊することなどはできない（一国の元首が海外に移動中などを除いて）。いずれにせよ管轄権限は，管轄「領域」として，この地上ないし海上のいずれかにおいて区切られた地球表面の一定区域を必要とする。象徴的に述べれば，「権力は地球表面を区画する」。区画が付された「領域」はそれ故，公権力組織の在り方を反映する。したがって上記の二つのタームは，それぞれ，地方公共団体，地域自治体（公共団体）とでも訳し分けられるべきだろうが，両者の使用は混在し，混同され，特別の場合を除いて実質的に厳密に区別することはメリットを有しない。本論でも，文脈に沿って適宜使い分けるつもりである。

　サドランは言う。「我が国は依然としてかの名高い 36,000 のコミューンを有しており，この事実は我々をして，EU の内部において，また，その外側と比べても，市町村の細分状態に関して間違いなくナンバーワンの地位に就けてしまっている」，と。[11]

　大小様々な規模にのぼる 36,000 のコミューンは分立し，フランス地方行政

---

10)　*Le Petit Robert* 辞典によれば，本来の形容詞としての local（-ale, -aux）は，「特別な意味を有する一定の場，一定のレジオンについていう」との語義が付されている。その他の語義についてはいずれも以下を参照した。*Le Petit Robert: Dictionnnaire de la Langue française*, 1990.

11)　Sadran, *op. cit.*.

の不変の係数として，行政のあり方にのしかかる。現代的な市民生活とグローバリゼーションの波はこれら群小の自治体に行政上の負担としてのしかかってくる。36,793 あるフランスのコミューンの約 60％が 1,000 人未満の住民しかもっていない。しかし，市町村長の役割は，深刻な変容を見せている。あらゆる領域への介入が首長に求められる。コミューンへの行政負荷を軽減するために 1990 年代には市町村間共同組織の強化・改革が相次ぎ，代替的な行政組織として EPCI（市町村間共同体公共施設法人）が一般化しつつある。しかし，市町村首長の繁忙ぶりは市町村間共同組織への参加によってはなはだしいものとなる。治安や国の役務に関して，大臣との折衝も必要となる。市町村長への任務はこれによりますます加重される。「この責任の加重は，市町村長をして超多忙状態に陥れる。ヴォクリューズ県の住民 4,000 人のコミューン，ピオランク Piolenc の首長であるルイ・ドゥリエ Louis Drier は言う。『市町村である事は，毎日 10 時間とられるということだ』」。他の市町村長も証言している。「市町村長は 24 時間フルに勤務についている事を意味する。村の少年が行方不明になったとしたら，ほとんど間違いなく最初に呼び出しをくらうのは市町村長だ。」「いまや，市町村長はあらゆる役割を果たす。社会的補助者，建設業者，雇用者，仲介者など。」

任期満了を迎える市町村長のうち 56％が再び出馬することを表明している。だが，このことは，プラス方向にだけ理解はできない。フランス小都市協会（APVF）の会長は，小コミューンの市町村長が 2 回，3 回と任期を重ねなければならないのは，適当な候補者が不足している事だとしている。この人材不足は，必然的に地域の政治的人材の老齢化を意味している。[12]

ル・モンド紙の地方政治特集の記事つづりを追ってみよう。以下のルポルタージュは老市町村長に一切の負担がかかっている事を鮮明に描いている。

　　イヨンヌ県 Yonne のショモン゠シュル゠イヨンヌ Chaument-sur-Yonne の首長で

---

12) "Maire, un métier en pleine évolution" in *Le Monde*, 18 décembre 2007.

第Ⅲ部　市町村間共同組織の急激な普及と「地域の民主主義」

　あるロベール・スコパンスキ Robert Skopinski は，72 歳になるが，95 年以来その地位を占めている（Wikipedia によれば，人口は 500 人余り，同氏は，2008 年に退任）。新しい法令は老首長の手に負えない。「補助金をもらうために働く，そうして最良の使い道を探す。分からないときは，市町村議会議員や市町村庁秘書課に聞くか，さもなくば県庁に照会する。」この村を訪れても誰ともすれ違わない。村役場，教会，学校があるのみであり，10％を超える人口が 70 歳代である。「近隣の雇用促進施設？　そんなものはここにはない！　人々は朝早くでて，遅くに帰ってくる。だれとも会わないよ。」市町村共同組織への加盟にさえスコパンスキは消極的だ。なぜなら，「われわれは自治権を失いつつある。近いうちに，市町村共同体 communauté de communes の代表がわが村役場に足を踏み入れて来る。［市町村の］再編成は，市町村長の職務の消滅を潜在的に意味している。いまじゃ，なにか問題があれば村民はわたしのところに来る。将来［再編統合の暁には］，彼らは［近隣中心都市の］サンス Sens にゆかねばならぬだろう。」（［　］内引用者，以下引用の箇所において同じ）[13]

　市町村間共同組織 intercommunalité の目覚ましい普及は，決定的であり，合理化を意味することはわかる。その効用は，決まり文句のようにくり返される。「隣り合うすべてのコミューンが劇場や映画館や体育館を軒並みもつ必要はない。［公共施設を］共用する事はまた，最善の分配策でもある」(Bruno Vigier, maire des Vans, en Ardèche méridionale) と言うのである。

　独自に財源を調達しえる市町村間共同組織は，ゴミ処理，水の管理，道路，排水浄化，そのほか，公共サービスや装備，経済プロジェクトの策定など，個々のコミューンでは果たしきれない役割を担ってくれる。しかし「そのことは衝突を招かないとも限らない。市町村間共同組織の内部では，相異なる都市の間での論争が，資源の奪い合いをめぐって不快な状況を生む。こうした組織構造は，自らの代表権を［十分な数だけ］もたない［したがって小競り合いにさえ加われない］小コミューンや周辺領域に位置するコミューンに危惧の念を抱かせる。『こんな状態が続けば，わたしたちの手元には教会の鐘ぐらいしか残らないだろう』と，ジロンド県のコミューンであるモリゼス Morizès（住民 600 余り）の首長リリアン・ビアンブニュ＝スールベ Liliane Bienvunu-Sourbet は予言す

---

[13] "Maire à tout faire à Chaument-sur-Yonne" in *Le Monde*, 17 décembre 2007.

る」。[14)]

3 サルコジ政権下の地方政策：いくつかの断面

　新しいサルコジ大統領政権下の地方分権化改革の方針と実践は未だその全貌を表しているとは言えないであろう。だが，前政権との連続性において現状を把握しなければならないとはいえ，新政権下でのいくつかの新しい兆候は軽視できない。

　地方自治体の当局と政府との関係は「冷えきった関係」にあると言われている。分権化の代償として市町村長には過重な任務が課せられる。「市町村長は万能であるべきだ！」というジャック・ペリサール Jacqes Pélisard（AMF 会長，ジュラ県のロン＝ル＝ソニエ Lons-le-Saunier の首長）の演説の一句は，事態をよく物語っている。だが，「今日，市民の権利というレベルについていえば，市民たちはかつてないほどの権利の喪失感を抱いている。その主な理由は，誰が何をしているかを全くお互いに知らないからだ」（マルタン・マルヴィ Martin Malvy・フランス小都市協会（APVF）会長［役職名はいずれも当時のもの］）。

　ル・モンド紙の長文の記事の一節である。

　「不満が蒸し返される今一つの主題，それは，費用の連続的な高騰である。あらゆる種類の規範の蓄積，権限の委譲。それらは，相当額の公共的な補償がないので，新たな支出を［コミューンに］強いる。……コミューンも，被選出者全体も同じ様に，余りにも費用がかかりすぎる自治体の責任部署にあるものとして国によって糾弾されている自らの姿に，いらだちを覚える。」

　グルノーブルのデストー Destot 市長の見解はその意味でも痛烈である。比較的大規模な都市に属するグルノーブルの当局者でさえ厳しい批判を口にせざるを得ないということであろうか。

　「我々の印象からすると，都市にかかわる事柄は大統領，政府によっても，それに公共

---

14)　"…ou bientôt remplacés par l'intercommunalité ?" in *Le Monde*, 18 décembre 2007.

第Ⅲ部　市町村間共同組織の急激な普及と「地域の民主主義」

的な議論においてさえも，関心を持たれていない。……そうして，公権力の攻勢ポイントは，公共的な支出に地方自治体を加わらせる事であり，我々の肩に支出と負担を転嫁する事にある。与党に与するか，野党に属するかによって市長達の反応は異なるが，彼らが感じている事は同じだ。」

　最近政府が行った措置のうち，二つの事項が地方政治の当局者によって懸念を呼んでいる。建設許可手続きの簡略化であり，県公共装備指導局 Directions départementales de l'équipement (DDE) の任務・人員の削減である。すったもんだの末，その任務の一部は市町村側の要求どおりに維持されたが，結局のところ，弱小の市町村はその後ろ盾であるべき国家の公共的なサービスがますます縮小してゆくあおりを食っている。フランス小都市協会 (APVF) 会長の次の言葉は象徴的だ。「もうたくさんだ！我々は次々にダメージを受けている。[全く知らないうちに] この国の別の顔が描かれてゆく」。[15]

　2007年末に開かれた，第90回フランス市町村長・共同体理事長協会（簡略に市町村長協会 AMF という）総会におけるアリオ＝マリ内相（当時）の演説は今後における政府当局の地方政治への姿勢を占う上で，重要な手がかりを与えてくれる。

　「[国家とコミューンという両者の] 補完的な関係の明瞭性は，効率性を保証いたします。この観点から，多くの語るべき事があります。分権化の目的，すなわち決定行為を市民の側に接近させるということは，大筋において達成されました。だがしかし留意すべきことがあります。種々の諸改革と国家から地域自治体への相次ぐ権限移譲は，市民の一員である市町村長が，しばしば，誰が何をなし，誰が何の責任者であるのかを容易には理解しがたくなっているという段階にまで到達している，という事実であります。／[政府直轄の] 分権化情報分析局 l'Observatoire de la décentralisation の最近のアンケートは，権限の委譲に関して安定性と明瞭性への一定の要求があることを明らかにしています。センターに回答を寄せた人々の圧倒的多数と同様に，権限の委譲においては一休みをすべき時であり，この小休止をこれまで行われた事を評価するために用い，新しい均衡の中にみずからの位置取りをすることができなければなり

---

15) "Les nouvelles attentes des maires", in *Le Monde*, 18 novembre 2007.

ません。なぜなら，万一，適用において問題ありと分かった措置については見直しをするという点でタブーがあってはならないからであります。……」

　シラク政権第二期に息せききって行われた分権化改革「第二幕」と呼ばれる諸改革の余韻が残っており，厳しく言えばその混乱が収まっていない。いや，地方分権化の主要な課題は成し遂げられた。だから，ここでは踊り場に到達したものとして，来し方を振り返り，かつ到達点を評価し，欠陥がはっきりしている措置は見直しを行い，軌道の微修正をしようではないかという提言である。
　もちろん，サルコジ氏の下で政府の措置は進みつつあり，特に財政的に地方自治体の懐は冷え込みつつある。国は州や県に責任と支出をおしつけ，州や県は市町村にその実施責任を負わせてくる。財政的にも保護されてきた従来のやり方が，次第に自己責任として地域の中小の自治体に重くのしかかってくる時代である。政権と地域の自治体との関係は最悪の状態に達している。2007年11月14日，先のAMFとARF（フランス・レジオン協会 l'Association des régions de France），ADF（フランス県連合 l'Association des départements de France）の三団体は，一つの報告書を提出した。そこには，「息切れしているシステムを建て直すため」との共通の目的が掲げられていたという。[17]

2　2008年市町村・県一斉地方選挙——地域民主主義の蹉跌

　フランスの地方公共組織の主要な変化は，国の在り方と欧州連合の発展とによって規定されている。ここ二十年ほどの間に，この環境的な要請への応答は，相次ぐ地方分権化の諸改革によって成し遂げられてきた。基本的な地方財政の

---

[16] "Intervention de Madame Michèle Alliot-Marie, ministre de l'Intérieur, de l'Outre-mer et des Collectivités territoriales", in *Les discours du 90ᵉ congrès des maires et des pséridents de communautés de France, 20～22 novembre 2007*（http://www.amf.asso.fr/congres/index.asp）.

[17] *Le Monde*, 18 novembre 2007.

状況においても新しい状況が生まれている。一方におけるレジオンの自治体化であり,他方における独自財源を有するコミューンの集合体すなわち「独自の税源を有する市町村共同体公共施設法人」EPCI à fiscalité propre の出現である。前者は 1982 年 3 月 2 日法 la loi du 2 mars 1982 によるレジオン改革であり,後者は大きくいって 1999 年 7 月 12 日法 la loi du 12 juillet 1999 によって画期がなされる新型の市町村間共同組織の法的確立である。第二期目のシラク氏の大統領任期 (2002-2007 年) は分権化改革が改憲をも含めて華やかに展開され,分権化改革「第二幕」という表現が用いられた。これらの諸改革への評価作業は我々の知的課題の一環をなしたのであり,「第二幕」の政治的な本質については,既に一定の検討を行ってきた。それは,国政レベルの政治的正統性の確保を地方において第一の地位を占める名望家たる市町村長の参加と是認の下に再確保し,かつ大統領権力の正統性を再強化しようとするものである[18]。

最近の報道は言う。市町村長こそは,「市民達に最も近しい被選出者 élus」である。「地方レベルにおける民主主義の第一の結節点 premiers relais de la démocratie au niveau local であるフランスの 36,783 [当時] の市町村長 maires こそは,市民に最も身近な被選出者 [公選の政治代表者] なのであり,しばしば最も高い評価を受けている。『ラ・ガゼット・デ・コミューン』誌 La Gazette des communes のためのイプソス社 IPSOS による世論調査では,88％の市民が自らのコミューンの首長を知っていたのであるが,国民議会議員については 58％の市民にしか知られていなかったのだ[19]」,と。2008 年 3 月に控えていた一斉地方選挙は,一方では市町村段階の議会選である。市町村長は選出された市町村議会によって任命される。したがって,市町村の首長は間接選挙制度の上に選出されるのである。また,小郡 canton を選挙区とする県議会議員選挙も同時に行われる(原則 6 年ごとに半数を改選)。

---

18) 拙稿「フランスにおける分権化改革《第二幕》と公選職兼任現象」愛媛大学地域創成研究センター編『地域創成研究年報』第 1 号,2005 年,8-10 頁。

19) "Maire, un 'métier, en pleine évolution", in Le Monde, 18 décembre 2007.

第 8 章　地域自治体のガヴァナンス

1　延期された一斉地方選挙

　2008 年 3 月に予定されているこの一斉地方選挙［市町村議会議員と県議会議員の同時選挙］は本来は 2007 年に行われるべきものであった。しかし，2007 年は大統領選挙と国民議会選の二重の国家的な選択の機会がフランス国民に与えられたとはいえ，このうえ地方議会と上院との議員選が重複する事は好ましい事ではない。相次ぐ大規模な選挙は，一斉地方選挙と上院選（2008 年秋に繰り延べ）の実施に影響を与えた。[20]

　第一に，市町村議会選挙は法的な手続きにより県議会選挙（定員の 2 分の 1 ずつが改選され，カントン単位の選出である）と共にその実施期間が延期され，2008 年 3 月に取り行われる事になった。2005 年 12 月 15 日法（Loi 2005-1563 du 15 décembre 2005）に「選挙法典 L. 227 条の措置に基づく特例 dérogation により，2007 年 3 月に予定されていた市町村議会の改選は，2008 年 3 月に行われる」とある。

　第二に元老院（上院）の任期もすべて 1 年延期され，2007 年の選挙ラッシュを避けるような措置がなされた。すなわち，2007 年秋に予定されていた選挙は 2008 年 9 月（順に 2010 年に予定のものは 11 年，13 年に予定のものは 14 年）へと繰り延べされたのであった（Loi organique no. 2005-1562 du 15 décembre 2005 modifiant les dates des renouvellement du Sénat）。因みに，当時の首相はドミニク・ド・ヴィルパン Dominique de Villepin 氏であり，内相は，現大統領であるニコラ・サルコジ Nicolas Sarkozy 氏である。

　フランスの市町村を特徴づけるのはその規模が極めて多様であることである。市町村への過重な任務は当然ながら市町村間の共同組織の発展を要請する。1992 年法とシュベヌマン法（99 年）とは地方のこうした負担を軽減し，併せて地域行政の合理的な再編を促す画期的な意義を有する。しかし，あくまでも個々のコミューンの意向によって共同組織は形作られてゆく。そのため，相

---

[20]　2001 年段階の市町村選挙の分析は，以下を参照した。土倉莞爾「二〇〇一～二〇〇二年フランス市町村選挙・大統領選挙・総選挙」『関西大学法学論集』第 54 巻，第 3 号，2004 年。

対的に大規模な共同組織（その中核には大都市や中規模の都市が存在する）に弱小のコミューンが呑み込まれるという危険性を強く意識し，小コミューンだけで自己防衛的に市町村共同体をつくる場合もある。小型の市町村共同体CCが大都市を中核とした巨大な共同体のすぐ横に形成される場合がそれに当たる。

市町村間共同組織そのものが，細分化され大小が不ぞろいであるコミューンの引き写しになることが懸念され，事実そのような経過をたどっている。

住民側や市町村長は，自らのアイデンティティと政策的な主導権の保持・防衛に敏感になる。大規模共同組織化は何よりも中央部からの資金の流れを加盟市町村全体のためではなく，コミューンが分け取りを行うためのツールや受け皿だと位置づけられる。

小幅の法改正という手法はまた，現状では絶対的な限界を有する。なぜなら，上下両院の議員達はほとんどが地方の公選委任職責を兼任しており，その多数が中小コミューンの責任者である。したがって，コミューンの命脈を断つような改革には後ろ向きである。

ダニエル・ガクシの指摘は，1990年代の早い時期のものであるにもかかわらず今日の事態を鋭く言い当てている。現地調査によって名望家たちの動向をこまかく掌握した上での総括的な見解であると見るべきだろう。

「被選出者達は種々の資源を手にする。それは彼らにとって自らのコンセプトや関心に価値付けをしたり，反対にあまりにも自らのコンセプトや関心からかけ離れたプロジェクトや決定を阻止したりするために，これらの戦略を展開する事を可能にする。／かれらは総じて国民議会［下院］に，さらにより大きく元老院［上院］において，過剰に代表を送っている。小コミューンの［政治］代表者達は，全体として市町村間共同組織の発展のまえに控えめであるが，大都市の代表者よりもより多数を占める。大都市といえば，まずもって市町村間共同によって利益を得るし，総じてより有利な位置を占めているのだが，立法上の決定が地域の行政組織に抵触し直接自らの利益に影響する場合は，小コミューンの代表者達はしばしば立法上の決定の方向を左右するに至るのであった。」[21]

その実例として，1992年法［la loi deu 6 février 1992］の決めた，市町村間協力県

調整委員会のケースをガクシは挙げる。この法律は県委員会にグループ化の勧告の可能性を与え，当該市町村の議会の多数が是認したとき，その制度設立の権限を国の代表に与えるとしたのであった。この法案策定の際に，大きな懸念と敵意とが呼び起こされた。というのは，多くの市町村長は望んでもいないし，むしろ反対でもあるときに，当該のEPCIのメンバーにさせられてしまう事を憂慮したのだった。こうして知事はEPCIの準備段階からおおいに遠ざけられ，結局は「代書人」scribeや「公証人」notaireの立場にされてしまい，知事は知事で，ひたすら地方被選出者達との衝突を回避することに汲々としたのであった。ここには，クロジエの『閉ざされた社会』やグレミオンの『周辺の権力』において確認された名望家と知事との「共犯関係」が市町村間共同組織の展開という新しい環境下において（種々の与件は異なるものの）再現している事がわかる。

　フランスの市町村の前には，一方で共同組織理事の直接普通選挙制による公選（したがってその責任者たる理事長の公選）が要請されており，他方で，その論理的な帰結として，EU加盟諸国にならっての市町村数の縮減という課題が突きつけられている。市町村全体が現代の多様化し，激しい変動に見合うだけの装備をしているわけではない。市町村長の仕事は激務であり，社会的な責任もそれに応じて増している。だが，かれらの流動性は極めて弱い。引き続き首長の職務は引き受けざるをえない。地域の高齢化と過疎化による後継者難が，僻遠の小コミューンにのしかかる。コミューンの伝統と生活のあり方を何より尊び，そこに第一のアイデンティティの根拠を求めようとする，「郷村の精神」esprit de clocherすなわち「愛郷心」patriotisme localの母体はいまや気息奄々なのである。

---

21) Daniel Gaxie, "Stratégies et institutions de l'intercommunalité: Remarques sur le développement cotradictoire de la coopération intercommunale", *L'intercommunalité: Bilan et perspectives*, Centre universitaire de recherches administratives et politiques de Picardie, 1997, pp. 26-49. 特にpp. 39-40の記述に注目したい。

2　AMF2007年次総会のパラドクス

　フランスの市町村長はAMF（フランス市町村長協会）に結集しており，市町村間共同組織の長も最近このアソシアシオンへの参加資格を得た。国内最大級の政治圧力団体である。地方政治の基底部分において実権を担っているだけに，実質的にも最強の政治圧力団体の一つであると言ってもよいであろう。大統領さえもその年次総会には丁重な祝辞をもって臨み，自らの政治的正統性を地方名望家の集結拠点において追認されることを願う。2007年の年次総会は，90回目であり，大統領や閣僚が次々に演説し，祝賀ムードが高まった。2008年の地方選挙は最初に述べたように1年間延期された結果であるが，今一つは，市町村間共同組織の指導部を公選制にする措置が講じられるか否かの関心を呼んでいた。もちろん時既に遅い。

　それでも大会の模様を伝える『メール・エ・プレジダン・ドゥ・コミュノテ・ドゥ・フランス』*Maires et présidents de communautés de France* 特別号第3号［電子版］は，冒頭，市町村間共同組織 Intercommunalité について扱っている。もちろん，そこで読みとることができるのは婉曲話法という遠い軌道を描いての公選制の回避論である。

　同誌は報じている。11月21日の総会のほとんどは市町村間共同組織に関する討論に費やされた。総会のテーマは「いかに良好な関係を市民と市町村間共同組織の間に打ち立てるか」というものだった。AMF副会長は言う。市町村間組織という事実を認識する事は，今日では，一つの「現実でありかつ明白な事実である」。したがって，「［市町村共同による］共同体によって行使されている多くの権限は，ますます我が市民の日常生活にかかわっているのである」と。まともな問題提起，そして，まともなデータの提示である。

　住民の4人に1人が自らのコミューンがどの市町村間共同組織に属しているのか否かを知らない。同様に，市民の70％が自らのコミューンから十分に情報を与えられていると答えているのに反し，市町村間共同組織からは50％の人々だけが情報を得ていると答えているのにすぎない。

　財源の確保が当然ながら話題になる。

第8章　地域自治体のガヴァナンス

　さらに主要な問題としては，市町村間共同組織における執行理事の公選にかかわる問題である。AMF 総会は特にこの問題に多くの時間を割いたという。市町村長らは問いかけに対して，全員が市町村間共同組織の執行代表者を公選制にすることに反対した。フランス市町村間共同体協会のマルク・サンシ Marc Censi 会長やベルナデット・ラクレ Bernadette Laclais・シャンベリー市長は同様の意見を述べる。「選挙方式の討論はその前提になる議論を隠蔽してしまう。まずどのような市町村間共同組織であるべきか？」ということこそが論議の俎上に載せられるべきだ，という。
　AMF の立場は，「どちらかといえば現状の維持」だが，次期一斉地方選挙の「2014 年にはうまく調整される」という意見もあった。
　EPCI の理事長公選制の法案起草者であった下院議員ジャン＝ピエール・バリゴン Jean-Pierre Baligand は自らの「共和主義的なビジョン」を擁護する。「直接税を徴収している場では，市民の前に責任が生じている」。同じように直接公選制を支持する下院議員ミシェル・ピロン Michel Piron は，三つの共同体の区別に注意を喚起し，特に大都市圏域共同体と小さな農村共同体との違いを強調した。
　編集者は結びに言う。「討論はまた，次の一斉市町村選挙戦で市町村間共同組織がそのしかるべき位置を占めるのを望んでいるフランス人の多数の願いをまた一歩前に進めた」，と。幻惑させる結論である。
　しかし，それでも大会の特集号のひと隅に市町村間共同組織における執行責任者の選挙方式に関する議論を載せなければならなかったことに，一定の意味をみとらねばならないのだろうか。[22]
　しかし，市町村間共同組織は，市町村長の強い統制下におかれている事はまちがいない。
　レミー・ル・サウットは，ル・モンド紙のインタビューに答えて，市町村間

---

22) *Maires et présidents de communautés de France*, jeudi 22 novembre 2007 no. 3 /Spéciale 90e Congrès（引用は電子版）．

第Ⅲ部　市町村間共同組織の急激な普及と「地域の民主主義」

　共同組織の疑いもない成功を認めつつも,「市町村間共同組織は市町村長によって支配されている。これらの共同組織は断じて自治的ではなく，コミューンの中に［身動きできない形で］はめ込まれてしまっている。……市町村の首長たちはゲームの主導権を握っている」として，それを,「市町村長による'飼いならし'」domestication par maires だとか,「市町村間共同組織のコミューン化」municipalisation de l'intercommunalité だと指摘している。

　理事会の選挙制度についても，ル・サウットの批判は厳しい。コミューンと市町村間共同組織の競合は被選出者の間ではありえない。つまり「1999年以来，市町村間共同組織の代表者の任命は，市町村議会のまさに内部において行われている。事実上，コミューンの被選出者達こそが，市町村間組織構造の指導権を握っている。市町村長 ── 小コミューンの首長であっても ── は少なくとも副理事長の地位を占める。市町村長の主要な関心は，市町村間共同組織の中で，自らのコミューンの利益を擁護する事に依然として重点がおかれている」ということになる。

　だが，選挙民の考えと共同組織の実態とが大きく食い違っている点をこのインタビューは鮮明にして見せる。

　「選挙民は市町村議会を投票選出しているのに，［具体的な］決定権限をもっているのはそこで選ばれた人たちではなく，しばしば市町村間共同組織の構造の方です…。地域の民主主義へのインパクトはどのようなものでしょうか？」という問いかけに対するル・サウットの答えは以下のとおりである。

　「市町村間共同組織の理事長権限は極めて限定されている。市町村被選出者たちによって自らが第二段階の手続きにより選挙されている事は，理事長が［傘下市町村の首長や議員達の］コンセンサスに則って働く事を余儀なくさせる。反対に，問題は選挙民の側にある。彼らは,［コミューンの］管轄領域の上で自治的な市町村長を選んだと思っている。ところが，首長の行動の余地はいまやより窮屈なものになっている。根本的に変化したものは，市町村長の職務内容である。以前は，首長は私企業の責任者や県知事と直接ことを処理できた。いまや，市町村長は市町村間共同組織の内部においてまず合意を得なければならない。首長の職務は変容したのに，選挙民はそれを理

第8章 地域自治体のガヴァナンス

解しようとしてしない。」[23)]

　ここには，媒介された権力としての市町村間共同組織 intercommunalité，ネットワーク型の組織としてのこの構造が，市町村長のコントロール下にある態様を示しながら，実務的にはこれら首長による行動の余地を奪い，逆に打ち返す力でコミューンを危機に陥れている状況が簡潔に説明されている。本論冒頭に引いたル・モンド紙のルポ記事は，市町村間共同組織の発展と小コミューンの危機的な状況をともながらに報じるものであったが，二つの現象は同じコインの裏表なのであり，以上のような文脈において矛盾する事なく理解されよう。

3　市町村間共同組織の民主主義 ── 隘路と可能性

1　モロア報告：果たされなかった提言

　我々は再びモロア報告に立ち返る必要があるであろう。報告書は，保革共存の最後の段階に立っていた時の左翼各派連合によるジョスパン政権（シラク大統領任期第一期目後半であり，保守の大統領の下に社会党のジョスパン氏が首相指名を受け政府を組織）に提出されたものである。まとまった地方行政改革の提言としては現在でもなお最も内容の豊かな報告書となっている。地方行政改革に関するこのついに果たされなかった「左翼の遺言書」は多くの論点を我々に投げかける。[24)]

　報告書は冒頭近くに，フランスのコミューン─県─レジオンという三段階の行政段階区分がそれほど他の EU 諸国と比しても複雑怪奇なものではないにしても，近隣性 proximité を確保すべき基盤自治団体であるコミューンが数的に

---

23)　"Dans les structures intercommunales, les maires gardent la maîtrise du jeux", in *Le Monde*, 14 décembre 2007（Rémy Le Saout への同紙のインタビュー記事である）.

24)　*Refonder l'action publique locale: Rapport au Premier ministre*, Commission pour l'avenir de da décentralisation présidée par M. Pierre Mauroy, ancient Premier ministre, Sénateur-maire de Lille, La documentation française, 2000.

227

は多すぎる事を以下のごとく指摘している。

　「したがって，フランスの［地方］行政システムの特殊性は，一定領域内における自治体のレベル数が多いというような問題ではない。それは基底部分の自治体，すなわちコミューンの数の膨大さなのである。この事実は，フランスを強く特徴づけている。」
　「我が国は事実，36,000以上のコミューンを擁しており，欧州大陸の10の国々のそれを合算した総数を上まわっている。すなわち，オーストリア，ドイツ，ベルギー，ルクセンブルク，イタリア，スペイン，ポルトガル，デンマーク，スウェーデンの国々である。かてて加えて，フランスは，ギリシャに次いで，小コミューンの比率が最も高いEU加盟国となっている。本土のコミューンのうち77.1％（28,183）が，1,000名未満の住民しかもっていない。他のすべての国々では，これらの比率はその3分の2にすぎない。」

　モロア報告の数値は，*Taille des communes, efficacité et participation des citoyens* [Conseil de l'Europe (CDLR), avril 1994] 等の基礎資料に依っており，今日の拡大EUの中では数値の若干の見直しが必要ではあるものの，西欧主要各国との比較において大幅な変更が必要とは考えられない[25]。こうして，報告は一律の法的な強制による市町村合併ではなく，市町村間共同組織への国家の支援を通して，「住民の自発的なグループ化への意思」la volonté locale de se grouper を尊重する地域行政改革を提言する。
　「コミューンの将来は市町村間共同組織 Intercommunalité [以下，「市町村間組織」などと訳す場合もある] の道筋を通して」発展するとの原則が示される。

　「市町村間組織は，自らの権限の凝集性を引き受け，人口的にも，［財政的資源などという］諸手段から見ても限られているコミューンにとって唯一の手だてであり，我が市民諸氏のますます強まる要求への唯一の回答であり，かつまた，定常的な発展における安全規範の尊重（特に環境問題）のための唯一の手段である。それはまた，活性力を保証する可能性を与える。投資の可能性を生み出すことによるコミューンの生き残

---

25) たとえば，以下を参照。Élodie Guérin-Lavignotte et Éric Kerrouche, *Les élus locaux en Europe: un statut en mutation*, in *Les études de la documentation française*, 2006, p. 12.

りは［地域の］活性力がなければ，不可能である。これこそ，生活拠点や雇用拠点としての地理的・歴史的な領域組織のニーズに対して制度的な答えをもたらすものなのである。」[26]

報告書はその提案項目においてはっきりと「普通選挙制による市町村間共同組織レベルの公的な認知」を提案している。理由ははっきりしている。1999年法により，第一に，EPCI［市町村間共同公共施設法人］は，住民に直接関連する広範囲の権限を有するに至ったからである。すなわち，経済発展，活動領域の創設，地域空間の整備開発，公共交通，住宅政策，都市政策などである。第二に，「これらの市町村間共同組織は，重要な税源すなわち，職業税を把握し，その上，家計に対して追加的な徴税を課す事によってこの税源をさらに補強することができるようになった」。

「かくして，法的な見地からは，この決定段階の地位は，［行政］制度上の風景の中で上昇しており，これら決定段階の直接普通選挙が為されるべきであると結論しうる。領域全体の中での市町村間共同組織の普遍化という見通しにおいては，こうした改革は避けることができない性質を有している。」
　委員会の重要な結論：「委員会は『市町村間共同体組織理事』conseillers communautaires の直接公選制に強い賛意を表した。かかる内容豊富な改革が，2007年の市町村選挙において実施されるべきである。」

こうして，「提案第7　独自税源を有する市町村間共同体組織理事の2007年における直接普通選挙」という項目が打ち立てたられる[27]。

2　持ち越された2008年3月の市町村選挙

もちろん，この提言は地方名望家達の持久戦に引き込まれ無視されてしまう。2007年の予定であったが1年繰り越された2008年3月の一斉地方選挙においては，市町村間組織の直接公選は実施されない結果となった。

---

26)　Mauroy, *op. cit.*, pp. 33-35.
27)　*Ibid.*, p. 39.

第Ⅲ部　市町村間共同組織の急激な普及と「地域の民主主義」

　そもそも現行の市町村間共同組織執行部の選出方式は3種類の市町村間共同体公施設法人 EPCI，すなわち，市町村共同体 CC，人口密集地域共同体 CA，大都市圏域共同体 CU の執行部（以下理事会という）について別個に規定されている[28]。

　(1)　最初に，市町村共同体 la communauté de communes（CC）の執行部選任についてである。市町村共同体理事会 le conseil de la communauté de communes の加盟各コミューンへの議席配分の決定は，二つの方法によるものとされている。

　まず，「関連するコミューンの議会議員全体の友好的な協約による」のか，次に，「当該市町村共同体の創設に必要とされる関連コミューン議会における加重された過半数の議決により，人口比例によって」[29]決定される。「いずれの場合によっても，加盟コミューンのそれぞれは一議席を最低は確保するし，いかなるコミューンも過半数を超える議席を占有しえない」（『地域自治体一般法典』Code général des collectivités territoriales, Article L. 5214-7，なお本条項は，Loi no. 99-586 du 12 juillet 1999, art. 15 によって改正された）。

---

[28]　以下条項の参照は，*L'Intercommunalité*, Les éditions des Jounaux Officiels, 2005 によった（pp. 293-347）。

[29]　Jacques Buisson, "La révolution intercommunale", *in* «L'ntercommunalité», *Regards sur l'actualité*, n° 3314/octobre 2005, pp. 5-16. 特に以下の記述に注目したい（p. 9)。「あらゆる市町村間共同組織 intercommunalité の構造は，市町村間協力県調整委員会 la commission départementals de la coopération intercommunale の答申に従って，市町村議会，知事などのイニシアティブによって創設される。この委員会は，知事によって主宰され，地方被選出者によって構成され，県における市町村間協調の状況を調整し，また，それを促進する任務を有する。EPCI の創設を予定する県のアレテの告示の後，各コミューンの市町村議会は，意見表明まで3ヵ月の猶予を有し，特段の異議が無いときは，賛成とみなされる。多数が賛成となると，知事はアレテによって「共同体」communauté や「[市町村] 組合」syndicat の創設を行う。この場合，認められた多数とは，当該諸コミューンの人口総数の半数以上を代表する市町村会議会の少なくとも3分の2を占めるか，反対に，人口の3分の2以上を代表する市町村議会の過半数を代表していなければならない」。より詳しくは，下。*Code général des collectivités territoriales*, Article L. 5211（Loi n° 99-586 du 12 juillet 1999, art. 35-1 により補追），上記法令集 *L'Intercommunalité*, p. 239.

表8-1　1999年法の規定によるCUの理事数

(人)

コミューン数 \ 人口数	20万以下	20万～60万	60万1～100万	100万以上
～20	50	80	90	120
21～50	70	90	120	140
50～	90	120	140	155

　(2)　次に，人口密集地域共同体 la communauté d'agglomération（CA）の理事会についてである。上に引いた『地域自治体一般法典』は Article L. 5216-3 条をそれに当てている。その表現するところは，la communauté de communes のそれと何ら変わらない。

　(3)　最後に，50万人以上の人口を擁する大都市圏域共同体 la communauté urbaine（CU）の場合である。先に引いた法典は，Article L. 5215-6 において規定している。

　大都市圏域共同体の「共同体理事会は加盟コミューンの代表者によって構成され，その定員は…加盟市町村議会全体の友好的な合意によるか，以下の表に合致する」（表8-1）ものと規定される。

　さらに，同2項では「77を超えるコミューンを包括する大都市圏域共同体においては，理事定員は，代表されているコミューン数の倍とする」と規定されている。これらの文言は同じく，1999年法によって補強されたものである。

　ちなみに筆者は，2006年の早春に若干の地域調査をブルゴーニュのディジョン Dijon において行った。その際，ディジョン人口密集地域共同体（COMADI［コマディ］）の本部事務局をブルゴーニュ大学法学部の協力により訪れることができた。上記カテゴリーにおける第2の類型に属するものである。グラン・ディジョン Grand Dijon すなわち COMADI は，ディジョン市を含む22のコミューンを包摂し，住民251,802人（コート・ドール県人口の49％）を擁している。この共同体の執行理事会の規定を見てみる。

　Arrêté préfectoral portant transformation du District de l'agglomération dijonnaise en Communauté de l'agglomération dijonnaise du 24. 12. 99[30]の第 5 条において執行理事会議席につき規定されている。まず，地域圏 district からの事務引き継ぎが 1999 年法により規定される旨のべられ，「執行理事会は各コミューンの住民 4,000 人につき 1 名任命される。いかなるコミューンも 2 議席未満であることも，議席の半数以上を占める事もできない。執行理事会は，加盟コミューンの市町村議会によって任命される」としている。

第 6 条では，「執行理事会は，その内部での秘密投票によって，理事長，副理事長，すべてのコミューンが代表者をもつために十分な数のメンバーを含む事務局を選挙する。執行理事会は，自由に副理事長の定員を決め得るが，その数は，理事会定員の 30％を超えぬものとする」と規定されている。

ディジョン人口密集地域共同体の理事［被選出者］は全部で 82 名（うち女性 21 名）であり，理事長の他，21 名の副理事長を有している。加盟コミューンのうち，シュノーブ Chenove が 4 議席，タラン Talant が 3 議席，ディジョンが 37 議席を有しているのを例外として，他の 19 のコミューンはすべて 2 議席を取得している。

コマディの本部は，旧時代の兵営を近代化した堂々たる施設であった。文化財が集中しているディジョン市中心部の各ポイントを結ぶ無料巡回バスの運行や域内での学生に対する文化施設利用パス（文化的な催しへの若年層の参加をプロモートする）の発行など，共同体の広域自治組織としてのとり組みが進展しつつあることが実感された。「静かな革命」のプラス面であろう。

3 ケルッシュと「フランス風」地域の民主主義

再び EPCI の民主主義的運営にかかわる問題に話しを戻そう。政治学者のエリック・ケルッシュは「フランス風」の地域民主主義について，総括的な批判

---

30) データは http://www.grand-dijon.fr/ による。Intercommunalité に関する邦語文献として，山崎榮一『フランスの憲法改正と地方分権：ジロンダンの復権』日本評論社，2006 年，86 頁以下を参照。

を行っているが,とりわけ次の指摘は重要であり,かつ今後の検討の基礎をなすものである。

　第一に,「フランス風の地域民主主義には現実的な弱点が存在し,その傾向は,地域の民主主義を自らの特権の用具に用いる地方被選出者［élus locaux,市町村議会議員ととりわけその互選によって選ばれる市町村長］の能力によって強められている」。地域の民主主義を現存のコミューンの行政区分と権限の実質的防衛にあると受け止める「地域民主主義の制限的な理解の仕方」は,「EPCI のケースにおいても再び強調されるべきフランス風地域統治の旧態然たる定数項」だと,ケルッシュは断定する。

　第二に,市町村間組織については既に長い歴史が有る。SIVOM や SIVU という組織は,伝統的に市町村間共同組織制度の「民主主義の負債」déficit démocratique des institutions intercommunales が蓄積される場となっている。市民からの行政統制はこれらの市町村間組織には及んでいなかった。かなりの予算額が消化され,事実戦略的な権限(廃棄物管理や排水浄化など)がふるわれていた。

　　「これらの組織構造は,加盟市町村から任命された被選出者たちによって運営されているが,一般市民にはほとんど知られておらず,何の統制も受けていない。だが,この種の組織は,戦略的な権限をしばしばふるい(廃棄物管理や排水浄化),かなりの予算額を管理している。その結果,いったん市町村選挙が介入した後は,市民達は第二段階目の代表制モードからは締め出され,これらのモードこそは,被選出者達の仲介行為 une médiatisation と完全なる支配とを育むことになる。かくして,市町村間共同組織の特徴をなす構造は,地方政治ゲームの規制を容易にし,何よりも,選挙争点におけ

---

31) Éric Kerrouche, "L'impasse démocratique des intercommunalités françaises ou le lien manquant", *in* Laurence Bherer, *et. al.* (dir.) *Jeux d'échelle et transformation de l'État*, pp. 399-426.
　市町村議会とそのメンバーの互選による首長選出によって長期に安定的に市町村政を支配しうるシステムの総体については,大山礼子『フランスの政治制度』東信堂,2006年,171頁以下。山下茂『フランスの選挙:その制度的特色と動態の分析』第一法規,2007年。特に200頁以下の「コミューンでの『多数派プレミアム』」を参照。

るアリーナであると自称しているとはいえ，[実は] 市民的な統制を遠ざけ，あるいは，より正確に言えば，市民的な統制については限定された諸手段のみを与える。だが，明らかに，EPCI の職務機能の態様 le mode de fonctionnement des EPCI とその管理経営への [瑕疵を明らかにし，これを是正するための] サンクションは，行おうと思えば徹底的に改善され得たものであった。」

モロア報告など，耳を傾けるべき提言が死文に等しくなり，曖昧にされた事をケルッシュは厳しく批判している。

浩瀚なケルッシュ論文はさらに総括的な分析枠組みを提示して見せる。

「……仮に人々が，EPCI が市民に開かれる法的可能性の見通しについて興味を抱いたとしたら，大略次のように述べることができる。《市町村間共同組織の民主主義》démocratie intercommunale —— それ自身問題をはらんだ言葉のつながりではあるが —— は，依然として，萌芽段階にあるのである，と。そうであるならば，EPCI 代表の正統性における欠損 [民主主義の負債] やこれらの行政レベルのアイデンティフィケーションの欠如には，もはや驚いてなどいられない。二つのエレメントは，機能的な側面をもっているのだから。市町村間組織の民主主義という問題を確定するためには，以下の点を示すことが適切である。①これらの《疑似—自治体》quasi-collectivités は，地方公選職務者 le personnel électif local によって統制されていること，②このことは，市町村間組織内部の市民の地位をあれこれと勝手に左右してしまうこと hypothéquer la place du citoyen intercommunal に一定の根拠を与えてしまい，③これらの政治制度をすみやかに民主化 une éventuelle démocratisation de ces institutions するということがほとんど不可能だという論拠にもなる。[32]」

レトリックが複雑であり，わかりにくい言い方をしているが，要するに，加盟市町村の有力者達に市町村間共同組織は牛耳られ，市民のこれら共同組織への参加と民主的統制は大幅に制限され（実践的には組織の態様と運用の実態が不可視化されてしまい），したがって現況をリアルに見れば，この分野の急激な打開は困難だという必然的帰結が導出されるという事である。こうして新しい公共的行動空間をかちとった地方の有力者達は，自らの基盤である市町村をもっぱ

---

32) Kerrouche, *op. cit.*, p. 403.

ら潤し，その結果，自身の権力的な基盤の強化のために EPCI の執行部として打って出てくる。彼らのビヘイビアは次のような特色を有する。

　第一に，「EPCI など市町村間共同組織の発展は，市町村長の地位を更に強固なものにする。一方で，彼らは主要な交渉の場を共同体の理事会に求め，他方で，共同体理事会［幹部］という肩書きの強化によってより上位の政治代表者や知事という国家のエージェントとの交渉の機会を増やし，いわば押しのきく立場に立ち得るという事である」（「こうした関係性の中において，かの古典的な ── やや廃れた ── 県知事と名望家との関係に関するレクチャーが依然として意味をもって持続しており，この種の諸関係の中には，市民は自らの居場所を何ら有していない」）。

　第二に，市町村共同組織は言わば，「中間的位置を占める封建領土」と見なされ，新しい領土の獲得，新しい行政空間を得たいと考えている市町村レベルの被選出者達の争奪の対象となる。

> 「実際，EPCI は，市町村間共同組織の責任者をして，その横断的な権限と領域の《中間的な》状況によって，他の統治レベルとの代替不可能な交渉相手たらしめる。そのことは，ひるがえって，市町村間共同の行政構造におけるかれら［主導権を握ったリーダー達］の優越性をうち固める。さらに，戦略的には，地方リーダー達に EPCI の利用は任されるだけに，その利用方法はこのリーダー達に，権力の均衡に煩わされず，選挙地域の間近に位置しているかどうかを気にかけることもなく，公共的な介入領域を確保する可能性をもたらす。EPCI というものは，したがって相互に孤立している支配的な地方エリート達が保有している影響圏域が，具体的な姿をとったもの une matérialisation des périmètres d'influence des élus locaux として読みとることが可能であり，あるいは，地方エリート相互の間における［支配］領域の「国境線」をも示している。」[33]

以上，市町村間共同組織の運営責任者の地位は，既に市町村の与党や執行部を占めている地方有力者による草刈り場になっていることが明らかにされている。

---

33) *Ibid.*, pp. 405-406.

第Ⅲ部　市町村間共同組織の急激な普及と「地域の民主主義」

4　公選委任職責保持者の寡頭支配体制(オリガーキー)：サドランによる批判的検討

　さらに，市町村間共同組織の内容を見ると以下の諸点が隘路として立ちふさがっていることが指摘できるであろう。サドランを引きつつ簡単にまとめてみる。

　第一に，最初に指摘したとおり，国政レベルと地方自治機関との公選職責兼任による全体的な歪みがかけられている。市町村長らコミューンの公選委任職責にある者が市町村間組織の執行部である理事会において議席を占め，併せて職務を遂行することはそれ自体，公務職の兼任を意味するが，法規制の範囲外にある。1985年法と2000年の公選委任職責制限法は，ある程度の制約を市町村長や国会議員や欧州議会議員等による職責兼任の上にかけたものの，実際上は国政レベルの代議士職に及ぶ主要な役職者は兼任が可能である［典型的には国民議会議員―市町村長のユニットなど］。したがって，これらの現象の全体的な結果として，公選職務のオリガーキー［寡頭支配体制］が形成されていることが意味されている。領域上の諸改革の実施を強く条件付け，地域の民主主義を阻む諸要因についてのフランス人研究者による厳格な批判的見解は，参考になる。特にサドランは次のごとく分析している。

　「《公選委任職責保持者による寡頭支配体制》oligarchie élective への権力集中(確かに，選挙制による多少とも明示的かつシニカルな合意を伴って）は，共和制の際立った特徴の一つであり，その老廃物である。公選委任職責および公務職の兼任 le cumul des mandats et des fonctions électives は，選挙上の競争空間を寡頭制的に取り仕切るものであり，兼任を制限すると見なされている措置などものともせず，兼任寡頭制は再構築される。これらの動きの背景には，2000年4月5日法がそれに先立つ1985年法によって課された制限を強化しているという事実がある。それは，二つの地方執行職務，地方執行職務の一つと欧州議会議員職務，後者と国政議会議員職務の同時的な保持を禁止している。だが反対に，一つの国政議会議員職責と一つの地方執行職責との兼務は可能なままにとどまる。すなわち，下院議員―市町村長 député-maire という象徴的な形態（それに伴う実践的な措置）は守られる。特に同じく次のような規則，すなわち，［在職のまま選挙に出馬すること，すなわち現職を辞任した上で選挙を出馬する必要がなく］追加の委任職責が獲得された『後に』法的な兼職禁止状態の《改訂を施す》

第 8 章　地域自治体のガヴァナンス

ということを求めている［兼職有力者を優遇する］ルールは，存続する。すなわち，政治的な資源蓄積を助長する仕組み le rouage essentiel de l'accumulation des resources politiques，つまり，最適の多重的地位確保のシステマティックな追求 la recherche systématique de la la multipositionnalité optimale を可能にする仕組みが。どの面から見ても不満足な立法措置は，極めて高い率の兼職指標を維持させることになる。」

サドランの挙げている数値を最近の状況に照らして修正しておけば，90.4％の下院議員，80.4％の上院議員が兼職者である。重い形での兼任は次のとおりである。45％の下院議員が代議士―市町村長であり，同じく，上院議員の 37.2％が同時に市町村長を兼ねる。上院議員の 34.7％が県議会議員を兼ね，うち 13.3％が県議会議長である。[34] 民主主義原理の徹底を地方政治の舞台において求めている以下のサドランの厳密な批判的論調は，市町村間共同組織の問題を解明する際にも導きの糸となる。

「法律は，明らかに，問題を規制していない。だが，［分権化改革］「第二幕」の"華やかな諸改革"は，この点について何も語らず，改革のプロセスを支配するこの"かんぬき"，すなわち利害紛争の制度化 l'institutionnalisation du conflit d'intérêts を純粋に，単純に引き伸ばしただけだ。」[35]

すなわち第二に，こうした事情を背景にサドランは，別の論文において市町村間共同組織がいわゆるテクノクラート的な支配の餌食になっていくことに対して警告している。

市町村間共同組織の執行責任者［理事会メンバーおよび理事長，副理事長，事務局メンバーなど］へのアクセスは一定の社会的な諸条件を満たしたものに偏って供給される。これらの代表責任者等のプロフィールは特異な偏差を示す。かれらは，［行政システムを知悉している］「エキスパートの被選出者」un «élu expert» なのであり，具体的には，現行のシステムにおいては「当然に男性で 40 歳以上，

---

34)　2008 年 1 月 25 日付け調査。フランス国民議会および元老院のサイト情報より算出。詳細は本書第 4 章を参照。
35)　Sadran, "Deux décennies de réformes territoriales en France", *op. cit*., p. 36.

カードル［幹部職］および上級の知的職業カテゴリーの出身であり，高等教育のディプロムを有しているものに［理事会役職が］帰属させられるのが当然であるかのごとく全てが進んでゆく」。男女共同参画の法規制も理事選出の場合には適応されず，事実上の男性優位の世界が形成される[36]。

　第三に重要なのは，間接選挙制の多重化による，不透明性の増大であり，無計画な地方名望家による政治的な国土の分け取りが組織的に容認され，恣意的な行政区割りが横行し，その内部においては有力コミューンへの集権的な統合が事実上進んでいくことである。また，市民参加が1992年法よりもさらに後退させられ，幾重にも市民諮問の条件が付けられたあげく，結局は市民への開放的な諮問制度も不発に終わってゆく。直接公選制の回避が諸問題の基底にあり，次に執行部たる理事会・理事長の選任が二重の間接任命制の下におかれ，コミューンの整理が後回しになる。これらの諸要因は，市町村間共同組織の正常な発展を阻害し，一致して地域の民主主義の障害物として立ちふさがる……。市町村間組織の現状での在り方は結局のところ，「地方的な多くの諸問題についての市民の側からの介入の機会を取り上げてしまう事になる[37]」。

　サドランの分析は看板と中身の違いを容赦なく剔抉(てきけつ)して見せている。

5　無駄と混乱：会計院の調査と指摘

　最終的に，現行の市町村共同組織への弁護論としては，上記に引用した記事にあったように，無駄と重複を避ける効果があるとされてきた。1992年法や1999年法の立法上の趣旨もそのとおりであろう。しかし，財政的には会計院の指摘によれば，無駄と混乱，それに共同体資金のコミューンによる収奪という現象さえ指摘されている。市町村間共同組織の財務状況は我々が想像するほど規律正しく，能率的でもないらしい。

---

36)　Pierre Sadran, "Démocratiser le structures intercommunales ?", in *Regards sur l'actualité*, no. 314/octobre 2005, pp. 47-48.
37)　*Ibid.*, p. 49.

第 8 章　地域自治体のガヴァナンス

　地方自治体は共同組織を含めて，レジオン会計院の事後の監査を受ける。国家の会計院は全国的な自治体の趨勢を見てこれに助言と監督を付する[38]。会計院のフィリップ・セガン Philippe Séguin はフランス市町村長協会 AMF（L'Association des maires de France）の年次総会で演説した［23 novembre 2005, au congrès de l'Association des maires de France］。セガン院長は共和国の市町村長達への敬意の表明として，できたばかりの報告書を協会総会で披露する。144 の市町村間共同体組織において実施された調査の結論は，厳しいものであった。この市町村間共同組織に関する報告書は，その財務上の実績を，仮借なく批判し，参加した市町村長らの神経を逆なでしたという[39]。

　ル・モンド紙のいう報告書とは 2005 年 11 月付けで公刊された *L'intercommunalité en France: Rapport public particulier, novembre 2005*（Les éditions des journaux officiels）を指す。報告書は 390 頁余りの大部のものである。ここではその結論部分のみを摘録し，残りは大会での会計院院長の演説を交えて報じている同紙の秀逸な記事を摘録しておくことにしよう（一部論旨が重複するが同記事の指摘は重要なものであり，あえて記録しておく）。

　会計院の報告書は言う。1999 年法の創設した新しいタイプの EPCI は一定の成功をもたらしたが，「現状にはいくつかの理由から完全に満足するわけにはいかない」。市町村間共同体組織によって作り出されているフランス地方行政の「"風景"は整頓されなかった。［改革は］あらゆる種類の市町村組合組織の錯綜を生んだ」。十分な行動のための資源と手段を有していない「農村部での税源の補塡を要する余りにも多くの小さな市町村共同組織，地域計画のための混合組合による第三レベルの市町村間組織の発展，これらのことは，人口密集地域共同体と市町村共同体とからなる現行の地域段階区分が常に有効かつ適切

---

38)　具体的な仕組みについては，山崎・前掲書「第五章　国の地方自治体に対する監督と官治分権」149 頁以下を参照。
39)　Béatrice Jérôme, "La Cours des comptes pointe le coût de l'intercommunalité", in *Le Monde*, 24 novembre 2005.

とはいえないことを示している」。そのほか,「高い費用」,「実体を伴わない［ヴァーチャルな］権限」,「市町村間共同体組織の権限が曖昧」,「部分的にしか移管されていない手段・資源は,市町村改革を真に遂行するには不十分である云々」といった評価は,共同組織の実体をあらわにするものである。会計院にとって,地域行政段階の経済効率や提供される新しいサービスという観点からして,市町村間組織によるインパクトは,まだはっきりとプラス評価を下しうるとは考えられないと,警告が発せられる。2003 年までの収支状況は均衡を保ってはいるものの,最終的に,新しい市町村間共同組織の権限の増大を意味する「終わりなき改革は」反対に,「納税者にとって真の負担内容をあらわに」するだろうし,「財政的な欠損の危険性」を伴うだろう……,と。[40]

ル・モンド紙の指摘を待つまでもなく,フランスでは,1999 年のシュヴェヌマン法以来,コミューンについで,市町村間共同組織 intercommunalité が「第二の地方行政レベル」となった。この改革は,市町村のグループ化を加速したのであった。いまや 4 分の 3 の領域が市町村間の共同体組織によってネットワーク化されている。これらの共同構造は,おおまかに言って,公共交通,ゴミ廃棄物の収集,スポーツ・文化の大規模施設を,2004 年以降は,同様に都市計画をも財政負担するようになった。会計院も,条件付きながら一定の成功であると評価はする。だが「不透明性」と過大な費用とは本来の制度の趣旨には反するものである。[41]

さらに,会計院報告書の次のくだりは衝撃的だ。

「無視しえない割合において,単一職業税 TPU に基礎をおく市町村間共同公共施設法人 EPCI は,［加盟］コミューンにとっては資金再配分の機構にとどまってしまって

---

40) Cour des Comptes, *L'intercommunalité en France: Rapport public particulier*, Les éditions des journaux officiels, novembre 2005, pp. 261-263.
41) *Le Monde*, 24 novembre 2005. 同じく,会計院報告は言う。「全体として,独自税源による市町村間組織の発展はあるものの,市町村間組織の風景は,雑多な組織の群生によって依然として特徴づけられるものであり,市民にとっての不透明性,公共財政にとって多すぎる費用の原因となっている。」*L'intercommunalité en France, op. cit.*, p. 88.

第 8 章　地域自治体のガヴァナンス

いる（あまりにも高く見積もられ，さらに／または不十分に調整された税源の還付，コミューンへの補助金の散布）。コミューンはこうして［EPCIなどによる］開発整備プロジェクトの実施に必要な諸手段を奪ってしまう。」[42]

　会計院は，知事達が市町村間共同組織を前進させる役割をになったとはいえ，不適切な指導勧告によって，領域的な一体性が損なわれ，虫食い状態となってしまったことを批判している。[43]

　先に述べたようにベアトリス・ジェロームによるル・モンド紙記事は興味深い。行論の関係上，その要旨を併せて拾っていこう。

「『社会的な隔離政策と闘うことは，（…いまや）空間的な意味合いとなった』という当時の内相であるシュヴェヌマンの精神は，今日の郊外都市での［人種隔離・高い失業率・暴動などの］危機がその有効性をなお示している。この精神に励まされたのだとは言え，市町村間共同組織は，人口密集地域段階でのサービス提供の均衡化にとっては十分なベクトルではなかった。」
「1999年法は，魅力的な財政基盤を提供する事によって市町村長らに連合することを勧めた。市町村長はこの僥倖をわしづかみにした。だが，国からやってきた'天の賜物'をポケットにいったん納めてしまうと，コミューンはそれを［共同体の］積立金にする代わりに，この職業税という収入を何やかやの理由を設けて差し戻す事をしなかった。院によれば，これらのしばしば『行き過ぎた』再分配を正当化するために，コミューンは市町村間組織の費用を過小に評価し，一方では，共同の確実なプロジェクトに必要な諸手段を共同体から奪い取り，他方で，この共同組織をして課税強化する事を余儀なくさせた。これこそ，まさにマルセイユの大都市共同体，ヴァンヌ（モルビアン県）やトゥルーズの人口密集地域共同体のケースなのである。」
「市町村長はコミューンと市町村間共同組織段階との間の責任の区分をピンボケ状態のままに放っておき，［双方の組織に］『そっくりさん doublons』［似たような職責を有する複数の職員］が出現するように仕向けた。コミューンにおける人員削減は，権限の委譲を伴うべきであったが，効果をあげなかった。結果は予想どおり，市町村関連の税は［本来は］引き下げられるか現状の維持のはずだったが，［逆に］引き上げられたのだった。」

---

42)　*Ibid.*, p. 262.
43)　*Ibid.*, pp. 39-41.

第Ⅲ部　市町村間共同組織の急激な普及と「地域の民主主義」

「市町村間共同組織については,『当面は,全般的な財政的なゆがみ dérive は生じていない ── と報告書は言う ── 。だが,最終的な地盤低下の危険性を排除できない』のだ,と。だからといって,会計院は現行のシステムに勝ちどきを捧げはしない。フランス領土の全体的なカバーはあらかた終わってしまい,もはや後戻りする事は困難であるように見える。しかしながら会計院は,『自発的な行動』によって歪みを是正するよう国と被選出者［首長と地方議会議員］に求めている。」

記事は政府当局の会計院報告を受けた行動を報じて終わっている。

「ニコラ・サルコジ内務大臣［以下いずれも当時］とブリス・オルトフー Brice Hortefeux 地方自治体特命大臣とは,各知事への回状に署名した。それは『統合性の弱い』地域区分を修正し,［市町村間共同組織］構造が『自らに移譲された権限を効果的に行使する』ことを『保証』し,最終的に,市町村間共同組織の任務が,被選出者達によって『完全に客観的に』評価されるべきである点に留意するよう求めている。／[2005年] 11 月 23 日の『ル・クーリエ・デ・メール』Le Courrier des maires 誌によって公表されたイプソス社 IPSOS の世論調査によれば,74％の市町村長が,市町村間共同組織について『肯定的に』判断している」。

ここで言う,「統合性の弱い」領域とは,政治的思惑や対立意識や大都市圏の領域に呑み込まれてしまう恐れから,虫食い状態にされた不合理な市町村共同組織の領域の在り方,大共同体の傍らにぽつんと小さな CC がたたずむ等という事態を指していることは明白である。

4　ガヴァナンスの深化にむけて

　ガヴァナンス概念の二面性については本書の冒頭においてすでに述べた（「プロローグ」参照）。この概念の肯定的な受けとめ方,すなわち「地域住民にとって最適の行政システムの在り方はいかに」という観点から見たとき,このフランス全土を巻きこんだ共同組織による改革の嵐は,どの様に捉えられるのであろ

---

44) 以上,記事引用は, Le Monde, 24 novembre 2005.

うか。地方政治のフランス的な文脈に目配りをしつつ，考えてみたい。

「地域の民主主義」démocratie locale はフランスにおいて公然と唱えられる事が少なかった。「民主主義」はフランス的な政治風土からはすぐれて国政レベルのものであって，草の根の民主主義 glass-roots democracy への愛着を隠さない合衆国などとの政治的経験の差に負うところが大きい。フランスは特に「一にして不可分の共和国」la République une et indivisible を国家原理としていただけに，とりわけて単一の統一的国家であることを強調する政治的文化の下にあった。2003年の改憲により，分権化についての文言が追加された。改正された憲法第1条には，「フランスの国家組織は分権化される」との条項が付加された。分権化改革がフランス国民によって普遍的原則として承認されていることの反映でもあろう。しかし，分権化改革をスローガンに掲げる一連の行政改革の波は，果たしてその実質を備えるに至っているであろうか。1982年以降の分権化改革は，国家の直接的な支配下にあった県やレジオンの自治権の承認と共に，とりわけて基底部分での市町村の自治権の強化に重点がおかれたのであった。しかし，これらの改革は，地方自治体の権限を一方で強めながらも，他方において，地方領域での政治的有力者，名望家の影響力の強化のために役立つというパラドクスを生んだ[45]。

ピエール・サドランは例によって辛口の結論を言う。少し長くなるが引用しておこう。

---

45) Olivier Duhamel et Yves Mény (dir.), *Dictionnaire constitutionnel* (PUF, 1992) の 'démocratie locale' および 'notable' の項を参照。「近隣性の原理は…『民主的であるという事』[民主主義の存在]と『民主的たるべきこと』[民主主義の当為]との間の緊張状態を依然として際立たせている。住民参加の理想には極端なまでに高い価値が付けられ，同時に，この種の[住民]参加はとりわけて周到な統制の対象となっている。」(Marion Paoletti, "La démocratie locale française. Spécificité et alignement", in CURAPP/CRAPS, *La démocratie locale. Rprésentation, participation et espace public*, PUF, 1999, p. 46)。なお，法的な側面からの「地域の民主主義概念」の整理は，同書における以下の二つの論文で明らかにされている。Gérard Marcou, "La démocratie locale en France: Aspects juridiques"; Pierre Deyon, "Le long refus de la démocratie locale".

第Ⅲ部　市町村間共同組織の急激な普及と「地域の民主主義」

「ここ 20 年以上にわたって，程度の差はあれ執拗に分権化政策が追求されてきた。分権化を実効あらしめるためには，分権化の文脈に立って，領域の上における［不要な］介入 —— や［望ましい］介入の欠如 —— という事態を克服しなければならない。全体的に見て，この介入や介入の欠如ということは，選択よりも放棄，成功よりも失敗によって（成功／失敗といっても，それぞれは相対的にすぎないけれども），また，制度的なニュー・ディール new deal よりも獲得物へのしがみつきによってよりいっそう明らかに示される。フランスにおける分権化とは多分この手の欠点に慣れなければならず，「未達成の論理」logiques inaccomplies をはびこらせるままにしておくことなのであろう。その中に真の領域改革の政策を［無理にでも］見い出そうとするには，現実の側を歪ませる他ない。／ 1982 年以降，成功裏に遂行されてきた分権化政策のすべてを《フォーマット化》してきたのは，《合理的な主意主義》と特徴づけられる方法論の敗北ということである。ガストン・ドゥフェールの事業は，動員できる制約条件への［行政府の側の柔軟な］適応とその変革［の限界点］を正確に理解していた。彼が指導した措置全体は，『現存する［地方行政管轄］領域には触れぬこと』ne pas toucher aux territoires existants という基礎的な要請に基づいていた。すべての『行政区画』territoires が［注意深く］維持され（36,000 のコミューン，県とレジオンとの積み重ね，［行政的な調整機構にすぎなかったが，それ故に種々の新しいニーズに応えることができた］レジオンは地方自治体に転換されたことで決定的に身動きがとれなくなる），そのまま『手付かずの状態』に放置された。」

サドランはさらに制度としての分権化の政治的な機能について炯眼にも指摘する。

「だが，分権化は中立的ではない。なぜなら，権限と権力とを現存の地方自治体に移転することによって，分権化は，自治体そのものの立場と影響下の資源を強化するからである。異なるレベルの機関が自らの利益を見い出せるように，それらの諸機関の間での権限の分配を指図する利益分けあいの論理と，地方公共団体間の強固な後見監督関係を阻止したいという配慮とは，同一のラインの上に乗っている。」

改革者の大義名分と地方政治をとり仕切る名望家＝市町村長らの利害とは一致する。

「《ドゥフェール・サイクル》が脇に置いていた唯一の行政制度のレベルは，市町村間共同組織のそれであり，立法側が 1992 年法 la loi ATR du 6 février 1992 によって新たにそれを掌握するまでには 10 年間待たなければならなかった。／合理主義的な主意

第 8 章　地域自治体のガヴァナンス

主義の試みの相次ぐ失敗という道筋の上での因果関係の一現象と位置づけられるドゥフェール改革は，成功を収めた。なぜなら，フランス風の《周辺的権力》pouvoir périphérique というシステムから生じた文脈においては，非合理的だがプラグマティックな解決策の方が，……受容されやすく，あるいはむしろ満足すべき妥協点に到達しうるからである。ひどい状態のまま放置されたコミューンの細分化，行政水準の加重化（コミューンレベルと市町村間共同組織レベル）からくる経営管理の非効率，「県ーレジオンという二重システム」dualisme départements-régions によって，時には激化する不都合さは，最大多数のアクター達の相互の利益にかかわるメリットに見事に転化された。分権化改革の政治的な成功は，テクノクラート的な合理性についての幻滅を通じて，暗中模索の適応の中からやってくる。」

かくしてこの分権化という政治的な看板は相互依存の用具として便利に使われ，組織的な政治ゲームでの多様な補助手段としての効果を生み出す。

「県の永続性は，農村の小コミューンの維持によって保証され，たとえフランスが市町村間共同組織のチャンピオンだとしても，それは［別の種類の］人口密集地帯という名の権力組織 le pouvoir d'agglomération を発明したからというわけではなく，むしろ，この国では，行政的なレベルの加重を行わずに改革することは不可能だということの結果にすぎない。それゆえ市町村間共同組織の成功は，《権威主義的な》改革の政治的なリスクの負担をなお軽くしてしまった。たとえば，市町村合併を提起するなど，完全に不可能となり，あるいは場違いなことにさえなっている。[46]」

分権化改革はそれ自体として，地域の民主主義の強化というニュアンスを漂わせているものの，その実践過程においては黙認，故意の沈黙，事実上の容認，改革の枠外扱いなどという手法により，地方の構造改革は中途半端なものになり，結局は住民の利益を最大限はかるという困難ではあるが正統的な政治手法から目をそらしたまま「改革」という大義名分のみが独り歩きするという結果

---

46)　244 頁から続くサドランの引用は以下による。Pierre Sadran, "Deux décennies de réformes territoriales en France" in Sous la direction de Laurence Bherer, et al., *Jeux d'échelle et transformation de l'État: Le gouvernement des territoires au Québec et en France*, Les Presses de l'Université Laval, 2005, pp. 32-33.

第Ⅲ部　市町村間共同組織の急激な普及と「地域の民主主義」

を招いている。

　従来は，分権化改革は暗黙のうちにより広い住民，市民の地方政治参画の機会を拡大する民主的改革の側面を担ってきたと考えられてきた。だが，分権化はこうした住民参加の拡大という本来の目標を遂げているだろうか。建て前論や法律の文言のレベルのみによってフランス中央―地方政治の隘路と矛盾とを具体的に把握し尽くす事は困難であろう。市町村連合組織の発展とそれが抱える問題性，あるいは，その発展がますます明らかにしている状況によれば，かえって分権化改革そのものの評価においてフランス地方行政組織のマイナス面が組織改革の累積の中で浮き彫りにされつつある。フランスの地域政治態勢の分析を行う途上において，この市町村間共同組織の発展と地域の民主主義の深化という二つのベクトルは，一致しているものとは断定しがたく，場合によっては，大きく食い違っていると言わざるをえない。別言すれば，分権化改革というシンボルがそのまま自動的に地域の民主主義を強化するものとは考えがたく，さしあたっては地方分権化改革は組織の改革ではあっても，内容において地域の民主主義とは別のゴールを目指して進みつつある行政改革であるという評価も可能ではないか。

　2008年の一斉地方選挙において，市町村共同組織の執行部の直接公選制は遂に政治日程にのぼることなく終わった。ビュエらは次のように指摘する。

　「全体の趨勢は次の通りである。［第一に］大半の地方被選出者達は，いまやますます大きな権限を備えた市町村間構造に同意しているかのようであり，［第二に］しかし同時に，コミューンとの関係においては，市町村間共同組織を政治的な従属的身分に格下げしておくように固執しているかのようにみえる。さらにより彼方に進むためには，新しい権限の移管は，市町村間制度の政治的な自治体化という事態を前にして市町村長たちの『故意の沈黙』la réticence を際立たせたように見える。［その理由は］これらの市町村間制度がそれだけ市町村固有の政策実現にとって決定的になっているという意味合いがあるからである。《民主化なき》市町村間組織の強化というこのプロセスは，地方当局者の役割の増大というものが，政治的決定過程での市民達の影響力増大を必ずしも伴わないということを確証している。」[47]

246

第 8 章　地域自治体のガヴァナンス

モロア報告の楽観的な調子に対して，ケルッシュは批判的に述べる。

「かくして，新しい［市町村］共同の方式は，国家的な振興策によって活性化されることにより，二世紀来ほとんど軽い傷さえ負わなかったフランスの市町村地図を根本的に塗り替えようとしている。新しい地域の動きは，市民により近い空間，すなわち，財政的には余りにも窮屈な市町村という枠組みの中では考えられない諸構造を構築し，サービスを実行することができる空間創出のために描かれた。しかしながら，フランスの地方システムにおける静かなる逆転不可能な革命に関する楽観的な言説の陰で（Mauroy, 2000），我々は次の如き印象をもたざるをえない。権限強化を目指した一定の統治技術および地方自治体の［政治］代表者達による自律的な決定権限 ── 分権化改革 la décentralisation（因に形式・内容とも［世論調査の上では］市民達に絶賛されている）── と，真の地域民主主義の運動 véritable mouvement de démocratisation local とのある種の混同があるのではないか。」[48)]

ケルッシュも引いているパトリシア・ドゥマイユ論文は，早くも 1990 年代の末にこの種の食い違いについて指摘している。先見性に満ちた分析を再び引用しつつ，さらに詳しくこの卓越した行政学者が言わんとするところを追ってみよう。

「地域の民主主義 la démocratie locale はしばしば分権化改革 décentralisation の思想と結びつけられている。しかしながら，分権化改革というものは，何よりもまず，一種の統治技法なのであって，この種の技法は，種々の地域自治体 collectivités territoriales の代表者達の権限と決定上の自治権限を強化する renforcer le pouvoir et l'autonomie décisionnelle 傾向をもっている。分権化改革は，したがって，直接的な当然の帰結として地域の民主主義の深化をもたらさない。分権化改革は，"政治の職業

---

47) Nicolas Bués, Fabien Desage et Laurent Matejko, "L'intercommunalité *sans* le citoyen, 'Les dimensions structurelles d'une moins-value démocratique'", in Rémy Le Saout et François Madoré (dir.), *Les effets de l'intercommunalité*, Presses Universitaires de Renne, 2004, p. 41.
48) Éric Kerrouche, "L'impasse démocratique des intercommunalités françaises ou le lien manquant", pp. 400-401 in Laurence Bherer, *et al.* (dir.), *Jeux d'échelle et transformation de l'État: Le gouvernement des territoires au Québec et en France*, les Presses de l'Université Laval, 2005.

化" la professionnalisation politique と "市町村の首長支配" le présidentialisme municipale［もちろん批判的な意味で，すなわち『専断制』を含む意］を強化しさえする。
　［現状における］地域の民主主義は何よりも代表制の民主制なのであり，代表者からなる民主制である。そこでは，市民達は自らの代表者を選挙するために政治日程上の定期的な投票日においてのみ［決定行為に］介入するにすぎない。」

　こうして，ドゥマイユによれば，「地域の民主主義」について言及した著名な1992年法（la loi du 6 février 1992）の第10条も違った角度からの照明が当てられる。同条の規定も今一度見ておきたい。「コミューンの事務に関して情報提供され，住民にかかわる諸決定に関して諮問を受けるというコミューン住民の権利は，地域自治体の自由な統治 la libre administratioin des collectivités territoriales と分かちがたく，地域の民主主義の本質的な一原理なのである」。
　しかし，この分権化改革の頂点を示す規定は省みられることなく放置される。ドゥマイユ論文は注意深い検討の文脈において，次のごとく指摘する。

　「市民権の学び取りと行使のための特権的な領域としてのコミューン la commune en tant que territoire privilègié d'apprentissage et d'exercice de la citoyenneté を強化するという国会議員達の関心事を，この厳かな確認からは読み取りうる。［だが，この法文においては］いかなる市町村間共同公共施設法人EPCIへの言及も見られない。市町村間共同組織 intercommunalité こそは，1992年2月6日法によって方向づけられた分権化の権利と地方的な実践の上にしっかりと刻印された具体的な一事実であるにもかかわらずである。」「かくして市町村間共同公共施設法人は，市町村議会の意思表示の一形式にすぎないのであり，これらの共同体組織は，コミューン，県，レジオンという地域自治体との関係性においてかろうじて正統性を享受しているにすぎない。」[49]
（傍点は原文ゴチック）

　ドゥマイユは1992年法の分析から次の結論を得る。

　「1992年2月6日法 la loi du 6 février 1992 は，四つの点において地域の民主主義 la démocratie locale を強化する。①情報の普及とアクセスの改善による透明性への努力，②地域生活 la vie locale への市民のより広範な連携，③各級の地方議会における被

---

49)　Demaye, *op. cit.,* pp. 237-238.

選出者 élus［地方議会議員および市町村首長，県・州議会議長］の権利の容認，④地方当局から発せられた『行政行為』actes に関する統制の改善である。市町村間共同公施設法人 EPCI による職務機能の民主化は，一定のニュアンスの上での類似性をもっており，コミューンの職務機能の民主的変革を全体として踏襲する。」

だが，現実にそうだからといって状況が改善されたわけではない。ドゥマイユは批判的検討の手を緩めない。

「……この法律は市町村長には認めた市民達の参加の態様を，市町村間諸制度にまでその適用範囲を拡張してはいるが，市町村間組織の現実は，この組織の民主化の諸用具の使用という点において，かつ，市町村長による情報の集権化という点において，一定の欠損を明示している。確かに法律の強制的な措置は，市町村間共同の諸機関によって正しく適用されている。それらの措置は，市民情報の改善を目標とする措置，EPCI の理事総会の議事録や，予算，決算，執行理事会による規則などの公表に関する措置（情報の普及を制限しようとする行動の存在を指摘することができるとしても），コミューン代表者達の参加を優遇する措置などである。住民達は EPCI の職務機能と諸決定に関する情報にアクセスする可能性は有している。だが，情報の要求は，当面，開明的な，既に市町村間組織に関心をもっている人士の範囲にとどまっている。［一般］市民のこの無関心は，市町村間共同機関の代表者達の現行の任命モード，すなわち［現行の］間接選挙制に一定の根拠を与えることになる。」[50]

分権化の流れの中で市町村長をはじめとする地方の政治的アクターはなぜ市町村間共同組織の直接公選制化に抵抗するのだろうか。

「市町村間構造の理事長達によって推進された公的な理由付けは，彼らが『触れていないこと』non-dits，彼らが抱いている真の恐れに比したときは小さなことであろう。…／コミューンの自治は，市民達によって行使された民主的な統制によっては，問題にされようがない。コミューンの代表者達は，その大多数において，共同の公共施設法人への監査権限 un droit de regard を保持し，そのために，その指導権はまたしてもコミューンの代表者達に帰着する市町村間組織構造による機能統合レベル le rattachement を維持しようとしている。コミューンの代表者達の公選方式による変更は，結

---

50) *Ibid.*, pp. 242-243.

果として地方［政治］ゲームの枠組みを再配分することになるというのは事実であり，非平衡的な力関係の上で，市町村レベルと市町村間組織レベルとの間の競争を利することになる。それは，コミューンに害を為すであろう。この状態への承認は，コミューンの弔鐘を打ち鳴らすことになる。コミューンの権限は，今日では既に制限される傾向にある。コミューンは直近の領域にたたみ込まれてしまっている。なぜなら，事務の大部分は上位のレベル，市町村間共同組織に移管されているからだ。しかしながら，普通選挙制に対抗して定式化された批判は，相対化されねばならない。予想し得る定式化のうちで，コミューンと市町村間組織との［統一的・同時的］選挙という組み合わせは，投票結果の一定の整合性をもたらすかもしれないからだ。」(傍点は引用者)[51]

我々は，ドゥマイユとともにダニエル・ガクシの次の言葉を引いておきたい。

「被選出者らは，EPCIの理事会メンバーを直接普通選挙による公選に付すという展望の前に沈黙している。彼らは何よりも自らの『故意の言い落し』réticencesを，コミューン間の諸関係の政治化，亀裂の硬化，紛争やブロック化が複合化することなどへの恐れによって正当化している。暗黙裏に危惧されること，それは，問題を公的に表明すること，意見の不一致を人為的に硬直化させてしまうこと，市町村間共同組織の事務管理運営を透明性の高い形で外部の監視下によりはっきりとおく義務が生じることなのである。」[52]

地方有力者達の普通選挙制導入に反対する理由は，リールを舞台にしたビュエらの地域調査でも種々の角度から立証されている。[53]

フランスの多くの論者達は市町村間共同組織理事会の公選制に大きな重点をおき今後の地方行政組織の健全な発展の糸口だと見ている。その点では，政治社会学ないし行政社会学の分野における一人の観察者としても異論がないところである。

たとえば，先に引いたル・モンド紙のインタビューでル・サウットは次のように議論を展開している。

---

51) *Ibid.*, p. 263.
52) Daniel Gaxie, 'Stratégies et institutions de l'intercommunalité', *in* CURAPP, *L'intercommunalité. Bilan et perspectives*, PUF, 1997, p. 30.
53) Nicolas Bués, *et al., op. cit.*.

第8章　地域自治体のガヴァナンス

「[質問] 2001年の先の市町村選挙の際に行われたアンケートが示すところでは，市町村長達は，自らのアクションの大部分がいまや市町村間共同組織の内部における交渉事であることを認めるのを渋っている。彼らは，自らのコミューンの全権を掌握している被選出者であると住民達の前でふるまいたがっている…。それは事実に反する事である。直接普通選挙による市町村間共同組織の執行責任者の選出は，一つの解決策であろうか？

　レミー・ル・サウット：この種の議論は周期的に現れ，極めて重大な問題を提起している。もし仮に市町村間組織構造の理事長やあるいは執行理事全員を選挙したとしたら，その場合には，コミューンは全権力を直ちに喪失する。我々が憂慮するのはまた，市町村間共同組織レベルの普通選挙制による選出は，組織構造そのものを党派間の[争奪戦の]方向に政治化してしまうのではないかということである。大都市の被選出者の一部がこの方向での要求を出していたとしても，それは，ごく一部の市民の要求を引き合いに出しているのにすぎない。」

それゆえル・サウットの普通選挙制への要求は慎重であり，現在のコミューンがもっている機能を保全しつつ穏やかに機構改革に軟着陸させようとするものである。その意味で，この論者は，市町村間構造において各コミューンを代表すべき候補者の任命は，「[統一選挙時における]市町村候補リスト」に従って，一種の「混合選出方式」un "mix" によるべきであると提唱する。「これこそ，[次期一斉地方選挙が行われる] 2014年において通過すべき第一段階である。足取りは極めてのろい。次のステップは，ほとんど象徴的なものではあるが，市町村間共同組織レベルでのコミューンの代表制となるであろうリスト方式の上にしっかりとその足跡を記すことだろう」。

ここに我々は，現状の正確な分析に立って，絶望することなく地方政治改革を推進しようとする知的活動とこれにおそらくは呼応するであろう地域の期待とを感じとることができる。

もちろん従来のシステムの整理をしつつ改革は遂行されるべきであり，「冷静な統制力に基づかない，恣意的な行政組織の展開は，混乱のもう一つのファクターとなる」[54]という，ガクシの老練な洞察をも考慮に入れる必要があるだろ

---

54)　Gaxie, *op. cit.*, p. 48.

う。地域の民主主義は,サドランが簡潔に述べているように,現代では,参加型の民主主義制度を導入する事により代表制の制度的欠陥を補完し,透明性を高め,社会的な諸階層の代表機能を改善し,特に男女共同参画などの先進社会の特性を踏まえた改革がよりいっそう強く求められている。そうした状況下であるだけに,改革総体における整合性はなおさらに重要になってくるであろう。[55]

我々は先に引いたフランス会計院の次の結論にも注目しておかなければなるまい。

「財政法廷[会計院]は,……現実において市町村間共同組織における領域ガバナンスの問題 la question de la gouvernance territoriale dans les intercommunalités が課しているの問題に考慮を払う。民主的な統制を実現する組織の在り方 les modalités d'organisation de contrôle démocratique は,再検討される必要があるのではないだろうか?公施設法人を特徴づけている特殊性の原理が単一職業税による EPCI に誤って適応されているかのごとく見えるだけにこの問題はなおさら重大である。この組織の一般的な任務は,これらの新しい地方権力行使の場が市民等によってありままの姿において認識されていないうちに,ますます強固になってゆくのだから。」[56]

誠実な公共財政監査の現場からの考え抜かれた答えをここでは見い出すことができる。我々はここに,異なる部署からの見解の中に方向性のそろったベクトルを検出しえたと言えるであろう。[57]

地方権力の再編成は住民からの公選による洗礼を必要としている。地方自治体の再編成は,穏やかな話し合いと調整,現存するコミューンが有している近

---

55) Pierre Sadran, "La démocratie locale", in *Les notices: Les collectivités territoriales en France*, 2e ed.,La documentation française, 2002, pp. 134-138.
——, "Démocratiser le structures intercommunales ?", in *Regard sur l'actualité*, n° 314, octobre 2005, pp. 43-53.
56) Cour des Comptes, *L'intercommunalité en France: Rapport public particulier*, p. 263, Novembre 2005, Les éditions des Journaux Officiels.
57) 同一の趣旨にたつ今一つの周到な報告書を挙げておこう。Avis et rapports du Conseil Économique et Social, *Communes, intercommunalités, quels devenirs ?*, Rapport présenté par Pierre-Jean Rozet, Les éditions des journaux officiels, 2005.

隣の自治共同体としてのインテグレーションの機能とサービス・レベルを保持しつつ，慎重に推し進められなければならないだろう。いずれにせよ，民主的統制手段や地域の民主主義そのもののメカニズム les mécanismes même de la démocratie locale と同義に扱われるべき「地方領域のガヴァナンス」が，地方政治の危機の時代において改めて意識され，地域の政治過程の前面に姿を現すことになるという見通しは間違いなかろう。[58]

---

58) アメリカの自治制度について語ったトクヴィルの言葉は，フランスの現状を分析する上においても，なお深い示唆に富んでいる。「コミューンの自由を確立するのは非常に難しく，またそれはあらゆる自由の中でももっとも権力の侵害の危険にさらされやすい。コミューン制度は，単独では，野心的で強力な政府にとうてい抵抗できない。うまく自己を守るためには，それは全面的に発達し，国民の思想や習慣と一体化していなければならない。……自由な人民の力が住まうのはコミューンの中なのである。コミューン［地域自治］という制度が自由にとってもつ意味は，学問に対する小学校のそれに当たる。この制度によって自由は人民の手の届くところにおかれる。」トクヴィル著／松本礼二訳『アメリカのデモクラシー』岩波文庫，第一巻（上）96-97頁（ただし訳文は一部変更），Tocqueville, *De la Démocratie en Amérique*, vol. 1, GF-Flammarion, 1981, pp. 122-123.

エピローグ

サルコジ政権下の地方政治改革案

1 金融経済危機から政治スタンスの動揺へ

　政治日誌をくってみたとき，現代のフランス政治も混迷の中にあるとの印象はぬぐえない。政治的変動期にサルコジ氏が大統領として選任された。2007年5月に始まる5年任期の新大統領が標榜する「迅速・大胆な」政治スタイルは，果たしてこの混迷に終止符を打つことができるのだろうか。

　2008年5月の就任一周年における世論調査支持率は，第五共和制歴代大統領の最低記録となる。また，それ以降の政治舞台における大きな出来事を挙げれば，何といっても憲法典の改訂が急速かつ強行的に実施されたことである（08年7月）。しかし，今回の改憲では，地方政治に関する条項にも手が加えられたが，第72-3条，第73条，第74-1条など小幅な改革の域をでていない。わずかに第75-1条における，「地域言語 les langues régionales はフランスの遺産に属する」との文言が注目されたにすぎない。もちろん，これらの改革の細目に関しては，あとにも述べるように世論は良好な支持を与えている。サルコジ政権は，地方政治改革の分野においてもいくつかの大胆な内容の報告書を提出しており，今回の改憲が長いスパンでおしはかったとき地方政治分野での「改変」の序幕にすぎないことは明らかである。

　さらに，矢継ぎ早に大きな問題がEUの前にもたらされる。ロシアとグルジアの公然たる武力衝突であり，合衆国のサブ・プライム問題やリーマン証券破綻を皮切りに一挙に表面化した世界金融危機（実体経済部門に急速にこの危機は波及しつつある）の進行である。就任後の世論の支持はいま一つだったサルコジ氏に，一定の政治的なパフォーマンスを行うチャンスが訪れた。ドル中心体制の

終焉が首脳会談においてEU議長国首長であるサルコジ氏によって言明され（2008年11月），雇用の確保のためとして，それまでの新自由主義的な言辞が覆される形で公権力の経済的・社会的介入が積極的に行われている。もちろん，企業サイドへの手厚い公的資金の投入に比して，勤労階級への直接的なサポートはやや見劣りがする。フランスでは労組や世論一般の不満がさらに高まっているという。

さて，本論の問題意識にかかわる地方政治改革の案件であるが，そもそもフランス地方政治領域の在り方を見直し，民意を集約し適切な措置をほどこしえるか否かは政権の今後を占う上での重要なポイントなのであり，世界規模の金融経済危機によって地方政治改革にかかわるイッシュウへの対応は当面のところ休止状態にあるとはいえ，雇用，福祉，環境，教育など地方政治の財源へのニーズが増大し，他方で国家の予算はただでさえひっ迫している状況がさらに縮減の傾向に向かうことは明らかである。依然として，地方政治という政治空間の在り方は，国際政治にまで相互的作用を及ぼすフランス社会の矛盾と新たな転回点を端的に示す最前線なのである。[1]

サルコジ大統領政権の下において提出された主要報告書の内容を分析することにより今後のサルコジ政権下での自治体改革の在り方を展望してみたい。[2]

2　地方政治からの「異議申立て」と世論のゆらぎ

2006年に初期雇用契約CPEの問題でつまづいたド・ヴィルパン首相［当時］

---

1) Albert Mabileau, 'Variation sur le local', in Albert Mabileau (dir.), *À la recherche du «local»*, L'Harmattan, 1993, p. 21.
2) 本論文は，日本政治学会研究大会（2008年10月）での報告のために執筆された論文「フランス地方分権改革後の現況について：市町村共同組織と地域の民主主義」（大会のために一時ネット上に掲載）をもとに，その後の政治状況の変動を考慮し，加筆した。最近の業績として以下を参照。宇野義規「フランスの文化政策と地方分権改革」『地域公共政策研究』第14号，2008年2月。

エピローグ：サルコジ政権下の地方政治改革案

は，大統領選への出馬を断念し，間隙を縫う形で保守側の候補に躍り出たサルコジ氏は社会党のロワイヤル候補と競りあい，勝利を手にする（2007年）。しかし，サルコジ氏の大統領就任後の支持率は低下し続け，2008年3月の統一地方選挙［市町村議会議員選と県議会議員選挙（半数改選）］では大敗を喫する。就任1年を期した世論調査では支持率の落ち込みがさらに大きく報道され，大統領はマスコミ各社との懇談で，国民に理解を得るための努力が不足していることを認めた。[3]

　フランス政治に関しては，世論動向の二面性が指摘しえる。2006年初頭におけるCPE［初期雇用契約法案］抗議運動の高揚は，左翼諸政党の勝利をもたらさなかった。イギリスのブレア路線を擁護する社会党ロワイヤル候補が左翼の党としての主張をなしえなかったこととあいまって，サルコジ氏の政治戦略の奏功をもたらしたのである。[4] 当選後のサルコジ氏の世論支持率の漸減状態にもかかわらず，2008年7月の改憲法への世論の支持は強かった。さらにねじれを際立たせたのは，2008年3月の地方選挙の結果である。フランス社会党を中心とする反サルコジの政治勢力は，県議会レベル（従って県議会議長選出）や大都市部の市議会選挙で大幅な勝利を手にした。投票者の右から左への旋回は，「右翼支持者が左翼への投票をした」（雑誌『ルビュー・ポリティック・エ・パルルマンテール』RPP［avril/juin 2008］の特集表題から）と皮肉られた。[5] ル・ガルの集計によれ

---

3) 2008年4月末に，『パリマッチ』誌はIFOP-Fiducial社による世論調査を掲載した（"Un an après, les Français jugent leur président"）。大統領の政策運営に満足という回答が28％，不満足が72％という結果。大統領任期1年後の世論調査について前任者のジャック・シラク氏が2003年4月にそれぞれ，58％，39％というスコアを得たのと対照的な結果である。引用はパリマッチ誌HP（http://www.parismatch.com/）より。同様の内容を示す世論調査として他に，Ifop pour *Le Journal du Dimanche* - L'impact de l'action de Nicolas Sarkozy et de son gouvernement sur la situation des Français.- Avril 2008，（*Le Journal du Dimanche*紙HPによる）。以下，各紙の引用はいずれもネット版による。
4) サルコジ氏の政治的出自と政治傾向の全般的な分析として，渡邊啓貴「2007年フランス大統領選挙の分析：サルコジ大統領の勝因と政策」『日仏政治研究』第3号，2007年10月。併せて，以下を参照。畑山敏夫「ルペン，最後の闘いと挫折：2007年大統領選挙をめぐって」同上誌所収。

257

表E-1　左翼が優位を占めている都市の割合い

都市の住民数	2001年地方選	2008年地方選
3,500-9,000	45.3％	50.1％
9,000-30,000	44.1	52.3
30,000-100,000	44.2	56.0
100,000以上	56.0	71.7
3,500以上のすべての都市	47.2	57.2

出典：Gérard Le Gall, "L'hégémonie territoriale de la gauche: Municipales et cantonales des 9 et 16 mars 2008" in *RPP*, n° 1047 avril/juin 2008, p.30.

ば，左翼が支配している中規模以上の都市比率は**表E-1**のとおりとなる。

　県議会選挙においても，左翼諸党は1988年以来の勝利を手にした。左翼の県議会議長は，2004年選挙時の48名から，2008年には55名に増えた。他方で，保守側は48から41へと議長職を減じている。フランスの地方政治の構図を決定している都市と県とレジオン（2004年のレジオン選挙の結果，本土22のうち20で左翼優位）における各級議会・首長（議会の互選）の多数を左翼が占めているという状態である[6]。

　世界的な経済危機がフランス市民の肩にのしかかる。早くも2008年夏のバカンスでは，40％強の市民達が旅行に出発しないと答えたという。インフレ圧力と特に燃料高が休暇の消極的な使い方へ傾斜させた。また，報道によれば，伝統的な生活スタイルとしてレストランでのフルコースによって高額の支払いをさせられることへの反発が強まっているという。外食を避け，食事は簡単に自宅でとってしまい，そのかわりにポップスの音楽祭に参加したほうがよいという消費嗜好の変化が指摘されている[7]。さらに，2008年秋以降に顕在化した全

---

5) Gérard Le Gall, "L'hégémonie territoriale de la gauche: Municipales et cantonales des 9 et 16 mars 2008", p. 30 (特集«Élections 2008: France de Droite, vote de Gauche», *RPP*, n° 1047 avril/juin 2008).

6) Gérard Courtois, "Sarkozy, An 01: le boomerang de la victoire", *RPP*, n° 1047, avril/juin 2008, p. 12.

世界的な景気後退の波は容赦なく EU 諸国の上にも襲いかかっている。国家の介入機構が全力で市民生活の擁護のために動員されていることは，報道が示すところである。欧州諸国民の連合という理想がもつ真の価値が試されている歴史的な曲がり角にフランスの市民達も立たされている。フランス市民の生活スタイルはさらに変貌を遂げることを余儀なくされるだろう。社会生活のめまぐるしい変遷と矛盾し混乱しつつ素早く変動する「気まぐれな」政治的現象との前にわれわれ観察者は立たされている。別の視角からすれば，この国が長期的な観点から重要な過渡期にさしかかっているという結論も出しえるのかも知れない。

　地方政治への対処を見ても，サルコジ氏の政治手法がポピュリズムの特徴を帯びていることは，言うまでもない。5 年任期制の大統領制度の実施は，大統領の直接公選と国民議会の選挙との同時性を実現し，多くの場合支持母体の政治勢力が同質の与党となることが予想され，したがって，保革共存など大統領と国民議会という二つの政治制度上の支持母体が異なる事態は予想されにくくなっている。今回の状況は，サルコジ氏に強力な大統領権限と国民議会多数与党というバックを与えたものであり，この機会をサルコジ流「改革」のためにフルに用いることが予想される。

　憲法の抜き打ち的な改訂は，大統領政権の威信にかかわる政治的な賭けである。2008 年 7 月末，議会に改憲案が提出され，最終的に改憲法案が可決された。大統領によって，改憲案が憲法第 89 条 3 項の規定により，国民投票に付されず両院議員総会に付議された結果であり，一票差によって有効投票の 5 分の 3 に達し，改憲法案の可決を見た。際どい政治作戦である。

　現状ではこの改憲は後に触れるようなサルコジ氏の諮問にかかる検討グループ（複数）が出した結論の一部を実現したのにすぎない。改憲の諸条項を見て

---

7)　"42 % des Français ne partent pas en vacances cet été" in *Le Monde*, 31 juillet 2008：ル・モンド紙の挙げる数字は，"Pouvoir d'achat en berne, vacances d'été en danger", *L'Humanité*, 31 juillet 2008 に掲載の IFOP 調査から引かれたもの（各紙引用はいずれもネット版による）。

も，大統領与党あるいは大統領個人がもくろんでいる改革案のさわりの部分にとどまっている。それはおそらくは「サルコジ流」改革への「序幕」に当たるものではあるが，全体にそれほどラディカルな印象は受けない。

　また，議会権限の強化という内容から提案内容は世論の一定の支持も受けており，時期的にもそのままバカンス期に入ってしまい，さほど大問題にはならなかった。しかし，もちろん両院議員総会をほとんど俊足で通過させた手法こそサルコジ氏の政治戦略の特徴をなすものであろう。[8]

　世論調査の内容であるが，アメリカ型の大統領による議会報告については，70％（PS支持者は40％），そのほか6ヵ月以上の派兵の場合における議会承認，大統領職務の兼任制限，憲法院への一般市民の提訴権承認，国会や国民による国民投票の請願権拡大，憲法第43-2条の政府適用への制限，枢要な国家制度責任者任命にあたっての議会の拒否権発動の承認など，いずれも80％を超える好感度であった。しかし，大統領特赦を廃止する案件は，63％の支持率にとどまった。[9]

　もちろん，両院議員総会において社会党からただ一人賛成票を投じたジャック・ラング元文化相の政治行動をめぐって，同党内は一時，内紛状態となった。

　ちなみに，その後2008年12月に至って行われた社会党執行部選挙により，セゴレンヌ・ロワイヤル Ségolène Royal は敗れ，フランソワ・オーランド François Hollande にかわる新たな党執行部の第一書記としてマルティヌ・オブリ Martine Aubry が勝利するに至った。ロワイヤル，オブリ両候補の得票は僅少差であったにもかかわらず，新たな社会党執行部（38名の全国書記）の中に

---

8) 年頭の長時間にわたる記者会見で，ここ数十年のフランス社会をサルコジ氏は，方向性の食い違う諸改革，改革そのものの放棄，「このまま安楽に過ごしたいという保守主義と単純な思い込み」，大量の失業，社会的絆の喪失，社会的なプロモーションの後退，給与の低落と労働の減価，赤字予算と公的な負債と特徴づけ，「緊急な課題があらゆる場においてみられる」と，強調している。"VERBATIM, 'L'urgence est partou...'", in *Le Monde*, 10 janvier 2008.
9) "Les Français et la réforme des institutions, Résultats détaillés", *IFOP* pour *Le Journal du Dimanche*, 18 juillet 2008; "Réforme des institution: plusieurs points plébiscités", in *Le Monde*, 20 juillet 2008.

エピローグ：サルコジ政権下の地方政治改革案

はロワイヤル氏の勢力は全く存在しないという[10]。

　サルコジ大統領政権の特質は，大統領への権限の極端な集中である。大統領自身が権力のレバーを一手に掌握することにより，政策的な論理一貫性をも無視する形で，迅速かつ「機会主義的に」行動し，それにより世論の支持をかき集めるという特徴をもっている。要するに，氏の手法はオポルチュニスト［政治的な機会を無原則的に利用する態度，手法を用いる］のそれであり，「ポピュリズム」［大衆の情動的な人気を煽り立てることによる権力基盤の強化］の手法を用い，したがって，権力の大衆的支持による集中化を志向する点において「現代的なボナパルティズム」でもある。世論の低い支持は，二つの出来事によってサルコジ氏を救う。第一は，ロシア／グルジアの軍事的紛争へのEU議長としての和平工作である。第二は，サブ・プライム問題に端を発する米国と世界の金融危機に対処する国際的な政策の先導である。TNS-Sofres社の指標によって世論の動向を見ても，2007年の6月段階で60％を超えていた支持が，08年7月5日調査時点で，33％に落ち込んだのであるが，その後，12月4日調査では，37％に回復する傾向を示している。Ipsos社の調査でも同様であり，08年6月16日に38％で底を打った後，12月8日時点では，46％にも回復している。信用収縮の中で市場の冷え込みが欧州全域に及んでおり，雇用確保をはじめとする市民生活の安定性が求められる中で強い国家の介入が有権者からは求められている。こうした市民ニーズに敏速かつ果敢に取り組んだ結果（措置の内容にはやや問題があるとはいえ，迅速な対応自体は非難されるに当たらない，至極当然のことであるが……），この機を巧みに自己の政治的な支持調達に用いた結果であると判断されよう。至るところで会議や機関や決定プロセスを首相を介することなく「大統領として主宰し」présider，「どこでも大統領たること」を志向する政治スタイルomniprésidentと評されるゆえんである[11]。また，首相の地位が軽んぜ

---

10) "Le début de l'ère Aubry plombé par les divisions", *Le Monde*, 6 juin 2008. ロワイヤル氏の政策的限界については，以下の論文が的確な分析を行っている。吉田徹「2007年大統領選挙：社会党の敗北とロワイヤルの勝利？」前掲，『日仏政治研究』所収。

261

られる反面，与党である UMP と大統領との連携協調は強められ，事実上，サルコジ氏のフリーハンドの状態が生まれつつある（大統領 5 年任期制は国民議会（もともと 5 年任期）の与党掌握とリンクして，強力な正統性の基盤を生み出す）。サルコジ氏の経済回復策や雇用政策は時にかつての新自由主義的な言説にも反する場合もでている。ケインズ主義の再登場である。しかし冒頭に述べたとおり，勤労階級への国家による直接支援要求には十分に応えていない。期待外れの人々の失望によってサルコジ氏の支持率は再び降下するだろう……。

　情勢への機敏な政権の対応という局面的な事実の背景に，それではサルコジ氏の本来の改革意図は奈辺にありやという疑問が，依然として残る。したがって，現状分析という魅力ある政治科学の課題をひとまず脇において，サルコジ大統領政権のそもそも描いていた憲政や特に地方政治改革の設計図を再把握しておくことがまずもって必要であろう。サルコジ政権が構想している憲政の根本改革は，2007 年から 08 年にかけて発表されたいくつかの報告文書や審議文書によってその輪郭を描くことができる。もちろん，現在はこの諸改革案がそのまま実行に移されるという状況にはない。2008 年秋以降の金融経済危機の世界的な進行が客観状況を一変してしまったからである。

　しかし，やや分かりにくかったサルコジ大統領政権の地方政治改革構想は，特に記録にとどめておく必要があるのではないか。2008 年初頭までに出そろった政策的な武器は，状況が許すならば部分的にせよ，全体的にせよ，いずれにしても機を窺い再登場する可能性をもっているからである。大規模な公的資金の市場への投下は公財政に大きな負荷を負わせる。地方財政へのしわ寄せが顕在化するのは時間の問題であろう。[12]

　言うまでもなく，憲政改革の中でも地方政治改革は大きな比重をもっている。

---

11) Arnaud Leparmentier, "Le retour de l'omniprésident", *Le Monde*, 24 décembre 2008; Christophe Jakubyszyn et Sophie Landrin, "Le grand Meccano de Nicola Sarkozy", *Le Monde*, 25 décembre 2008.
　世論調査の概観は，2008 年 12 月末日に *Le Monde* 電子版における "Cote de popularité de l'exécutif depuis mai 2007" に従って行った。

これら報告書や審議文書の特徴をなすものは，フランスの現状とその国際的地位の相対的な後退への強い危機感であり，特に公共財政の悪化，中央政府と地方行政の債務の増大は，もはや猶予できないとの認識である。そこから促迫されるのは急速かつ抜本的な国家制度の改革であり，それによる効率的でスピーディーな行政の在り方が強く要請される。急がなければならない，時期を失することはフランスにとっても重大な結果を招く，と。

　既に述べてきたように，フランスは 18 世紀の大革命以来，集権主義と分権主義との間で揺れ動いてきた。ジロンド主義とジャコバン的集権主義との対立は 20 世紀の半ば過ぎにまで及んだ。[13] 戦後の第四共和制憲法は，地方公共団体を市町村 (commune)，県 (département)，海外領土と規定し，それら地方公共団体が，「普通選挙により選ばれる議会 conseil により自由に運営される」のであり，各級議会の決定の執行は，「市町村長，県または海外領土の長により保障される」として，あたかも自治的な分権化が実現するかのごとく規定した。しかし，戦後期の混乱の処理，特に海外植民地の独立化への対処につまずき政争に明け暮れた第四共和制は，その理念を実現する事なく終わる。[14] 第五共和制下において，フランス社会党をはじめとする左翼諸党によって分権化は大きな政策的な意味合いを与えられる（共同政府綱領）。ミッテラン大統領政権下において内相に就任した古参の社会党指導者ガストン・ドゥフェールの指導下に，1982 年 3 月 2 日法「コミューン，県，レジオンの権利と自由」«Droits et libertés des communes, des départements et des régions» において分権化改革は最初の結実を見る。[15] 三つの地域行政レベル（コミューン，県，レジオン）が地方自治体として確立し，各級議会によって首長が選出され，被選出者［各級議員および首長］の責任

---

12) "Les élus socaux s'inquiètent de la suppression de la taxe professionelle", Le Monde, 6 février 2009.
13) もちろん，分権化改革に関する重大な誤解を伴いつつ二つの政治的な傾向は対立し続ける。v. Alain Peyrefitte, 'Pour un pouvoir provincial', in Le Monde, 22 octobre 1975.
14) 第四共和制憲法については，中村義孝編訳『フランス憲法史集成』法律文化社，2003 年等を参照。

の下での自主権限に基づく統治（監査はレジオン毎に設置される会計院が行う），知事や自治体相互における後見監督 tutelle の禁止，権限の委譲に伴う国による財政的補償措置の実施などである。この間に約 40 余りの重要法令が施行され，ドゥフェール改革ないし分権化改革「第一幕」と呼ばれた。

さらに，1990 年代の初頭から末にかけて，市町村間共同組織の拡大によってフランスの地方政治の風景は大きく変貌する。この点についても地方財政の国家保障という独特のシステムを敷いているフランス行財政の特色を中心に若干のふり返りを行っておこう。

分権化改革の「第二幕」においてこの側面での改革が行われた。

分権化改革には「地域自治体の財政自主権」が欠落してるという批判に対して，2002 年から 03 年にかけてジャン＝ピエール・ラファラン首相［当時］が主導した改革が部分的な回答を出している。03 年から 04 年にかけての改憲と組織法の制定は，分権化改革史上では画期的な意義を有すると言われる。憲法典そのものに《共和国の組織は分権化される》旨，明記されたこと，地方自治体による実験的な試みの法制化（対象と期間的な制約の下で）が認められたこと，地域自治体の組織にかかわる法案は元老院に先議権を与えたこと，地域自治体の憲法上の地位が確定されたこと（第 72 条から第 74 条まで）などである。また，第 72-2 条においては，権限委譲に伴う財源の保証が国家によりなされており，各国に比して珍しい，完全な自治的組織への財政的な保証となっている。[16] 第二幕の核心部分に触れる二つの組織法すなわち，2003 年 8 月 1 日法や 2004 年 8 月

---

15) 政策的経緯の要約は，経済社会評議会に提出された以下の報告書（2006 年 5 月 16 日）によった。Avis et Rapports du Conseil Economique et Social, *Fiscalité et finances publiques locales: À la recherche d'une nouvelle donne*, 2006, Raport présenté par M. Philippe Veletoux, 2006, Les éditions des Journaux Officiels, p. II-8. 以下，改革の概要は CES の本報告書に主としてよった。「第二幕」について邦語文献として以下を参照。山下茂『フランスの選挙：その制度的特色と動態の分析』第一法規，2007 年；山崎栄一『フランスの憲法改正と地方分権：ジロンダンの復権』日本評論社，2006 年；大山礼子『フランスの政治制度』東信堂，2006 年；中田晋自『フランス地域民主主義の政治論：分権・参加・アソシアシオン』お茶の水書房，2005 年；自治・文献ジャーナリストの会編『フランスの地方分権改革』日本評論社，2005 年。

エピローグ：サルコジ政権下の地方政治改革案

13日法など（一般規定として『地方自治体一般法典』に統合）は，改憲条項と並んで重要である。すなわち，地方レフェレンダムの制度化，有権者への世論調査方式による諮問制度，街区評議会 les conseils de quartier などを市町村が設置し得るものとして，「地域の民主主義」la démocratie locale を政策的な内容として実体化し，参加型の民主主義の理念を政権が積極的に取り入れようとしたことにおいて注目に値する。同時に，「近隣の民主主義」が政権によって強調されたことは既にある程度詳しく分析したとおりである。[17]

もちろん，これらの施策においては，個別の措置に強い制約がかけられており，実体的に「地域の民主主義」がさらに深化し，レフェレンダム［住民投票制］，住民諮問制度，街区評議会などの取り組みの隆盛をもたらしたと見ることはできないであろう。その政治的な意味合いについては，サドランらが早くから指摘している。保革共存政権を経て極右の進出のまえに極右支持者以外の国民的な支持によって再選されるという経緯を経て，第2期のシラク大統領政権は成立した。実際的には政治的正統性の弱化に悩んでいた第2期のシラク大統領＝ラファラン首相政権による，コミューンの力，地方首長への住民の支持力の掘り起こしによって，政権の強化を図ろうとする政治戦略にほかならなかったのであり，地方有力者の機嫌を損ねるような実質的な市民参加についてはその課題を掲げつつも実施過程においては厳しく制約を設けて，政治的な広告塔として利用したのにほかならない，と。[18]しかし，こうした手法は財政的な負担をより国家の側に負わせたことは明らかであろう。

国際的に見ると，欧州統合下にあるフランスの地方自治制度は，EUの地域

---

16) この点については，自治体国際化協会HP掲載の講演録：青木宗明『フランスの地方財政調整：財源保証と財政調整』240頁，に詳しい。併せて以下を参照。Observatoire des Finances Locales, *Les finances des collectivités locales en 2007: État des lieux*, 2007（La documentation française HPにおける公文書閲覧サービスによる）。
17) この点を簡潔に説明しているものとして，"Portail Internet DGCL" がある（http://www.dgcl.interieur.gouv.fr/）。
18) サドランは精力的に地域改革について論じている。以下の論文はその一例。Pierre Sadran, "La mise en débat de la démocratie locale", in *Pouvoirs Locaux*, n° III/2004, pp. 30-39.

開発の枠組みに組み込まれており，同時に健全な財政状況を求めるユーロ通貨圏の加盟国条件の制約下にある。制約の要点は，国民総生産比率として公共的負債額がその60％を超えぬこと，各年の公共財政の赤字額が，国民総生産の3％を超えぬことである。しかし，2001年以降のトレンズとして，EU圏では財政状況は各国ともやや悪化の傾向があり，フランスもその例外ではない。2005年には，経済財政工業省の大臣の諮問に対しては，より深刻な診断が下され，効率性がほとんど省みられない「公共アクションの真の能力の再建」が提起されることになる。地方自治体の脆弱な財政構造への関心が高まっていた。ド・ヴィルパン政府の下でも効率性と無駄の排除への指示があり，サルコジ大統領＝フィオン首相の現政権において全く新たにこうした政策課題が出現したのではないことは明らかである。[19]改革案の内容の如何は別にしても，フランスの行政当局にとって地方行財政改革が促迫されていることは事実であろう。

　サルコジ大統領政権成立以前から唱えられていた諸改革（社会党系のレポートが唱えていた改革案も含めて）がここに至って一挙に並べられることになる。大統領議会報告の憲法上の規定をはじめとする大統領権限の強化，議会の法案審議と統制力の強化などをうたっているものの，国民の生活上の要求に応えようとするインセンティブは感じられず，肝心の国民各層の意見を丁寧に拾うという態度は極めて弱い。分権化改革や地域の民主主義・市民参加・直接民主主義が有するメリットの見直し，近隣の民主主義的な生活共同体基盤（「近隣性」ないし「近隣の民主主義」）としてのコミューンの再評価などの姿勢は報告書を見た限りでは，感じられない。支持率の停滞への強行策的対応による支持調達への画策だと批判されかねないであろう。

　しかし，いずれにもせよ，フランス社会の閉塞を打開するための改革は避けられない状況である。現政権の素早い行動力からして予断を許さないのだが，以下に分析する諸報告についての理解なしには今後の成り行きを占うことは困難であろう。

---

19)　前掲CES報告書，p. II-16.

エピローグ：サルコジ政権下の地方政治改革案

＊ 2005年暮れにかけての郊外暴動に際して，移民労働者層子弟である若者たちに暴言をはいたことなど，サルコジ氏の大衆への不信感を象徴するものであろう。因みに，ファデラ・アマラを閣僚に起用して，郊外政策を打ち出したが，財政的な裏付けが乏しい政策の打ち上げには，閣僚の中からも批判が出たという（郊外政策は，地方選挙対策として改めて強調されることになったが[20]…）。それぞれの報告書の中では，郊外問題への言及も管見の限りでは見られない。国政レベルでの郊外問題への位置づけの低さにも関連しているのかもしれない。[21]

3　サルコジ政権の地方行政改革案 ── 市町村間共同組織の将来像とは

サルコジ大統領は矢継ぎ早に各種の諮問委員会を発足させ，それらの報告文書が2008年初頭には出そろってきた。第一に重要なのは元首相のバラデュール氏が主宰する第五共和制の近代化と組織改革にかかわる委員会がまとめた報告書『より民主的な第五共和制』(2007年10月29日) である。[22]

さらに踏み込んで地方行政システムの在り方に切り込んでいるものとして重要なのはアタリ報告（「フランス経済成長促進のための委員会」2008年1月23日提出）である。[23] 第三に，具体的な当面の地方政策の指針を示したものとして，2007年12月7日に公表されたランベール報告を挙げておきたい。[24]

その他に，地方政治機構などの本論の主題とは直接に関連はしないが，行政

---

20) "Le plan 'Espoir banlieue' de Nicolas Sarkozy devrait être moins ambitieux qu'attendu", *Le Monde*, 7 février 2008. IFOPの世論調査の内容を示すものとして，"Les banlieues, au coeur du mal français: La chronique d'Alain-Gérard Slama du 11 février", *Le Figaro*, 11 février 2008.

21) フランスの若者たちの動向に関する足を使った取材の集成として，山本三春『フランスジュネスの反乱：主張し行動する若者たち』大月書店，2008年。アラン・バディウ，丸山真幸訳「日々の屈辱」，総特集《フランス異動：階級社会の行方》，『現代思想』2006年2月号（原文は Alain Badiou, "L'humiliation ordinaire", *Le Monde* 15 novembre 2005）。

22) Comité de réflexion et de proposition sur la modernisation et le rééquilibrage des institutions de la Vᵉ République présidé par Edouard Balladur, *Une Vᵉ République plus démocratique*, Fayard/La documentation française, 2008, いわゆる「バラデュール委員会」le Comité Balladur による報告書である。

23) Commission pour la libération de la croissance française présidé par Jacques Attali, *300 décisions pour changer la France*, XO Éditions, La documentation française, 2008.

の在り方につき一定の簡素化を提言しているものとして，エリック・ヴェルトによる住宅，雇用等の公共政策に関する提案がある。[25]

ここでは，バラデュール報告，アタリ報告，ランベール報告の地方政治にかかわる内容を読み取り，サルコジ政権下の地方政治の展開に関連する政策動向を検討してみることにする。

1　バラデュール報告にみる地方政治改革

バラデュール氏はミッテラン大統領政権の下で首相を務めた（1993年3月～95年3月）。ミッテラン大統領の下での2回目の保革共存政権を運営した中道右派系のベテラン政治家である。本報告書の特色は，主として改憲によって第五共和制の機能の強化を図ろうとする点にある。

冒頭における改革の要約部分，骨子の中で言う。「[提案される] 諸改革は，第[26]一に，統治者の間での役割分担を明確にすること，とりわけて，憲法そのものと，政治的・制度的な実践の中から引き出される大統領職務の厳密化からなっている」。こうして，憲法第5条，第20条，第21条の各条項の改訂が提起され，大統領選挙の民主的性格の強化が謳われる。第二の改革の柱は，議会の改革である。全体として議会権限の強化が提唱され，普通選挙制の改革が提起され，とりわけ，「公選委任職責の禁止は委員会が求めている願いと一致する」と，述べる。改革の第三の柱は，市民の権利の強化に充てられる。

以下地方政治改革にかかわる主な事項を追えば以下のとおりである。

(1)「大臣職務と地方公選委任職責との間の兼任を禁止する諸規定を強化す

---

24)　*Révision générale des politiques publiques, Les relations entre l'État et les collectivités locales*, Rapport du groupe de travail présidé par Alain Lambert, novembre 2007. 本報告書は，ドキュモンタシオン・フランセーズ（http://www.ladocumentationfrancaise.fr/）が行っている公文書公開サービスにより取得。報告の取りまとめにあたったアラン・ランベールは上院議員（UMP）。

25)　報告の要旨は以下の記事を参照。"Le rapport sur la révision des politiques publiques d'Eric Woerth" *Le Monde*, 4 avril 2008.

26)　Balladur, *Une Ve République plus démocratique*, p. 21.

エピローグ：サルコジ政権下の地方政治改革案

る必要性」が強調され、憲法第23条の大臣兼任禁止事項の「あらゆる国会議員職責」との兼任禁止を「あらゆる公選委任職責」tout mandat électif との兼任禁止に改訂することを提案している[27]。

(2) 同じく、国会の組織改革には国会議員の専任制が提唱され、兼任禁止規定の強化が謳われる。

> 「民主主義は、国会議員達の新しい権限と［民主主義の要請に］より適した職務の仕方による国政議会の強化を求めている。それは、国会議員そのものが、国会議員に人民から付託された任務を十全に行使し得る手段を自らのものにしてはじめて可能となる。だが、この水準に到達し得るのは、国政議会が世論の多様性を真に政治的に代表し、野党がその所属している二つの議院において、ふさわしい地位を占めている場合に限られるのである。[28]」

委員会は厳しい調子で現状を批判して見せる。

> 「立法活動と［行政］統制という議会活動は、それ自体、フルタイムの活動領域を構成している。したがって、本委員会は、単一職責委任 le mandat unique こそが近代的な議会制民主主義の要請に真に合致する唯一の方策であるとの見解を有する。西欧民主主義大国の中で唯一フランスのみが、委任職責の無視できないほどの兼任状況をもたらしている。1985年に、そしてその後の2000年に、法的な制限がほどこされたことにより効力を有する立法措置が講じられたとはいえ、委任職責の兼任 le cumul des mandats は、［依然として］合法性を有しており、非兼任［状態にある国会議員］はむしろ例外的である。［例を挙げれば］577名の国民議会議員のうち257名が市町村長であり、21名が県議会議長、8名がレジオン議会の議長である。他方、331名の元老院議員のうち、121名が市町村長であり、32名が県議会議長、3名がレジオン議会議長である。事実上、すべての国会議員は、少なくとも、市町村議員であるか県議会議員である。この様な状況に次の事実が付け加えられる。市町村共同体公共施設法人EPCIは、兼職禁止の領域に含まれていない。[29]」

---

27) *Ibid.*, p. 64.
28) *Ibid.*, p. 126.
29) *Ibid.*, p. 127. 最新の状況は、本書第4章末尾に引いた *Le Monde* 掲載のデータを参照。若干の数値的な違いは、調査時点の差によるもの。

(3)　同時に，地方執行職務との兼任状態の実務的な解消が強く主張される。かくして，「委員会は，単一委任職責制は，従来の［政治的］実践との断絶をもたらすものと考える」。兼任は常態化しており，世論も場合によっては委員会の委員の多くも，この問題に対して厳格な態度をとることにとまどいを感じている。「明らかに，世論は，……この点に関して備えができていない」。「委員会のメンバーの多くは，一つの議会委任職責と非執行職の地方職務［複数］については依然として兼任可能だと考えているのかも知れない。…［しかしながら］一つの国政委任職責と，地方執行職務［複数］── 市町村間公施設法人の首長がその中に含まれる ── との兼任は禁止されるべきである。……我が国は，あらゆる点から考えて，単一議会委任職責制［兼職禁止による議員専任制］の道を進むべきだ」(Proposition n° 56)。明晰な兼任禁止の方針であるが，2008年夏の改憲においては議論の俎上には上らなかった。

2　アタリ報告における地方政治改革の方向性

　アタリ報告は全体として成長，競争力の強化を眼目に《20の基本的政策支柱》，中でも《レジオン・市町村間共同組織の強化による県制度の解体》を提起して一定の反響を呼んだ。因みに，同じような考えが粗削りながら現首相のフランソワ・フィオン氏によって2006年に既に提唱されている。

　アタリ委員会の報告書から感じられる第一の印象は，強い危機感である。国

---

30)　*Ibid.*, p. 128.「委員会は勧告する。この単一公選委任職責制への歩み ── 選挙法典の多様な組織的な措置の作り直しがふくまれる ── は，来るべき市町村・県議会・州議会選挙のそれぞれに対して漸次的に成し遂げられ，その結果において，これらの普通選挙に際して当選した国会議員は，自らの国政上の委任職責と，地方執行職務との間での選択を行うものとされる」，と。かくして，選挙法典 *Code électoral* L. O. 137 および L. O. 287 の改訂による議会委任職責と地方執行職務とのあらゆる兼任の禁止が謳われる。

31)　バラデュール氏はフィガロ紙とのインタビューの中でこの点について問われ，遺憾であると述べている。"Balladur: 'Cette révision est maintenant la loi de tous'", in *Le Figaro*, 22 juillet 2008（同紙ネット版による）。

32)　François Fillon, *La France peut supporter la vérité*, A.Michel, 2006, pp. 179-189.

エピローグ：サルコジ政権下の地方政治改革案

際的に見てこの国の相対的地位の低下は明白である。フランスには改革を遂行する力がある，だが，このまま漫然と過ごすならば大国としての地位から滑り落ちてしまう。だから素早く行動しなければならない。なかんずく成長率が最も重要な指標として扱われ，高率の経済成長こそがフランスを最先端の国たらしめるとの立場が一貫して述べられている。

　第二の特徴は，従来提案されている主要な改革案に対して，その改革案の発信源がどの党派によったかなどに関係なく，主立ったものをくまなく採用していることである。たとえば兼任による議会制の非効率や重層的な地域行政組織の様が容赦なく裁断され，改革の対象となっている。そういう意味では党派による主張の違いを問わず，フランスの社会制度上の隘路を短期間にすべて突破しようとする意図が感じられる。

　しかし，「地域の民主主義」とその本質的な理念においては異なることのない本来の「分権化改革」との関係はどうか。アタリ報告（ここで取り上げる他のサルコジ政権下の報告書と共に）では，本来的な分権化の推進や地域の民主主義の深化，具体的には最近の論点であった「住民の行政参加」，「住民への地方政策に関する諮問制度」などのタームはすっかり姿を消してしまった。ミッテラン期の左翼政権が具体的に端緒をなし，その後，保守勢力も肯定し，国家的なコンセンサスを得つつあった分権化改革とそこから派生し発展させられた概念が，完全に消し去られている。それが第三の特徴である。総じて，アタリ報告のターゲットは効率性と国家の危機への緊急の対応であり，「地域の民主主義」ないし「参加型民主主義」や，直接民主制が有するメリットの再評価や地域の価値の再発見などに関心の重点は置かれていない。その基調は実務的であり，即物的である。

　アタリ報告の目的は以上の文脈において，国家と地方自治体における大胆な改革にある。評価の視点は社会連帯の確保であり，経済成長への寄与であるという。地方自治体の本質的な改革方向は，「10年以内に県段階の自治体レベルを廃止することにより，レジオンと市町村間共同組織を強化する」という第19番目の基本決定事項（décision fondamentale 19）に凝縮している。

分権化改革にもかかわらず，フランスには36,000のコミューン，100の県，26のレジオンが存在し，さらに，独自の税源を有するEPCIが2,580も存在する。「分権化は，民主主義を強化し…，行政的な機能を改善するものと理解された。しかし，分権化改革に従って分かたれた種々の権限が，多岐にわたり，マヒしてしまい，追加的な費用，特に一般経常経費が膨張してしまっただけに，一つの混乱を促進するファクターとなっている。／多様な地域行政段階の間での権限の重複，繰り返しは，責任の分裂状態，決定過程の麻痺，行政対象［市民］側での混乱を引き起こしている」[33]。

　しかし，分権化「第2幕」の諸改革は抜本的な改革に失敗した。今必要なのは「経済的発展と職業的な訓練の任務を負うレジオン，確立された市町村共同組織とりわけ人口密集地域共同体［の確立］である。この場合，その平均的な人口規模は，6万から50万までの幅において住民を包括するべきであり，その理由は，市民のための公共サービスの費用を縮減することが可能な，ぎりぎりの規模を達成する必要があるからである」。全体の特徴に通じるが，ここでも根本的な動機が経済／行政効率の向上の追及とその結果としての行政費用の縮減にあることに注意を要する。

　二つの方向性は明らかである。第一にレジオンが県を縮減する［廃止する］方向で決定的に強化されるべきである。

　第258番目の重要決定事項は言う。「レジオンは，県の犠牲のもとに，その伝統的な権限（経済開発，職業訓練）において，顕著に強化されなければならない。これらの諸領域では，集中的な特定のアクション，特色ある開拓的事業が，効率性の証しとなる」。

　第二に，コミューンの共同組織の決定的な強化であり，その面からの県の機能の解体である。フランスのコミューンの零細性が強く指摘される（1コミューン当たりの人口は，仏＝1,600であるのに対して，デンマーク＝55,200，イタリア＝7,200に上る…）。市町村間共同組織も市町村により自主的に組織され運営され

---

33) Attali, *op. cit.*, p. 195.

ているがゆえに，また，市町村そのものの改革を伴っておらず，細分化され複雑化してゆく組織運営を行ってゆくために一般経常経費が上乗せされ，地域の経済発展にはつながっていない。「国家によって合意された財政手段の増大は，少なくともその半分が新しいサービスの創出によってではなく，行政的な構造の［経常的運営］費用によって費消されてしまっている」。かくして，報告書は，市町村間共同組織を一律に《人口密集地域共同体》へと上から統合し強化することを提案している。拒む市町村には，補助金の削減措置をとるというものであり，かなり強硬な主張であることがわかる。

こうして，第三に，人口密集地域が県の権限機能を吸収し，10年以内に県を廃止することが提唱され（第260番目の重要決定事項「県レベルの行政を10年間で解消する」），これにとって代り，レジオン・人口密集地域という新たな主要アクターが設定され，また，これに見合う形で，地域代表の性格を有する元老院の構成変化やブリュッセル（EU）へのレジオン代表委員の編成替えの必要性までもが示唆されている。

第四に，国家エイジェンシーの設立が提唱され，雇用事業の統括と自治体間の分業関係の整理，自治体の財政内容の改善などの課題が提起されている[34]。

3　ランベール報告：当面の改革指針

三つのレポートのうちランベール上院議員の主宰によって最も早く出されたこの報告は，公共支出の2割を占め，民生部門投資の3分の2を占める地方自治体予算の比重の重さを指摘しつつも，報告書の射程を，当面の自治体の権限等に関する問題の整理と改善を提起するという任務に限定するとしている。総論的な議論，分権化改革一般の評価や「第二幕」の総括，したがって，機構改革そのものは主題としないというのである。

しかし，報告書は歯に衣着せぬ批判を展開する。公共政策の全般にわたり，国と自治体とその他の公共的なアクターとが複雑に入り込んだ形で介入し，公

---

34)　*Ibid.*, pp. 196-199.

共的なアクターの間での共同事業の氾濫，同じ性格の業務に当たる事務分掌が一元化されず，割拠状態におかれ，類似の事務組織の並行的運営や競合といったことが日常化している。組織の錯綜により調整のための会議漬けになっている状態は，結果的に責任部署の不明瞭さと甚だしい公共アクションの非効率を生んでいる。公共的支出はこうして膨大化し，市民・納税者・サービス利用者と地方や国における政治代表との関係は歪みを生じる。

「法的に見て，分権化改革により付与された，地方自治体の権限に関する一般的条項は，自治体に厳密かつ整然たる規定なしに……あらゆる領域に介入することを許してしまった」。複数の自治体が層状に重なりあう結果，しばしば担当組織の二重化がおこり，国家はこうした乱れをひたすら財政支援によって後始末する立場に追いやられている[35]。

報告は新型の市町村間共同組織 EPCI の発展を高く評価する。「ここ 15 年の間での市町村間共同組織の成功は，たまたまもたらされた幸運の結果などではない。それは，——パリ首都圏という小さな王冠を除いて——農村部の小コミューンの公共アクションを救い出し，都市ゾーン zone urbaine への発展経路を構造化することを可能にした。それはまた，都市中央部 bourg-centre にもっぱら課されていた財政負担を組織的に［広域化し］分散させることをなしとげた。この成果は，また，地域の多様な必要性にマッチした，複数の構造タイプによる柔軟さの成果でもあった。この動きは，打ち固められねばならない。なぜなら，それこそコミューンの未来なのであり，公共政策に一貫性をもたらすものだからである」[36]。

だが，問題がないわけではない。EPCI の費用支出は膨張する反面，同様に市町村の支出も増え続けている。環境分野（廃棄物の処理や排水の浄化）や経済開発・公共交通・文化スポーツ施設などは公共団体に新たな負担となっている。その為，報告書では，EPCI 執行役員［理事］の公選制と「自治体の管轄区分の

---

35) Lambert, *op. cit.*, p. 5.
36) *Ibid.*, p. 8.

エピローグ：サルコジ政権下の地方政治改革案

合理化」すなわち，市町村の統合を知事の責任の下に遂行することが提言されている[37]。

また，権限の分担に関しては，一方で，県・レジオン・国の分担関係を明瞭化しつつ，特に県とレジオンとの協調関係を強化すること，他方で，強力な市町村間共同組織の確立によって市町村行政レベルでの合理化が提唱されている。こうして，1982年に始まり，2003-2004年に改訂された行政システムの枠組みは時代的な役割を終えたものと見なされるのであった。

ル・モンド紙の表現を借りれば，「分権化改革の挫折[38]」である。

4　「効率性の追求」か「地域の民主主義」か

以上のようなサルコジ政権下における公式報告の論調に対して，当然ながらまず県行政当局から強い懸念が表明された。また，左翼陣営の県議会での優勢傾向は，政治的に右翼陣営が県行政の状況を克服したいものと考えた有力な動機をなしているとのうがった見方もある。社会党側は，分権化改革を堅持し，簡素化，民主化，参加という三つの側面からの取り組みを提唱しているという。しかし，現状の問題性は，社会党も含めた左右両翼によっておし進められてきた1982年以来の分権化改革の手法に起因していることは，否定できない。県制度の改廃については，与党側議員の中にも深刻な反響を巻き起こした。サルコジ大統領は閣僚と国会議員らの否定的な見解を前に，正面突破を図らずに来年を期したいと慎重姿勢に傾いているという。しかし，サルコジ氏の政治手法

---

37) *Ibid.*, p. 9.
38) "La décentralisation en panne", par Jean-Pierre Bel in *Le Monde*, 21 novembre 2007. Bruno Rémond は早くから分権化改革の限界を批判していた。*La fin de l'État jacobin ?: Décentralisation et développement local*, LGDJ, 1998. 以下は同氏とのインタビュー，"Dossier: En Panne !", in *Pouvoirs Locaux*, n° 59 IV/2003. 併せて本書第7章参照。

　分権化改革は即自的に地域の民主主義の深化をもたらさない（Patricia Demaye, *op. cit.*.）。だがもちろんのこと，従来の到達点を確認することなく，清算的に対処することには疑問を呈しておかなければならないだろう。

からして，突然具体的な日程として今後，同じ課題が再浮上することも十分予想される。[39]

　もちろん，上述のとおり，サルコジ政権下において表明された改革課題は従来から指摘されながら克服できていない問題点を文字どおり横一列に並べたものでもある。1982 年以降の改革は，公選職を兼ねて（国民議会議員＝市町村長，元老院議員＝県議会議長など），中央・地方政界に垂直的に影響力を振るう「名望家」notables の利害を損ねないように注意深く進められてきた。たとえば，兼職を大幅に制限しようとした法案がいずれも中途半端に終わるのは（1985 年法，2000 年法)，審議主体の国会議員が公選職を兼任している大名望家であることから当然に理解されることである。また，この問題は市町村共同組織の不透明さと共に，この広域共同体組織を規模の上で相対的に優位に立つ構成市町村執行部によるより広域の地域支配へと変質させ，いわゆる「媒介された市町村問題」をもたらしている。

　しかし国の地方財政への支援や税源移譲も限界点に達しつつあり，したがって，従来のタブーであった諸領域への介入を政策当事者［左右を問わず］は余儀なくされる。県制度の廃止，広域行政化による市町村の合併統合，公選委任職責兼任［特に国会議員・大臣職と地方公選職務の兼任］の全般的な禁止などである。

　そうした意味で一定の「合理性」を三つの報告書の中には認めることはできるのであるが，サルコジ政権を代表するこれらの見解の基調には，国民各層との十分な話し合いを促進し，参加や分権化を望ましい方向で実現するという志向はほとんど感じられない。そこに読み取れるのは，ひたすら冗費を削って効

---

39) "La suppression des départements divise toujours le gouvernement", in *Le Monde*, 27 juin 2008. 以下の記事はサルコジ氏の地方自治組織の本格的な検討は 2009 年になってからという言葉を紹介しつつ（2010 年にはレジオン選挙が行われる），大統領は県の解体には消極的と報じた。Xavier Ternisien, "Le rôle des régions et des départements revu en 2009", in *Le Monde*, 28 juillet 2008; "Le rapport Attali provoque le mécontentement des députés UMP", in *Le Monde*, 23 janvier 2008. 一斉地方選を前に急激な改革，特に県制度の廃止に UMP の議員達は強い不満を表明したという。

率良い行政を実現せよという命題である。他方で，ランベール報告も認めているように，国民の側からの行政サービスへのニーズは多面化し，地方自治体行政は資源としてもより多くのものを中央政府に要求することになっている。だが，経済危機が進行する中で，合理化一辺倒で「改革」を強行した場合には小コミューンや県を中心とする「地方のフランス」からの強烈な反発を生むことも予想されよう。行政をスリム化しつつ，同時に行政サービスの質・量を充実させなければならないというジレンマにフランスも直面していることは良く理解できるし，我が国の現状からしても興味深い問題群がそこに存在することは事実である。

あ と が き

　フランスについての研究を志向したのは，1970年代の初頭であった。それから実用的な語学の修業が始まり，遅ればせながらある程度使えるフランス語を身に付けようと努めた。政治学分野での専門家として，研究の攻勢方向を整え，フランス地域研究に焦点化しようとしたのは，抽象的な政治学理論のただ中で迷ったあげくの選択であった。若い研究者として安定したポストに恵まれず貧困な研究環境におかれていたが，フランスへの留学もどうにか成就した。進行中の分権化改革を政治学の視点から分析してはとの指針にたどりついた。この間，そして現在に至るまでも，沢山の先生方との知遇を得ることができ，貴重な同学との研究交流があった。

　分権化改革の理論研究の最初の基盤部分を形成しているのは，静岡英和女学院短期大学に勤務中に執筆したいくつかの論文（初出参照）である。1996年4月には愛媛大学に転勤し，しばらくは情報化技術の文系分野での教育・研究への応用に情熱をもって取り組んだ。情報化の波はやがて成熟期を迎え，日刊紙のル・モンドもweb上で自由に用いることが可能となった。この間，細々と継続していたフランス研究を本格的に再開するきっかけとなったのは，国際学術交流の結果である。2003年末に全学提携調印式への随行を命じられディジョンにあるブルゴーニュ大学におもむいた。そこでの法律政治学部の教授陣との温かい交流は記憶に新しい。再びフランス研究へ本格的に戻る良いきっかけとなった。地味ながら二つの大学を中心にした交流は続いている。その一つのエポックを形成すべく2008年12月には，日仏修好150周年の記念シンポジウムを組織した。

　本書は愛媛大学地域創成研究センターの手になる叢書の第2巻として上梓される。同研究センターでは開設以来の研究メンバーとして「地方分権化時代の地域のアイデンティティ」に関する研究グループに所属し，連続的に本書の中

核となった諸研究を遂行することができた。本書刊行にあたって，各位の寛容なご支援と温かいご督励に対して，ここに記して御礼申し上げる次第である。

　遠い外国を対象とした地域研究の継続と展開にあたっては，2009年3月末までに所属していた教育学部社会科教育講座の先輩・同僚の皆さんをはじめ，各方面で活躍されている沢山の方々のご理解とご支援とをいただいた。皆さんの温かい援助とご協力なくして本書は編纂することができなかったであろう。最後に，法律文化社の野田三納子氏には，本書編集上において懇切な助言をいただいた。併せて深く感謝申し上げたい。

　本書が我が国における分権化の論議において参照される機会をうることがあれば，これに過ぎる幸せはない。

　　2009年秋

著者しるす

初 出 一 覧

　本書の各章は，以下に列挙する諸論文を基礎にしているが，部分的には大幅に加筆修正し，また，第5章のごとく新たに書き下ろした部分もある。それぞれの章と既に発表した論考とは必ずしも一対一に対応していない。したがって本書の基盤となった諸論文の初出を発表順に掲げておくことにしたい。

1　「フランス地方分権化政策と公選職兼任：ミッテラン改革の評価をめぐって」
　　『社会科学研究年報』（龍谷大学社会科学研究所編）第21号，1991年。
2　「地方分権化政策の光と影：ミッテラン政権下における地方行政改革の問題性」
　　西堀文隆編『ミッテラン政権下のフランス』ミネルヴァ書房，1993年。
3　「フランスにおける構造腐敗と民主主義の課題」福井英雄編『現代政治と民主主義』
　　法律文化社，1995年。
4　「欧州統合下におけるフランス地域開発行政：EU統合によって変容を迫られるフランス地方自治体」『『社会科』学研究』（愛媛大学「社会科」学研究会編），第32号，1996年。
5　「フランスにおける分権化改革《第二幕》と公選職兼任現象：地域民主主義研究のために」愛媛大学地域創成研究センター編『地域創成研究年報』第1号，2005年。
6　「イヴ・メニイと現代フランス政治：構造腐敗に立ち向かう政治の科学」
　　イヴ・メニイ著，岡村茂訳，『フランス共和制の政治腐敗』解題，有信堂高文社，2006年。
7　「フランスにおける市町村共同組織の展開とその問題性：『地域の民主主義』とガバナンス」愛媛大学地域創成研究センター編『地域創成研究年報』第2号，2007年。
8　「フランスにおける地域民主主義とガバナンス：市町村名望家の構造変化」
　　愛媛大学プロジェクトチーム編『えひめ 知の創造』愛媛新聞社，2007年。
　　（愛媛大学学長裁量学内研究補助による共同研究の成果を出版した）
9　「フランスにおける地域自治体のガバナンス：市町村間共同組織 intercommunalité の民主主義を中心に」愛媛大学地域創成研究センター編『地域創成研究年報』第3号，2008年。
10　「フランス・サルコジ政権下の地方政治改革改革案：地域政治のガヴァナンスと民主主義」地域創成研究センター年報4号，2009年。

索　引

あ行

アソシアシオン（非営利職団）……… 87, 153, 183
アタリ報告………………………………… 270
一般意思の表明…………………………… 141
一般経常経費……………………………… 272
移民労働者層子弟………………………… 267
ウォルムス，ジャン＝ピエール
　Worms, Jean-Pierre ………………… 112
ヴデル，ジョルジュ Vedel, Georges …… 178
栄光の30年間 Trente Glorieuses ……… 151
エコロジスト……………………………… 145
オンブズマン……………………………… 87

か行

街区評議会…………………………… 72, 265
会計院 Cours des Comptes …………… 239
「飼いならされたジャコビニスム」……… 31
寡頭支配体制（オリガーキー）…… 147, 236
開発行政機構（DATAR）………………… 33
ガヴァナンス gouvernance …………11, 206
管轄権限…………………………………… 214
監査権限…………………………………… 249
官選知事制度……………………………… 67
幹部政党 les partis de cadres ………… 29
ギィシャール報告………………………… 40
機会主義…………………………………… 261
議会の欠席制度 absentéisme …………… 36
起業家市町村長…………………………… 157
疑似一自治体……………………………… 234
行政的領域 territoire …………………… 211
共同政府綱領 Programme commun
　de gouvernement …………………… 40
金融経済危機………………………… 255, 262
近隣の民主主義 démocratie de proximité
　………………………… 8, 10, 59, 72, 75, 265
クライエンティリズム（恩顧主義）… 99, 142
グラン・ゼコール Grands écoles ……… 20
グローバリズム…………………………… 210

クロジエ，ミシェル Crozier, Michel……… 30
経済社会評議会…………………………… 202
権限の地方分散化 déconcentration ……… 42
県公共装備指導局（DDE）……………… 218
兼職禁止…………………………………… 107
兼職制限法………………………………… 120
現代的なボナパルティズム……………… 261
県の廃止…………………………………… 273
元老院 Sénat（上院）………………… 3, 146
故意の言い落とし réticence ……… 154, 245
郊外政策…………………………………… 267
郊外暴動…………………………………… 267
公共アクションの非効率………………… 274
公共施設法人 établissements publics …… 184
後見監督権 tutelle ………………………… 26
交叉的調整（規制）………………… 32, 33, 37
交叉的資金調達…………………………… 55
鉱山学校 École des mines ……………… 99
公選委任職責の兼任 le cumul des mandats
　……………………………………… 35, 103
高等師範 École normale supérieure …… 99
合理的な主意主義………………………… 244
国民議会（下院）Assemblée Nationale …… 3
国民戦線（FN）………………………… 145
国立行政学院（ENA）……………… 19, 99
国家エイジェンシー……………………… 273
コミューン（市町村）…………………… 3
雇用促進施設……………………………… 216
混合選出方式……………………………… 251
コンセイユ・デタ（国務院）……… 136, 139

さ行

サドラン，ピエール Sadran, Pierre …… 76, 172
サブ・プライム問題……………………… 261
参加型の民主主義（参加民主主義）
　………………………… 18, 60, 207, 208, 265
「静かなる革命」……………………… 147, 195
市町村間共同公共施設法人（EPCI）…… 248
市町村間共同組織 intercommunalité …… 151

283

市町村共同体 communauté de communes（CC） ……………………………… 186
市町村長 maire ……………………………… 50
市町村の首長支配 ……………………………… 248
諮問制度 ……………………………… 265
ジャコバン的集権主義 ……………………………… 263
シャバン=デルマス，ジャック Chaban-Delmas Jacques ……………… 110
シュヴェヌマン法 ……………………………… 189
集権化効果 l'effet de centralité ……… 160, 199
集権主義 centralisme ……………………………… 263
州政府領域（プロヴァンス） ……………………………… 212
『周辺の権力』 ……………………………… 223
小郡 canton ……………………………… 2, 186
職業税 taxe professionnelle ……………… 189
ジョスパン，リオネル Jospin, Lionel ……… 8, 70
ジョゾ=マリニエ，レオン Jozeau-Marigné, Léon ……………………………… 110
ジロンド主義 ……………………………… 263
振興策推進型市町村長 maire animateur ……… 157
人口密集地域共同体（CA） ……… 191, 192, 272
新人口密集地域組合（SAN） …………… 184, 191
垂直的兼職 ……………………………… 107
水平的兼職 ……………………………… 106
政治学院（パリ）Institut détudes Politiques de Paris ……………………………… 99
政治的な起業 ……………………………… 157
政治の職業化 professionnnalisation politique ……………………………… 247
整備開発事業装備 équipement ……………… 55
責任部署の不明瞭さ ……………………………… 274
「そっくりさん」 ……………………………… 241

た 行

大郡 arrondissement ……………………… 2, 186
第五共和制 ……………………………… 166
第三共和制 ……………………………… 65
大衆政党 partis de masses ……………………… 30
大統領5年任期制 ……………………………… 262
大都市圏域共同体（CU） …………… 184, 191
第二帝政 ……………………………… 66
代表制民主主義 ……………………………… 10, 60
「代表なくして課税なし」 ……………………… 200

第四共和制 ……………………………… 108
多元的主義 ……………………………… 145
多重的公職保持 multiple office holding …… 148
「立会い政治」 ……………………………… 114
単独目的市町村組合（SIVU） …………… 185
地域開発 aménagement du territoire ……… 188
地域圏 districts ……………………………… 191
地域言語 ……………………………… 255
地域的価値の再発見 ……………………………… 207
地域の民主主義 démocratie locale ……………………………… 5, 71, 72, 247
知事職団（「知事職員団」とも）corps préfectoral ……………………………… 51, 66
地方公共団体 ……………………………… 263
地方社会の共和制 République locale ……… 158
地方政府 Local government ……………………… 18
地方のフランス ……………………………… 277
地方分権化改革 décentralisation ……………… 4
地方領域のガヴァナンス ……………………… 253
地方レフェレンダム ……………………………… 72
中央集権化 centralisation ……………………… 112
中心都市プロジェクト ……………………………… 189
テクノクラート ……………………………… 142
テクノクラシー ……………………………… 142
テクノターブル technotables ……………… 157
デュヴェルジェ，モーリス Duverger, Maurice ……………………………… 97〜99
ド・ゴール，シャルル De Gaulle, Charles ……………………………… 166
ド・ヴィルパン，ドミニク De Villepin, Dominique ……………………………… 9, 125
トゥーレ，ジャック=ギィヨーム Thouret, Jacques-Guillaume ……………… 21, 22, 179
「統合性の弱い」領域 ……………………………… 242
統治対象 administré ……………………………… 203
「統治と決定の断片化」 ……………………………… 206
ドゥフェール，ガストン Defferre, Gaston 110
ドゥフェール改革 ……………………………… 4
ドゥブレ，ミシェル Debré, Michel …… 34, 112
ドゥマイユ，パトリシア Demaye, Patricia ……………………………… 171
トクヴィル，アレクシス・ド Tocqueville, Alexis de ……………………………… 24

索　引

「どこでも大統領」の政治スタイル
　omniprésident ………………… 261
『閉ざされた社会』………………… 223
都市共同体 communauté de ville …… 190, 191
都市圏 ………………………… 184
土木学校 École des ponts et cha ussées …… 99

な　行

内務省 ………………………… 21
ナショナルなるもの le national ………… 214
ネオ・コーポラティズム …………… 12

は　行

媒介された民主主義 ……………… 198
バラデュール報告 ………………… 268
パリテ(男女共同参画) ……… 7, 75, 88
パロワス ……………………… 23
パントゥフラージュ ……………… 96
ブヴォール，アントワーヌ Bevort, Antoine
　……………………………… 172
フォール，エドガー Faure, Edgar ……… 109
フォール，モーリス Faure, Maurice …… 110
複数目的市町村組合(SIVOM) ……… 185
フランス・レジオン協会(ARF) ……… 219
フランス共産党(PCF) …………… 40
フランス県連合(ADF) …………… 219
フランス市町村長・共同体理事長協会(AMF)
　……………………………… 218
フランス社会党(PSF) …………… 40
フランス小都市協会(APVF) ……… 218
「フランス的例外」exception française …… 180
『フランスの為の110の提案』 ……… 48
『プロジェ・ソシアリスト』………… 45
文化施設利用パス ………………… 232
分権化改革「第二幕」l'Acte II de la décentra-
　lisation ……………………… 5, 169
ペイルフィット，アラン Peyrefitte, Alain
　……………………………… 30, 110
ペイルフィット報告 ……………… 40
ベッカール=ルクレール，ジャンヌ
　Becquart-Leclercq, Jeanne ……… 137

保革共存政権 cohabitation ………… 124
補充議員 ……………………… 28
ポピュリズム ……………… 74, 261

ま　行

マビロー，アルベール Mabileau, Albert
　……………………………… 68, 152
マルセラン，レイモン Marcellin, Raymond
　……………………………… 110, 181
ミクロ・ナショナリズム ………… 39, 47
ミッテラン，フランソワ Mitterrand, François
　……………………………… 63
ミラボー，オル=ガブリエル・リケッティ・ド
　Mirabeau, Honoré-Gabriel Riquetti de … 179
民主主義の負債 ……… 6, 181, 203, 233
無料巡回バス …………………… 232
名望家 notables ……………… 7, 152
　大── grands notables ……… 152, 276
　超── supernotables ………… 134
名望家と知事の「共犯関係」………… 223
メニイ，イヴ Mény, Yves ……… 57, 122
モロア，ピエール Mauroy, Pierre ……… 128
モロア報告 …………………… 228

や・ら　行

「良き家長」bon père de famille ……… 157
ラファラン，ジャン=ピエール Raffarin,
　Jean-Pierre …………………… 8, 70
ラント(ドイツの各州) …………… 17, 18
ランベール報告 ………………… 277
理工科大学校 École polytechnique …… 99
領　域 ………………………… 214
領域の凝集性 cohérence territoriale …… 188
ルカニュエ，ジャン Lecanuet, Jean ……… 109
ル・ペン，ジャン=マリー Le Pen, Jean-Marie
　……………………………… 8
レギュラシオン(規制・調整) régulation …… 32
レジオナリザシオン régionalisation …… 39, 174
レジオン région ………………… 2
レモン，ブリューノ Rémond, Bruno ……… 175
ロワイヤル，セゴレーヌ Royal, Ségolène …… 9

285

■著者略歴

岡村　茂（おかむら　しげる）
1943年生まれ
1973年　関西大学大学院法学研究科博士課程単位修了
　　　　専攻：現代フランス地方政治，社会情報論
1982-84年　フランス政府給費留学生（パリ政治学院）
1990年　静岡英和女学院短期大学国際教養学科専任講師，
　　　　後に，助教授を経て教授
1996年　愛媛大学教育学部教授，地域創成研究センター教授（兼任）
2006年　愛媛大学学長特別補佐
2009年　愛媛大学ミュージアム客員教授

主な著作（いずれも共著）
『ミッテラン政権下のフランス』ミネルヴァ書房，1993年
『現代政治と民主主義』法律文化社，1995年
『社会科学リテラシーに向けて』日本評論社，2003年
『えひめ　知の創造』愛媛新聞社，2007年

本書に関連する翻訳文献として
F・ギャスパール，C・セルバン=シュレーベル『外国人労働者のフランス』法律文化社，1989年
ミシェル・ヴィノック『ナショナリズム・反ユダヤ主義・ファシズム』藤原書店，1995年（以上いずれも共訳）
イヴ・メニイ『フランス共和制の政治腐敗』有信堂高文社，2006年

Horitsu Bunka Sha

愛媛大学地域創成研究叢書 2

2010年2月20日　初版第1刷発行

フランス 分権化改革の政治社会学

著者　岡村　茂

発行者　秋山　泰

発行所　株式会社　法律文化社
〒603-8053　京都市北区上賀茂岩ヶ垣内町71
電話 075（791）7131　FAX 075（721）8400
URL:http://www.hou-bun.co.jp/

© 2010 Shigeru Okamura Printed in Japan
印刷：㈱太洋社／製本：㈱藤沢製本
装幀　白沢　正
ISBN978-4-589-03225-6

福井英雄編
現代政治と民主主義
A 5 判・330 頁・2940 円

ソ連・東欧諸国における「社会主義」体制の崩壊以後の混迷する世界の民主主義をめぐる政治・理論状況につき、それぞれの視角から多面的にアプローチする。第Ⅰ部で各国の現状分析を、第Ⅱ部で理論課題に論及。

F. ギャスパール, C.S・シュレーベル／林信弘監訳
外国人労働者のフランス
―排除と参加―
四六判・342 頁・2940 円

移民受け入れの長い歴史をもつフランスで、外国人排斥の現象が進んでいる。市長として選挙の中でこの波と闘った著者らの手によるドキュメントと分析をまじえた報告書。異邦人との政治経済、文化の共存の道をさぐる。

中谷猛著
近代フランスの自由とナショナリズム
A 5 判・366 頁・3570 円

フランスの自由主義の特徴とは何か。大革命以降の多様な自由主義の実相に迫り、それと相即不離なナショナリズム（「祖国愛」という政治的情熱）の変容の考察を試みる。国民感情を思想史のレベルから照射する。

畑山敏夫著
現代フランスの新しい右翼
―ルペンの見果てぬ夢―
A 5 判・238 頁・3780 円

欧州で台頭する右翼政党はネオナチとは一線を画し、主流政党とみまがうほどの柔軟さをもっている。本書は、フランス国民戦線（FN）のイデオロギーと運動を検証し、グローバル化時代のポピュリズム政党の本質的意味を解読する。

廣澤孝之著
フランス「福祉国家」体制の形成
A 5 判・242 頁・4935 円

社会保障に関して独自の道を歩んできたフランス。共和政国家の統合原理のなかに福祉の領域をどう取り込むかという、19 世紀以来の議論の歴史的展開をふり返り、フランス福祉国家の構造的特性の一断面を解明する。

――法律文化社――

表示価格は定価（税込価格）です